# イギリス住宅金融の新潮流

斉藤　美彦
簗田　優　共著

時潮社

# はしがき

　2007年9月に長期研修で滞在していた北京でテレビを視ていた私は驚いた。それはニュースでイギリスのノーザンロックの支店の前に並ぶ預金者の姿、すなわち取付け騒ぎの映像が流れていたからであった。その時点では翌年のリーマン・ショックに至る金融危機にまで想像が及ばなかったが、とりあえずそのバランスシート構造を調べてみると、それは私がかつて多くの時間を割いて研究した住宅金融組合のそれとは大きく異なっていた。ノーザンロックは1997年に住宅金融組合から銀行に転換した金融機関であり、その資産側の構造は住宅ローン中心という点では変化はなかったものの、負債側の構造はかつてのリテール預金・出資金中心というものからは完全に変貌していた。そこで私はノーザンロック危機についての論文を書こうと決め、獨協大学大学院生の築田優君に資料収集・データ処理などを分担してもらって書き上げたのが本書の第4章の元となる論文であった。そしてこの論文を書き上げたときにイギリス住宅金融の変化についての本を構想し、その際に浮かんだ題名が本書の題名である『イギリス住宅金融の新潮流』であった。

　私の研究者としての出発はイギリスの消費者信用・住宅信用・個人貯蓄の研究であり、その成果を取りまとめたのが1994年に時潮社から出版した『リーテイル・バンキング──イギリスの経験──』であった。その後、研究範囲を住宅金融組合以外の貯蓄金融機関や機関投資家にまで広げ、その成果を1999年に『イギリスの貯蓄金融機関と機関投資家』（日本経済評論社刊）としてとりまとめた。それ以降もイギリスの住宅金融等の動向については論文を発表してきていたが、その成果を取りまとめ、1冊の書物としようとはノーザンロック危機以前は本気では考えていなかった。

　ノーザンロックが流動性危機に陥ったのは、同行の特殊な負債構造があり、住宅ローン担保証券（MBS）への過度の依存があった。このイギリスのMBS市場の生成・発展およびイギリスにおいても住宅ローンの返済不能問題が出てきていることから住宅ローン返済保証保険（MPPI）や住宅ローン利子所

得補助制度（ISMI）の問題について、共著者の築田優君に資料提供をして完成してもらい本書の骨格ができあがることとなった。

　ここで本書の概要を示すことにすると、まず第Ⅰ部では第1章で近年の変化を検討する前提としてイギリスの住宅政策および住宅金融について1980年代までを概観し、1970年代までの住宅金融組合の独占および1980年代における商業銀行などの参入による競争圧力の増加や市場構造の変化について論じている。第2章では、1990年代のイギリス金融システムの大変貌および金融再編を住宅金融と関連させて論じ、第3章では、2000年以降のブームと金融危機によるその終息および監督機関の対応、金融再編などについて論じている。

　第Ⅱ部は、住宅金融関連の個別の事象、論点を検討したもので、第4章は前述のとおりノーザンロック危機について論じたものである。第5章は、イギリスの住宅ローン市場の特徴として長期固定金利の住宅ローンがほとんどないことについて、財務大臣の要請に基づき調査したマイルズ・レポート（2004年）の内容およびその勧告について検討したものである。第6章は、アメリカにはるかに及ばないものの世界第2位の市場規模を持つ、イギリスのMBS市場の生成・発展および金融危機前後の状況について検討したものである。第7章は、イギリス住宅金融の特徴として公的介入の弱さが挙げられるが、非常に限定的な公的介入としての住宅ローン利子所得補助制度（ISMI）と、これに関連して返済不能対策としての住宅ローン返済保証保険（MPPI）について検討したものである。

　第8章は、イギリスにおいて1970年代まで住宅金融市場を独占していた相互組織の金融機関である住宅金融組合が、1990年代後半には大手のほとんどが株式会社組織の銀行に転換したことに危機感を持った業界団体の住宅金融組合協会（BSA）が学界の協力をえて金融機関における相互組織性についての研究を行い、相互組織形態での生き残りを検討したことについて論じたものである。この章においては、イギリスにおける議論から住宅信用の原理についても試論を提示してみた。私は『リーテイル・バンキング』において現代資本主義における新たな信用形態としての消費者信用について、それ以前

# はしがき

の議論と異なり、①与信可能な層としてのホワイトカラー労働者層の大量出現、および②産業構造の変化（耐久消費財産業中心）を、それが一般化するに際しての条件として重視した。同じく対個人信用としての住宅信用については、消費者信用よりも一般的に困難性が大きいといえるが、同書においてはそれが可能となった理由については部分的な議論しか提示しえなかった。本書の第8章においては、住宅信用においては原理的困難性の解除が難しく、そこから逆にその解除機構の具体的検討が必要ではないかとの試論を提示してみたものである。

　この第8章の試論の展開は、本書において最も読者からの意見・批判をお願いしたい点であるが、その他の本書の議論においても、読者からの忌憚のない意見をお願いしたいと思う。今年は、私が日本証券経済研究所の研究員となり、研究を職業としてから20年目の節目の年となる。20年間でどれくらいの研究業績を上げることができたのだろうかという思いはあるが、何とか研究者生活を続けてくることができたのは、各方面からの御指導・御援助があってのことだと感謝している。

　本書の出版に際しても各方面からの御協力・御援助をいただいた。なかでも、私の現在の職場である獨協大学には、素晴らしい研究環境を提供していただいているばかりでなく、本書の出版についての助成金（獨協大学学術図書出版助成費）をいただいた。関係者の皆様に深く感謝したい。時潮社の相良景行社長には、専門書の出版事情が厳しいなか、本書の出版を快くお引き受けいただいた。ここに深い感謝の気持ちを捧げることとしたい。研究者となり最初の単著を出版させていただいた時潮社から、若い世代の研究者との共著を節目の年に出版できたことを喜ばしく感じている。

　　2010年3月　草加の研究室にて

　　　　　　　　　　　　　　　　　　　　　　　　斉藤　美彦

イギリス住宅金融の新潮流／目次

はしがき　3

# 第Ⅰ部　イギリス住宅金融の展開過程

## 第1章　1980年代までの住宅政策と住宅金融 …………13
　Ⅰ．はじめに　13
　Ⅱ．住宅事情と住宅政策　14
　Ⅲ．住宅金融と住宅金融組合　23
　　1．1970年代まで　23
　　2．1980年代における競争激化　25
　　3．アビーナショナルの銀行転換の影響　31
　Ⅳ．おわりに　32

## 第2章　1990年代の住宅金融関連の金融機関 …………35
　Ⅰ．はじめに　35
　Ⅱ．金融構造の変化　35
　Ⅲ．金融機関別の対応　45
　　1．ビッグフォー　45
　　　(1) ロイズTSB銀行　45
　　　(2) ナショナル・ウェストミンスター銀行　47
　　　(3) バークレイズ銀行　50
　　　(4) HSBC　52
　　2．住宅金融組合（銀行転換組も含む）　55
　Ⅳ．ビッグフォーのインベストメント・バンキング業務からの撤退　60
　Ⅴ．国内リテール業務の動向および制度・環境等の変化　65
　Ⅵ．おわりに　72

## 第3章　2000年以降の住宅金融と金融危機 …………75
　Ⅰ．はじめに　75
　Ⅱ．2000年代のイギリス住宅金融市場　75

Ⅲ．サブプライムローン問題の顕在化　80
　　　1．2007年後半以降の停滞　80
　　　2．混乱したイギリス住宅市場・金融市場への監督機関
　　　　の対応　84
　　Ⅳ．世界金融危機とイギリス住宅金融市場　87
　　　1．イギリス金融市場と住宅金融市場のさらなる悪化　87
　　　2．イギリスの住宅市場・住宅金融市場への監督機関の対応　90
　　　3．世界金融危機とイギリス金融業界の再編　93
　　Ⅴ．おわりに　95

## 第Ⅱ部　住宅金融の諸問題

　第4章　ノーザンロック危機と監督機関の対応 ……………101
　　Ⅰ．はじめに　101
　　Ⅱ．ノーザンロック危機と監督機関の対応　102
　　Ⅲ．ノーザンロック危機の分析　109
　　Ⅳ．ノーザンロック危機とイギリス住宅金融市場　119
　　Ⅴ．おわりに　125

　第5章　固定金利住宅ローンとマイルズ・レポート ………129
　　Ⅰ．はじめに　129
　　Ⅱ．2000年代前半の住宅金融市場の動向　130
　　Ⅲ．マイルズ・レポート（中間報告による分析）　134
　　Ⅳ．マイルズ・レポート（最終報告による勧告）　141
　　Ⅴ．おわりに　146

　第6章　住宅ローン担保証券（MBS）市場の展開 …………149
　　Ⅰ．はじめに　149
　　Ⅱ．イギリス住宅金融市場の展開　149
　　　1．1980年代以降の住宅金融市場の変化　149
　　　2．イギリス住宅金融市場におけるアンバンドリング化
　　　　の進展　152
　　Ⅲ．イギリスMBS市場　155

　　　　1．イギリスMBS市場の形成と第一次MBSブーム　155
　　　　2．第二次MBSブーム　159
　　Ⅳ．イギリスMBS市場の2000年以降の動向　161
　　　　1．2000年以降のイギリスMBS市場　161
　　　　2．サブプライムローン問題とイギリスMBS市場　163
　　Ⅴ．おわりに　170

第7章　住宅ローン利子所得補助制度（ISMI）と住宅ローン
　　　　返済保証保険（MPPI） ……………………………177
　　Ⅰ．はじめに　177
　　Ⅱ．イギリスにおける住宅ローン返済問題　177
　　　　1．1980年代から1990年代までの住宅ローン返済問題　177
　　　　2．2000年以降の住宅ローン返済の延滞・差押え状況　180
　　Ⅲ．イギリスにおける住宅ローン借入者保護について　181
　　　　1．住宅ローン利子所得補助制度（ISMI）　182
　　　　2．住宅ローン返済保証保険（MPPI）　187
　　Ⅳ．おわりに　193

第8章　住宅金融組合とその相互組織性 ……………………197
　　　　―住宅信用の原理を求めて―
　　Ⅰ．はじめに　197
　　Ⅱ．住宅金融組合の法制　197
　　　　1．住宅金融組合の生成・発展と業法の成立　197
　　　　2．1986年住宅金融組合法　200
　　　　3．1997年住宅金融組合法　201
　　Ⅲ．住宅金融組合業界の実態　202
　　Ⅳ．住宅金融組合と相互組織性　212
　　　　1．相互組織性についての議論　212
　　　　2．住宅信用の原理　220
　　Ⅴ．おわりに　225

■参考文献　228　■初出一覧　236　■索引　237

　　　　　　　　　　　　　　　　　　　装幀　比賀祐介

# 第Ⅰ部　イギリス住宅金融の展開過程

# 第1章　1980年代までの住宅政策と住宅金融


Ⅰ．はじめに

　イギリスの住宅事情を極めて限定された経験の範囲でいうならば、日本に比べて古い家が多く、一般庶民レベルの一戸建て（デタッチド・ハウス）やイギリス独特の二軒建て（セミ・デタッチド・ハウス）の間取りも三ないし四寝室であり、日本の一戸建て住宅に比べて特別広いものとは思われない。しかしながら、街並みは一般的にいって綺麗であり、居住環境もゆったりしている。庭については日本よりかなりゆったりしたスペースがとられている。イギリスに転勤となってしばらく暮らした日本人サラリーマンは、帰国後イギリスの住宅事情を懐かしむというのが一般的であるような印象を受ける。このようなイギリスの持家比率は、1980年代には60％を超えた。そして、イギリスにおいては中古住宅の流通市場が活発であり、住宅地を歩くとFOR SALEと書かれた看板が目に付き、はじめてイギリスを訪れた日本人は奇異な感じを持つ人も多い。そしてこのような住宅市場を支える金融機関としては、銀行の他に1980年代までは住宅金融組合（Building Society）という貯蓄金融機関が大きなシェアを占めていた。それらはイギリス中に数多くの店舗を出していたが、Book Maker（競馬の馬券等の場外売場：多様なものが賭の対象となる）およびUnisex（理髪店）とならんで、このBuilding Societyは、一般の日本人には、その業務の内容がその英語表記からはわかりにくいものであった。

　本章では、以下において、このようなイギリスの住宅事情と住宅政策の関連および住宅金融について、次章以下でその後の変化を追う前提として1980年代までのその歴史的展開過程を概観することとしたい。

## Ⅱ. 住宅事情と住宅政策

　イギリスの住宅事情の流れを歴史的にみるならば、個人の持家比率の持続的上昇と民間借家比率の持続的下落というトレンドをみることができる。第一次世界大戦前の時点でみるならば個人持家比率は10％前後、民間借家比率は90％前後であったわけであり、これを1990年代半ばの数字と比べるならば、前者が66～67％、後者が10％弱となっているのである。あまり比較の対象として適切ではないかもしれないが、1990年代での個人持家比率がイギリスとほぼ同様であるアメリカの1910年時点でのそれは45％程度であった。すなわちイギリスの個人持家比率の上昇のスピードは速く、それは住宅政策に規定される面があったと同時に、それを逆に規定する側面があったと予想される。またこのことは、住宅関連の諸問題に大きく影響してきたであろうことは想像に難くないのである。

　19世紀のイギリスの住宅事情、特に労働者階級のそれがかなりひどいものであったことは、各種の文献により知ることができる。19世紀の後半においても、古く修繕されることなく放置され、トイレの設備もないか貧弱であるような家屋に、過密状態で居住する人々が多く存在したのであった。ただし、19世紀後半のいわゆる大不況期においては継続的に物価が下落し、この過程で労働者の実質賃金が上昇したことが知られている。そして生活水準の上昇とともに住宅環境もまた改善していったのであった。[1)]

　1910年代はイギリスにおいて福祉国家的諸政策が確立した時期であるが、この時期はイギリスの住宅政策においても一大転機をなす時期であった。まず、1915年には家賃および抵当貸出金利制限法が成立し、借家人が家賃の不当な値上げや立ち退き要求から保護され、抵当貸出（住宅ローン）の金利についても制限が加えられることとなった。この法律は、第一次世界大戦中の一時的な措置として意図されたものであるとされているが、その後も家賃規制は何らかの形で今日まで存在しており、民間借家経営のインセンティブに少なからず影響してきている。

　さらに1918年にはチューダー・ウォルター委員会が、家屋のデザインにつ

いて50年間の生活水準の上昇に耐えるものでなければならないと勧告し、具体的な広さや設備（トイレ・風呂等）、デザインについても勧告を行った。同委員会の勧告は、その後の家屋のデザイン等に大きな影響を与えることとなった。

1919年住居・都市計画法（アディソン法）は、地方公共団体に地域の家並みに関する戦略を策定することを要請した。そして以後3年間、毎年50万戸の家屋（公営住宅）を建設し、建設費が家賃収入でまかなうことができない場合には国から補助金が支出されることが約束された。この結果、公営住宅の供給が増加した。以後、公営住宅は1970年代までは、持続的にその全住宅に占める比率を増加させることとなるのである。

この他、1919年住宅法においては個人保有の居住用住宅建設についての補助金が導入されるなど、この時期にイギリスの住宅政策は大きく転換したのであった。さらに1923年住宅法（チェンバレン法）においては、この個人保有の居住用住宅建設についての補助金が拡充された。この結果、1919年から1930年の間に建設された個人保有の居住用住宅の43%が補助金の交付対象となった。

こうして両大戦間期においては、個人持家および公営住宅の住宅ストック全体にたいする比率が上昇し、1938年時点で32%が個人持家、10%が公営住宅となり、民間借家の比率は58%まで低下した（図表1－1）。

**図表1－1　所有形態別住宅ストック（イングランドおよびウェールズ）**

(単位 100万戸、カッコ内構成比%)

|  | 個人持ち家 | 公営住宅 | 民間賃貸 | 総計 |
| --- | --- | --- | --- | --- |
| 1914 | 0.8 (10) | 0.02 (－) | 7.1 (90) | 7.9 (100) |
| 1938 | 3.7 (32) | 1.1 (10) | 6.6 (58) | 11.4 (100) |
| 1951 | 3.9 (31) | 2.2 (18) | 6.4 (51) | 12.5 (100) |
| 1960 | 6.4 (44) | 3.6 (25) | 4.6 (32) | 14.6 (100) |

[出所] Boléat [1989] p.2.

第二次世界大戦の終了直前の時期において、政府は住宅に関する白書を公表し、そこにおいては、①そう望む家族がすべて独立の家屋に居住できること、②戦後においてすみやかにスラムクリアランスおよび過密住居の問題を解決すること、③居住環境を改善していくこと、を住宅政策の目的として掲げた。

　第二次世界大戦後においては、まず、終戦直後からの労働党アトリー政権期においては、1942年のベバリッジ報告を基本として医療、年金、雇用等を総合した国民保険制度が確立し「ゆりかごから墓場まで」の福祉国家体制が確立したが、住宅政策においても公営住宅の建設に重点が置かれた。1948年のイングランドおよびウェールズにおける公営住宅建設は19.5万戸におよび民間住宅建設の3.3万戸を大きく上回った。1951年までの間に住宅ストックは1,250万戸まで増加し（1938年時点のそれは1,140万戸）、個人持家比率は31％と戦前（1938年：32％）と変わらない水準であったのにたいし、公営住宅の比率は17％と戦前（同10％）と比べて急上昇した（図表1－1）。

　また、1949年住宅法は地方公共団体にたいして公営住宅への入居に際しての条件としての「労働者階級」に限るという制約を外し、それ以前の住宅政策からの転換を示すこととなった。

　1950年代は、保守党政権が続いた時期であり、民間住宅建設および個人持家の促進政策がとられた。ただしこの時期においても住宅建設戸数としては公営住宅のそれのほうが多かった。労働党政権期に比べれば個人持家促進に重点が置かれたということであり、1960年代、1970年代においても労働党政権期は公営住宅に、保守党政権期は個人持家の促進に重点がどちらかといえば置かれたということがあるにしても、その違いは相対的なものであり、両政党共に一方を無視したということではないのである。

　1950年代の保守党政権の持家促進政策としては、民間住宅建設にたいする許可制の廃止（1954年）、1956年住宅補助金法による公営住宅の建設に係る地方公共団体への補助金の縮小・合理化等の施策がある。また、住宅金融組合にたいしても、低価格住宅についての融資にたいする地方公共団体ないし中央政府による保証および政府による住宅金融組合にたいする中古住宅購入

第1章　1980年代までの住宅政策と住宅金融

資金の低利融資等の施策がとられた。

　1960年代の住宅建設は、イギリス史上最も活発であった時期であったといえる。1964年までの保守党政権期においては、公共部門の建設は抑制されたが民間部門のそれは活発であり、1964年以降の労働党政権期においては公共部門の建設が増加した一方で、民間部門のそれも引き続き活発であった。1967年および1968年には40万戸を超える住宅建設戸数となり、この記録は現在にいたるまで破られてはいない（図表1－2参照）。イギリスの新規住宅建設戸数は日本と比べて人口が約2分の1であることを考慮しても少ないように思えるが、イギリスは中古住宅の比率が高く、古くなってもそれを修理して居住するのが一般的である。このため新規住宅建設戸数はそれほど多いものとはならないのである。さらにいえば、イギリス人は一般的にいって新しい家を好まないということも、これに大きく影響しているのである[2]。

　1960年代においては個人持家比率は1950年代ほど急激ではないにせよ着実に上昇し、1961年の42.8％から1970年には49.9％となった。一方、1964年以

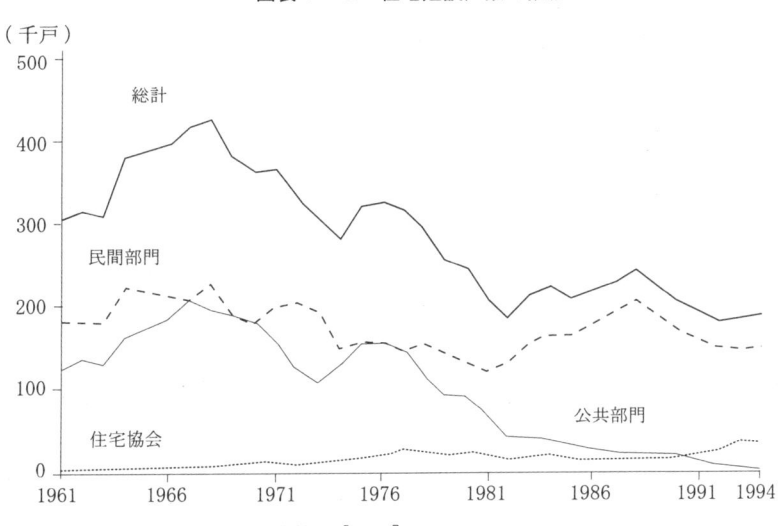

図表1－2　住宅建設戸数の推移

［出所］　Central Statistical Office［1996］p. 175.

降の労働党政権の公営住宅重視政策もあり、公営住宅の比率は1961年の26.5％から1970年の30.4％へと上昇した。こうしたことから当然、民間借家の比率は下降した（1961年：30.7％→1970年：19.6％）（図表1－3）。

　これらの結果はこの時期の住宅政策の影響を受けたものであるが、保守党政権期の1961年の住宅法においては、非営利の公益組織体である住宅協会（Housing Association）[3]にたいし、所要建設資金の3分の1を中央政府が二番抵当で最長60年まで融資する（残りの3分の2については住宅金融組合が一番抵当で融資）制度が設けられた。1963年には「住宅」と題する白書が発表され、スラムおよび旧式住宅の修理・改善が提言された。これを受けて成立した1964年住宅法では、強制改善地域指定制度が新設された他、住宅公社（Housing Corporation）が設立された。この住宅公社は、住宅協会による低家賃住宅建設のために財政資金を供給する窓口として設立されたものである。

　これにたいして1964年に政権に復帰した労働党は、保守党とは逆に公共部門の建設を重視した。これと同時に借家人保護の観点から、1965年家賃法において「公正家賃」制度を導入した。この「公正家賃」制度は、家賃査定官（Rent Officer）あるいは家賃査定委員会（Rent Assessment Committee）が査定・決定する「公正家賃」以上の家賃の設定を禁止するものである。具体的には借家人あるいは家主もしくは双方による申し立てがあった場合には、「公正家賃」が査定・登録され、それが家賃限度額となる（申し立てのない場合には当事者間の合意により家賃が決定できる）。この「公正家賃」制度は、民間借家における家主の立場を著しく不利なものとした。「公正家賃」は決定後登録され、3年間は固定され、再検討は制限的であるといわれていた。したがって、民間借家の家主はその経営の意欲をなくしていったであろうことは想像に難くない。こうしたこともあり1960年代における民間借家の割合は急速に低下したのであった。

　1970年代におけるイギリスは、1971年の金利自由化後のブームとその反動による危機（セカンダリー・バンキング・クライシス）を経験した。住宅価格は1972、73年に急上昇したが、1974年には急落し、中小金融機関（セカンダリー・バンク）の経営は急速に悪化した。このような環境下において、保守

第1章 1980年代までの住宅政策と住宅金融

図表 1 − 3　所有形態別住宅ストック（1961−90年）（グレート・ブリテン）

（単位 1,000戸、カッコ内構成比 %）

| | 個人持家 | 民間賃貸 | 住宅協会 | 公営住宅 | 総　計 |
|---|---|---|---|---|---|
| 1961 | 7,040 (42.8) | 5,049 (30.7) | | 4,358 (26.5) | 16,447 (100.0) |
| 1962 | 7,306 (43.8) | 4,890 (29.3) | | 4,478 (26.9) | 16,674 (100.0) |
| 1963 | 7,570 (44.8) | 4,734 (28.0) | | 4,592 (27.2) | 16,896 (100.0) |
| 1964 | 7,848 (45.7) | 4,592 (26.7) | | 4,739 (27.6) | 17,179 (100.0) |
| 1965 | 8,079 (46.2) | 4,511 (25.8) | | 4,881 (27.9) | 17,471 (100.0) |
| 1966 | 8,318 (47.1) | 4,278 (24.2) | | 5,064 (28.7) | 17,660 (100.0) |
| 1967 | 8,570 (47.8) | 4,137 (23.1) | | 5,234 (29.2) | 17,941 (100.0) |
| 1968 | 8,882 (48.7) | 3,965 (21.7) | | 5,387 (29.5) | 18,234 (100.0) |
| 1969 | 9,063 (49.0) | 3,877 (21.0) | | 5,548 (30.0) | 18,488 (100.0) |
| 1970 | 9,356 (49.9) | 3,677 (19.6) | | 5,698 (30.4) | 18,731 (100.0) |
| 1971 | 9,612 (50.6) | 3,578 (18.8) | | 5,810 (30.6) | 19,000 (100.0) |
| 1972 | 9,926 (51.6) | 3,443 (17.9) | | 5,854 (30.5) | 19,223 (100.0) |
| 1973 | 10,212 (52.5) | 3,318 (17.1) | | 5,906 (30.4) | 19,436 (100.0) |
| 1974 | 10,408 (53.0) | 3,200 (16.3) | | 6,029 (30.7) | 19,637 (100.0) |
| 1975 | 10,610 (53.4) | 3,076 (15.5) | | 6,185 (31.1) | 19,871 (100.0) |
| 1976 | 10,818 (53.8) | 2,978 (14.8) | | 6,322 (31.4) | 20,118 (100.0) |
| 1977 | 11,026 (54.1) | 2,894 (14.2) | | 6,447 (31.7) | 20,367 (100.0) |
| 1978 | 11,120 (54.1) | 2,936 (14.3) | | 6,487 (31.6) | 20,542 (100.0) |
| 1979 | 11,348 (54.7) | 2,870 (13.8) | | 6,521 (31.4) | 20,739 (100.0) |
| 1980 | 11,653 (55.7) | 2,394 (11.4) | 404 (1.9) | 6,485 (31.0) | 20,937 (100.0) |
| 1981 | 11,898 (56.4) | 2,337 (11.1) | 469 (2.2) | 6,380 (30.3) | 21,085 (100.0) |
| 1982 | 12,270 (57.7) | 2,318 (10.9) | 483 (2.3) | 6,180 (29.1) | 21,251 (100.0) |
| 1983 | 12,604 (58.8) | 2,304 (10.7) | 504 (2.3) | 6,035 (28.1) | 21,447 (100.0) |
| 1984 | 12,913 (59.6) | 2,290 (10.6) | 525 (2.4) | 5,924 (27.4) | 21,653 (100.0) |
| 1985 | 13,223 (60.5) | 2,258 (10.3) | 548 (2.5) | 5,820 (26.6) | 21,849 (100.0) |
| 1986 | 13,575 (61.5) | 2,198 (10.0) | 565 (2.6) | 5,723 (25.9) | 22,060 (100.0) |
| 1987 | 13,962 (62.7) | 2,134 (9.6) | 586 (2.6) | 5,600 (25.1) | 22,282 (100.0) |
| 1988 | 14,418 (64.0) | 2,072 (9.2) | 614 (2.7) | 5,412 (24.0) | 22,516 (100.0) |
| 1989 | 14,826 (65.2) | 2,064 (9.1) | 651 (2.9) | 5,190 (22.8) | 22,732 (100.0) |
| 1990 | 15,094 (65.8) | 2,112 (9.2) | 706 (3.1) | 5,015 (21.9) | 22,927 (100.0) |

[出所]　1961〜1965年：Building Societies Association [1990] p.185.
　　　　1966〜1990年：Building Societies Association and Council of Mortgage Lenders [1996]
　　　　p.4.

党政権期の1973年には「選択の拡大を－住宅問題の次のステップ」、1974年には「よりよい住宅－次の目標」と題される白書がそれぞれ発表された。そこにおいては、劣悪な住宅環境改善のための施策としてはスラムクリアランスから住宅改善地域制度の導入に重点を移すべきである等の提言がなされたが、これらの提言は労働党政権下で成立した1974年住宅法に採り入れられた。続いて、労働党政権は1975年住宅財政法を成立させ、公営住宅重視の観点から保守党政権下で成立した1972年住宅財政法の規定のうち、公営住宅にも公正家賃を適用するという規定（これにかえて合理的家賃を決定するという方式とする）および公営住宅にたいする補助金を住宅事業会計に赤字が生じた時のみに限定するという規定を廃止した。

　このような環境においても、1970年代のイギリスにおける個人持家比率は引き続き上昇した。一方、公営住宅の比率はそれほど上昇しなかったが、住宅建設をみるならば1960年代後半のピーク時に比べれば落ちてはいるものの、それほど極端な落ち込みを示しているわけではない。また、民間部門も安定的な建設となっているが、両者を合わせる建設戸数でみると、1960年代に比べての減少傾向は明らかである。これは、セカンダリー・バンキング・クライシスの影響もあるではあろうが、それよりも住宅の耐用年数が日本と比べて長いイギリスにおいて（というよりは日本のそれが国際的にみて異常に短いのであるが）、1970年代において住宅における量の問題は終了したということを示しているのである。この認識は、1970年に政権についた保守党においてすでに存在しており、労働党政権としてもこうした認識は不変であったといってよい。

　1974年には政府は住宅金融についての検討を行う委員会を設立すると発表したが、その後同委員会による検討は住宅政策全体に拡大され、1977年には「住宅政策」という緑書が発表された。この緑書の結論は、住宅需要関連の問題は国家レベルの問題というよりは特定地域レベルの問題となったということである。1951年の段階においてイングランド・ウェールズの家屋数は世帯数に比べて75万以上不足していたが、1976年時点においては逆に50万上回ることとなっていたのである。住宅ストックの質もまた大きく改善してきて

第1章　1980年代までの住宅政策と住宅金融

おり、居住設備が劣悪な住宅および二家族以上が同居している住宅の数は1951年の1,000万戸から1976年には270万戸と大きく減少したのであった。

　1979年に政権についたサッチャー保守党政権は、従来の住宅政策を大きく転換させた。同政権はイギリス国民の誰もが企業の株主となることをひとつの目標として国営企業の民営化を大胆に進めたが、同様に誰もが家屋を所有できることを目標として公営住宅の払下げの促進および公営住宅の建設戸数の大幅削減等のドラスティックな政策を実施した。この結果、公営住宅の比率の上昇という戦後のトレンドは逆転し、その比率は減少に転じることとなった。公営住宅の払下げについては、1957年住宅法により制度的には認められていたものではあったが、保守党はその大量払下げを総選挙時の政策上の争点のひとつとしていたのであった。

　具体的には、1980年住宅法において、公営住宅に3年以上居住している入居者にはその住宅の購入権があるとの規定が置かれることとなった。この一般的規定そのものはそれほど魅力的なものではないが、払下げ価格については市場価格よりも33〜50％の値引きが行われることや、当該家屋を5年以内に売却した際には値引き額の一部を返却するのみでよいといった規定は魅力的なものであった。そしてこれらの規定は、その後さらに拡大・緩和されたのであった。

　この結果、公営住宅の払下げ戸数は1980年には9.2万戸、1981年には11.8万戸、1982年には22.2万戸と急増し、その後も一定数を確保し続けた。これにより、個人持家比率はさらに上昇することとなったが、これ自体は戦後のトレンドの延長線にあるものではあった（図表1－3および図表1－4）。

　1987年に政府は「住宅：政府提案」と題する白書を発表したが、そこにおいては個人持家促進が改めて確認されると同時に、民間借家および住宅協会についてもより積極的な役割を果たすことを求めていた。この白書の内容を盛り込んだ1988年住宅法は、短期借家権（1〜5年の期間で家主が明け渡しを要求できる）および確定借家権（認定団体および新設住宅について借家人の権利を強化するもの）についての家賃規制を自由化した。これらは1980年住宅法により導入されたものであるが、前者は公正家賃での賃貸を、後者は市場価

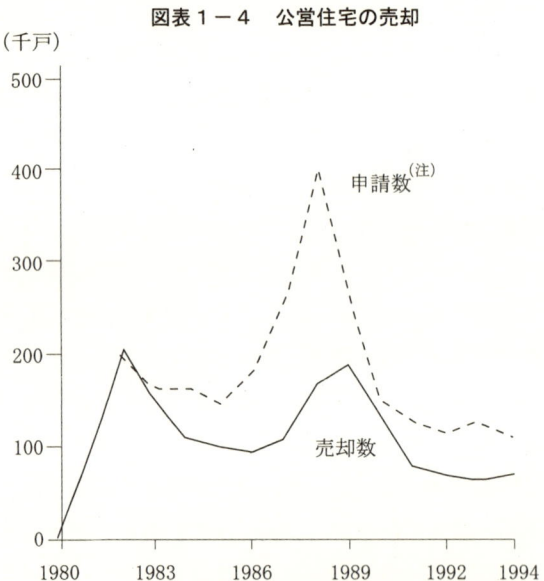

図表1-4　公営住宅の売却

(注)　1980年および1981年のデータは入手不能。
[出所]　Central Statistical Office [1996] p. 178.

格での固定的賃貸を求められていた。この確定借家権における認定団体の中心は住宅協会であり、これにより住宅協会の家賃は自由化され、一方でこれに資金を供給する住宅公社の権限が拡大されるとともに、協会の資金調達についても多様化されることとなった。

　以上の住宅事情・住宅政策の基本はその後も不変であり、基本を持家促進に置きつつ、公営住宅についてはその役割を消極的なものとする一方で、住宅協会等についても配慮を行うものとなっている。イギリスの税制は、持家の際の帰属家賃を所得に算入しない一方で、住宅ローン金利についての税額控除制度、持家処分の際のキャピタル・ゲインが非課税とされるなど、国際的にみても著しく個人持家を優遇する税制となっていた。このような税制があり、住宅ローンを支える金融機構が存在したことが、イギリスにおいて個人持家比率が継続的に上昇してきた理由といえるであろう。

第1章　1980年代までの住宅政策と住宅金融

## Ⅲ. 住宅金融と住宅金融組合

### 1. 1970年代まで

　これまでにみた、イギリスにおける個人持家比率の上昇を金融面から支えたのが貯蓄金融機関である住宅金融組合であった[4]。住宅金融組合は、組合員の相互扶助機関として始まった。その起源は現在から200年以上も遡ることができ、最初の住宅金融組合がバーミンガムで設立されたのは1775年のことである。その後18世紀末までの間にミッドランド、ランカシャー、ヨークシャー地方を中心に50前後の組合が設立されたが、この当時の住宅金融組合は、住宅の取得を希望する工場労働者20名程度により構成され、2週間もしくは1か月毎に徴収される拠出金をもって住宅を購入もしくは建築し、抽選等の方法で順次入居者を決め、組合員全員が住宅を取得した時点で解散するという時限組合であった。こうした活動は組合員のための病気の際の相互扶助組織として発展した友愛組合の活動とも混淆していた。ただし、友愛組合でさえもそれらは熟練労働者のものという性格を持ったものであったが、住宅金融組合はさらにより上層の労働者のものという性格を強く持つものであった。このことは、第一次世界大戦前においてさえイギリスにおける個人持家比率は10％前後しかなかったという事実から類推すれば明らかであろう。

　19世紀に入り住宅金融組合は、典型的な貯蓄金融機関としての性格を持つものにその姿を変えていった。組合員の住宅取得を早める目的で住宅取得を希望しない組合員からも預金（出資金）を徴収し、これにたいし利子を支払うようになったのである。このような動きは、住宅取得のために資金の貸出を行い、これから利子を徴収するという動きへとつながり、住宅金融組合は時限組合から永続組合へとその性格を変えるようになっていったのであり、その数および業容も拡大していった。

　住宅金融組合の組合数のピークは、1895年の3,642組合であり、当時の総出資者（預金者）数は63.1万人、総資産は4,500万ポンドであった。その後組合数は1900年には2,286組合にまで急減しており、1980年代までその業容は基本的に拡大してきていたが、組合数は合併による集中を主因として減少傾

向が続いていた。

　第二次世界大戦後も住宅金融組合の業容は順調に拡大を続けたが、その大きな理由のひとつは、イギリスにおいて個人持家比率が継続的に上昇したことであった。1970年代までのイギリスにおいては、住宅信用の供給はほぼ住宅金融組合が独占してきたといってよいが、貸出面だけでなく資金吸収面においても住宅金融組合に口座を保有し残高を維持しておくことが貸出（恒常的に需要超過の状態にあった）において有利に働くこと、および種々の税制上の優遇措置があったことから好調を持続したのであった。

　この税制上の優遇措置のうち最も大きかったものが、利子課税における優遇措置、具体的には単一税率制度であった。この制度は、預金・出資金利子についてはまず住宅金融組合が基本税率で源泉徴収し、その後税当局にたいしては預金・出資者の税率構成（3〜4年おきにサンプル調査）を考慮して毎年合意される単一税率で納税される仕組みのことをいう。この単一税率は、預金・出資者のなかに課税最低限度に達しない低所得者がいることから基本税率より低いものとなる。したがって住宅金融組合はこの差額分を自ら取得することが可能となり、そこから逆に高金利の預金・出資金を提供することが可能となることを競争相手の商業銀行は主張していた。

　この商業銀行の主張は、イギリス金融制度全般にわたっての幅広い調査・検討を行った1980年のウィルソン委員会報告においても認められることとなった。同報告は、単一税率制度については廃止し、所得税非課税の預金・出資者がその利子をグロスで受け取れるような何らかの措置が講じられるべきであること、およびすべての預金金融機関の支払利子についての税制措置を一律のものとするような配慮がなされることを勧告した。この他、同報告は住宅金融組合の法人税の優遇措置等の特権についても基本的に廃止し、金融機関の間の競争条件を均等化すべきことを勧告した。これは、ひとつにはイギリス金融制度において住宅金融組合の占める位置が非常に重要なものとなってきたことのあらわれであろうし、またひとつにはそうした住宅金融組合にたいして相互組織であることを理由として税制上の優遇措置を与える理由は希薄化しているとの認識によるものであったであろう。事実、金融自由化

が進展する過程で相互組織の貯蓄金融機関たる住宅金融組合は、株式会社たる商業銀行との競争が激化することとなり、1980年代には業務も同質化することとなっていったのであった。

## 2. 1980年代における競争激化

住宅金融組合をリテール・バンキングの分野における主たる競争相手と認識していた商業銀行は、1970年代においても住宅金融業務への本格進出の機会を狙っていた。しかしながら、セカンダリー・バンキング・クライシス以降の1970年代のイギリスの金融政策は、1973年12月以降一時的な停止はあったもののほぼ継続的に適用された補足的特別預金制度（通称コルセット規制：イングランド銀行が銀行の利付適格債務の増加率について、基準期間の平均残高にたいするガイドラインを設定し、超過部分については一定率の特別預金を無利子でイングランド銀行に預けさせることとする制度）に代表されるように抑制基調であり、イングランド銀行はこうした動きにたいして非公式ながら難色を示したといわれている。

1979年5月に政権の座についた保守党（サッチャー政権）は、同年秋に中期財政戦略を発表し、マネタリスト的な経済政策運営を行うことを明らかにするとともに、為替管理も撤廃した。また、既存の金融政策の全面的見直しにも着手し、1980年6月にコルセット規制を廃止し、1981年8月にはいわゆる新金融調節方式を導入した。商業銀行は、コルセット規制の廃止後に住宅金融業務に本格進出したのであった。

1980年代における住宅金融のシェアは図表1－5のとおりであるが、商業銀行等の金融セクターはそのシェアを1981～83年および1987年以降急速に高めている一方、住宅金融組合はそのシェアを1980年代を通じて低下させている。商業銀行は高価格住宅の取得に関連する貸出を中心にそのシェアを急拡大させたのであった。商業銀行の他にも1980年代には、新たに設立されたモーゲージカンパニー（5社）も急速にその貸出残高を増加させたが、新規参入の活発化により1980年代の住宅金融市場の競争は激化し、全体のマーケットは拡大した。1980年と1989年の市場規模を比較すると約5倍となっている

**図表 1 - 5　住宅信用供与状況 (1980～1989年)**

(単位：

| 年 | 住宅金融組合 | 地方公共団体 | 保険・年金 | 金融セクター | その他金融機関 |
|---|---|---|---|---|---|
| 1980 | 42,708 (81.5) | 3,654 (7.0) | 2,117 (4.0) | 2,996 (5.7) | |
| 1981 | 49,039 (79.0) | 3,917 (6.3) | 2,205 (3.6) | 5,444 (8.8) | |
| 1982 | 57,186 (74.1) | 4,471 (5.8) | 2,211 (2.9) | 10,751 (13.9) | |
| 1983 | 68,114 (74.3) | 4,327 (4.7) | 2,336 (2.5) | 14,845 (16.2) | |
| 1984 | 82,686 (76.1) | 4,134 (3.8) | 2,586 (2.4) | 16,888 (15.5) | 711 (0.7) |
| 1985 | 97,397 (76.2) | 3,632 (2.8) | 2,786 (2.2) | 21,111 (16.5) | 1,136 (0.9) |
| 1986 | 116,938 (75.5) | 3,126 (2.0) | 3,221 (2.1) | 26,307 (17.0) | 3,515 (2.3) |
| 1987 | 131,518 (71.5) | 2,693 (1.5) | 3,990 (2.2) | 36,419 (19.8) | 7,467 (4.1) |
| 1988 | 155,195 (69.2) | 2,364 (1.1) | 4,786 (2.1) | 47,320 (21.1) | 12,475 (5.6) |
| 1989 | 152,520 (59.1) | 2,164 (0.8) | 4,905 (1.9) | 81,211 (31.5) | 15,021 (5.8) |

(注) アビーナショナルが1989年7月に銀行へ転換したことにより、1988年と1989年のセクターの係数は連続しない。
[出所] *Financial Statistics* 各号より作成。

のである。この結果、1970年代までによく生じていた貸出実行の遅れといった事態は解消した。市場は需要超過状態にあったこともあり、商業銀行は短期間でそのシェアを急拡大することが可能であったといってよいのである。また、住宅金融組合はそのシェアを低下させたとはいえ、その貸出残高は堅調に増加したのであった。

　市場規模が拡大し競争圧力が増す過程で、住宅信用におけるイノベーションも進展することとなった。ひとつの変化としては、これは主に税制の変化を主因とするものではあるが、1983年以降の保険金付満期一括償還方式 (endowment) の住宅ローンの増加が挙げられる。この方式は、種々のバラエティはあるものの基本的には、顧客は元本の利子のみを契約期間中において支払い、元本の返済については別途契約する生命保険の満期償還金をもって支払うというものである。この方式が増加したのは、1983年にモーゲージ金利源泉税控除方式 (Mortgage Interest Relief At Source; MIRAS) が導

第1章　1980年代までの住宅政策と住宅金融

1,000戸、カッコ内構成比 %）

| その他<br>公共部門 | 計 |
|---|---|
| 872 (1.6) | 52,424 |
| 1,383 (2.2) | 62,060 |
| 1,378 (2.3) | 77,125 |
| 1,759 (1.9) | 91,650 |
| 1,716 (1.6) | 108,722 |
| 1,775 (1.4) | 127,838 |
| 1,836 (1.2) | 154,943 |
| 1,885 (1.0) | 183,972 |
| 2,029 (0.9) | 224,169 |
| 2,158 (0.8) | 257,979 |

住宅金融組合および金融

入されたのを直接の契機としている。すなわちMIRASの導入により、それ以前の主流であった元利均等返済方式（annuity）に比べて税控除額が多くなること（元本金額が同じであれば）、さらには株式市場が活況の際には将来の満期償還金に特別ボーナス（配当金）が加算されることが期待されたこと等から、保険金付満期一括償還方式の人気が高まり、1980年代末においては住宅金融組合の住宅ローンの新規契約分の約8割がこの方式によるものとなったのであった。その他としては、買換えではない新規の住宅取得者にたいする住宅ローン金利の優遇であるとか、従来一般的であった変動金利住宅ローンだけでなく固定金利住宅ローンについても提供される等のイノベーションが進展したのであった。

一方、1980年代は住宅金融組合の資金吸収面においても大きな変化が生じた。この時期の住宅金融組合の資金吸収は、サッチャー政権による国民貯蓄の活性化策および国営企業の民営化に伴う株式の売出、商業銀行との間の激しい競争に大きく影響されることとなった。1970年代の後半から住宅金融組合の資金吸収において定期出資金（5年ものが主力）の割合が高まっていたが、1980年代初頭においては、従来の主力商品であった普通出資金を上回る金利を一定以上の残高（通常は500ポンド）がある際には適用するという新商品が開発された。また、一部の住宅金融組合では、コーポラティブ銀行、スコットランド系銀行等と提携し当座預金の提供を開始する等ペイメント・サービスの分野においても活動を本格化させた。

これにたいして大手商業銀行の側では、1984年にミッドランド銀行が、最低預入金額2,000ポンド、最低小切手振出金額200ポンド等の条件の高利の新種当座預金（High Interest Cheque Account）を開発したのを皮切りに次々と同種の新型預金による資金吸収に乗り出した。

住宅金融組合による新種預金開発はその後も続き、種々の商品が誕生する

図表1－6　個人貯蓄残高の推移

| 年 | 国民貯蓄 | 地方公共団体 | 金融セクター | 貯蓄銀行 |
| --- | --- | --- | --- | --- |
| 1980 | 12,101 (11.3) | 321 (0.3) | 34,407 (34.8) | 7,652 (7.1) |
| 1981 | 18,153 (14.7) | 340 (0.3) | 41,570 (33.8) | 6,092 (4.9) |
| 1982 | 21,673 (15.4) | 296 (0.2) | 51,622 (36.7) | |
| 1983 | 24,587 (15.6) | 296 (0.2) | 55,124 (35.0) | |
| 1984 | 27,903 (15.7) | 284 (0.2) | 58,972 (33.2) | |
| 1985 | 30,371 (15.3) | 241 (0.1) | 63,701 (32.1) | |
| 1986 | 32,556 (14.8) | 170 (0.1) | 71,759 (32.6) | |
| 1987 | 34,891 (14.3) | 121 (0.0) | 79,721 (32.6) | |
| 1988 | 36,302 (12.8) | 78 (0.0) | 96,432 (34.1) | |
| 1989 | 34,404 (10.8) | 78 (0.0) | 143,931 (45.0) | |

（注）　1.貯蓄銀行の計数は，1982年以降金融セクターに含まれる。
　　　　2.アビーナショナルが1989年7月に銀行へ転換したことにより，19
　　　　　金融組合の計数は連続しない。
［出所］ *Financial Statistics* 各号より作成。

こととなったが、基本的には最低預入限度を置き、預入金額が大きくなる毎に高い金利が適用されるもの（Instant Access Account）およびほぼ同内容で90日程度の解約予告が必要なもの（Notice Account）等が1980年代以降の主力商品となった。この他、1986年住宅金融組合法（後述）により自らが当座預金を提供することが可能となり、また手形交換所の参加資格が緩和されたことにより、大手の住宅金融組合は手形交換所への直接参加が可能となったことから、本格的にペイメント・サービスの提供を行うこととなった。ここにおいて住宅金融組合は機能的には従来の貯蓄金融機関から商業銀行と変わらないものとなったとの評価を行うことが可能であろう。住宅金融組合の伝統的な貸出手法は商業銀行の小切手（口座名義人は当該住宅金融組合）を顧客に渡すか顧客の商業銀行の口座に振り込むといったものであったが、1980年代には自らの決済性預金口座に貸記することにより貸出を行うことが可能となり、ここに商業銀行のように信用創造を行うことが可能となった。住宅

第 1 章　1980 年代までの住宅政策と住宅金融

（単位 100万ポンド、カッコ内構成比 ％）

| 住宅金融組合 | その他 | 計 |
|---|---|---|
| 49,617（46.2） | 272（0.3） | 107,320 |
| 56,699（46.1） | 248（0.2） | 123,102 |
| 66,993（47.6） | 92（0.1） | 140,676 |
| 77,243（49.1） | 116（0.1） | 157,366 |
| 90,492（50.9） | 138（0.1） | 177,789 |
| 103,806（52.4） | 148（0.1） | 198,267 |
| 115,653（52.5） | 190（0.1） | 220,328 |
| 129,279（52.9） | 262（0.1） | 244,274 |
| 149,496（52.9） | 292（0.1） | 282,600 |
| 140,853（44.1） | 319（0.1） | 319,585 |

88年と1989年の金融セクターおよび住宅

金融組合はたんなる金融仲介機関から信用創造機関へと変化したのである。

住宅金融組合の新種預金の開発等の動きに対応して商業銀行の側でも1988年10月にロイズ銀行は新型の付利当座預金（Classic Account）の発売を発表し、1989年1月から取扱いを開始した。この預金の特徴は、①残高が1ポンド以上あれば付利される（500ポンド以上の場合はより高い金利が適用される）、②100ポンドまでの当座貸越にたいしては金利はゼロで小切手使用手数料についても徴収しない、というものであった。この動きは他の商業銀行にも広まることとなり、イギリスにおいて長い歴史を持った通常の当座預金には付利しないという慣行は個人向け商品に関するかぎりは終了することとなった。

1980年代における個人預金吸収面における住宅金融組合と商業銀行の競争は、こうして種々のイノベーションを生み出しつつ激化していったわけであるが、この間の個人部門の預金等のシェアの推移を図表1－6でみると、住宅金融組合のシェアは1980年代を通じて上昇傾向にあるものの、その伸びは1960、70年代に比べれば緩やかなものとなっている。その理由のひとつとして1985年4月以降商業銀行等の預金についても単一税率制度が適用されたことが挙げられるであろう。これはウィルソン委員会の勧告とは逆の方向ではあるが、住宅金融組合の税制上の特権のひとつはこれにより失われることとなった。この後、預金利子の取扱いについての住宅金融組合と商業銀行の違いはなくなることとなったが、制度的には1991年4月には単一税率制度は廃止され、非納税者については利子をグロスで受け取れる等の利子課税についての改正があった。

個人預金吸収面で苦戦を強いられた住宅金融組合は、1980年代において大口の資金吸収をも行うこととなった。その始まりは1980年の譲渡性金融債の発行であるが、1983年に額面5万ポンド以上、期間1年以内のCDにつき利息をグロスで支払うことが住宅金融組合においても可能となったことから、同年10月以降CDの発行が急増した。1984年から1987年にかけては、国営企業の民営化およびユニット・トラストの好調の影響を大きく受け、住宅金融組合はユーロ債（1985年以降）も含めた大口の資金吸収への依存度を高めざるをえなかった。

　以上のような資金運用・調達の両面における競争激化は、住宅金融組合の根拠法の改正へと結びつくこととなった。これは何よりも住宅金融組合が伝統的な貯蓄金融機関としての業務のみを行っていては、変化に対応ができなくなると考えられたからであり、改革の方向は基本的に商業銀行と同様の業務・機能を担わせるというものであった。また、これに関連して、その監督・規制体制の整備が必要との認識も高まり、1986年住宅金融組合法が成立した。

　その主な内容（従来の基本法であった1962年法の改正点および新たに規定された点）は以下のとおりである。

① 　従来の監督機関であった友愛組合登録官局に代えて新たな監督機関として住宅金融組合委員会（The Building Societies Commission）を創設する。同委員会は、住宅金融組合の健全性等に関する規制等を行う。

② 　総資金調達額の20％（1988年1月以降は40％）を限度として、大口（5万ポンド以上）の市場性資金の調達を認める。

③ 　総資産から固定資産および流動性資産を除いた資産（Commercial Assets）のうち90％以上は第一抵当権付の住宅ローン（Class 1 Assets）でなければならないが、10％についてはその他の不動産抵当貸出（Class 2 Assets）および無担保貸出（Class 3 Assets：上限は5％）としてもよいこととする（Class 2 および3 の資産の割合の上限は、1990年に17.5％、Class 3 のみでは7.5％）に引き上げられ、その後も1991年には20％（同10％）、1993年以降は25％（同15％）に引き上げられた。

④ 　総資産の一定割合（7.5％以上）については流動性資産の形態で保持しな

ければならないが、それらは総資産の3分の1を超えてはならない。
⑤　預金および出資金について1人当たり1万ポンド（1987年10月以降は2万ポンド）の90％について保証する出資者保護制度を創設する。
⑥　送金、外国為替、保険、年金、不動産仲介等の新規業務を認める（組合およびその子会社にたいして）。
⑦　組合の合併については、借入人の投票において50％以上の賛成を獲得し、かつ出資者の投票において75％以上の賛成を獲得しなければならない。合併する組合の一方の資産規模が1億ポンド以下で、他方の組合との資産規模の差が8倍以上ある場合においては、資産規模の小さい組合の出資者の少なくとも20％以上の賛成投票を獲得しなければならない。
⑧　相互組織としての住宅金融組合は、借入人の投票において50％以上の賛成を獲得し、かつ出資者の投票において75％以上の賛成を獲得した（ただし、この投票には出資者の20％以上が参加していなければならない）場合においては、株式会社（銀行）に転換することができる。

1980年代における住宅金融組合と商業銀行の競争は、両者がそれぞれの業務に参入し、また新規業務にも両者が共に参入するということにより一層激化することとなった。そしてその結果、リテール・バンキングの分野において両者の業務の同質化が進展することとなったのであった。1986年住宅金融組合法に株式会社（銀行）への転換の規定が設けられたのは、このことを反映したといえるわけであるが、この転換規定に基づき1989年7月には当時業界2位であったアビーナショナル住宅金融組合が株式会社に転換した。しかしながら当時においては、これに続く動きはなかったのであった。[5]

## 3．アビーナショナルの銀行転換の影響

アビーナショナルの銀行転換は、住宅金融組合業界に大きな影響を与えた。転換時点におけるアビーナショナルの業界に占めるシェアは16％であり、単純に業界団体である住宅金融組合協会を脱退するということでは同協会の存続自体にもかかわりかねないことから、アビーナショナルの転換直後の1989年8月に、住宅金融組合協会が中心となりファイナンスハウス、保険会社の

一部等の参加をえて、抵当貸付業協議会（Council of Mortgage Lenders：CML）が設立され、アビーナショナルは同協議会のメンバーとなった。

　アビーナショナルの銀行転換の理由は必ずしも明確ではなく、住宅金融組合協会の専務理事であったボレー氏は、転換理由について業務の多角化を望んでいたわけではなく理念的・哲学的（住宅金融組合と呼ばれたくない）なものであったと述べており、少なくとも1992年4月時点では他に銀行に転換する住宅金融組合が存在する兆しもないと述べていた[6]。

　アビーナショナルの銀行転換後、住宅金融組合業界には特に転換への動きはなかったが、その状況は1994年になり大きく変化することとなった。同年初めに大手の住宅金融組合であるチェルトナム・アンド・グロウスター住宅金融組合がビッグフォーのひとつであるロイズ銀行に吸収合併されることが明らかとなり、同年11月には業界最大のハリファックス住宅金融組合が同5位のリーズ住宅金融組合と合併し、将来的には株式会社（銀行）に転換することを明らかにしたのである。その後、転換を表明する住宅金融組合が相次ぐこととなり、相互組織としての住宅金融組合は急速に縮小することとなったのであるが、それについては次章において詳しく検討することとしたい。

## IV. おわりに

　以上で1980年代までのイギリスの住宅事情および住宅政策さらには住宅金融について概観してきたわけであるが、住宅事情・住宅政策については持家比率がかなりの程度まで上昇してきており、スラム対策等は必要であるものの深刻な住宅問題はもはや存在しないというのが1980年代に末における一般的な認識であった。このような情勢においてイギリスにおける住宅政策は大きな変化というのはあまり予想されてはいなかった。

　一方、住宅金融についてはこの時点で大きな変化も予想されていた。1986年のいわゆるビッグバン以降、イギリスの金融サービス業全体は大きく変化した。ホールセール分野では、マーチャント・バンクが大陸系の金融機関に続々と買収され、銀行系以外は英国籍のものが大手はほとんどなくなってしまうという事態となった。リテール分野においても変化は激しく、商業銀行

第 1 章　1980 年代までの住宅政策と住宅金融

が業務を多様化するだけでなく、保険会社等の金融サービス業だけでなくスーパーマーケット等までもが銀行業に参入しはじめたのである。ここにきて伝統的な金融サービス業における分業関係が崩れるだけにとどまらない事態が発生したが、それへの予感は当時においてもある程度はあったといってよい。

　1970年代まで住宅金融市場をほぼ独占してきた住宅金融組合の大転換もまた、このような流れの一環であるのかもしれない。住宅金融組合は、メンバーのための相互扶助組織を起源としているが、こうした性格は時限組合から永続組合へと変化していく過程で薄れていくという方向性はみえていた。そして、1980年代において根拠法の改正があったこともあり、住宅金融組合の業務内容はリテール・バンキングの分野に関するかぎりでは商業銀行と同質化した。法改正は、同質化傾向を追認したものであったが、そこに株式会社（銀行）への転換の規定があったということは、その確認としての意味を持っていた。1980年代以降の住宅金融組合の変化は、相互組織性の否定の徹底化への流れであることは、否定しがたい事実であろう。この大規模化した住宅金融組合にとって相互組織性はもはやフィクションでしかなかったのであるが、次章で詳しくみる1990年代における住宅金融組合の株式会社への転換の理由のひとつは、普段はメンバーとしての意識を持つことは稀であるはずのメンバーからの、無償の株式交付を求める要求であったことは興味深いものがある。

　ところで、これまで住宅金融を含めたリテール金融サービス業の分野は、国内金融機関が優位の分野であった。EUの金融統合は1980年代までにおいてホールセール分野におけるクロスボーダー・エントリーを活発化させてきたが、これが1990年代以降はリテール分野にも及んだ。リテール金融の変化、そして金融機関のバランスシート構造の変化が、やがてアメリカのサブプライムローン問題に端を発する金融危機がイギリスにも波及する大きな要因となったのである。

注
1 ）住宅政策の歴史的経緯について詳しくは、Holmans [1987] およびBoléat [1989] を参照されたい。なお、1880年代から1914年までにおいては上水道の普及が住環境の改善に大きく貢献した。しかし、下水道の発達は遅れ、たとえばマンチェスターにおいては1931年時点において2％の家屋が水洗便所の設備を有するに過ぎなかった。その他の住宅設備の改善をみるならば、風呂およびシャワーの設備のある家屋の割合は、1951年までに62％ にまで上昇し、1971年には88％、1986年には98％となった（Johnson [1994] p.15.)。
2 ）イギリスでは高層の建築もまたあまり好まれない。集合住宅（イギリスでは通常フラットという）のうち6階建以上のものをハイ・ライズ・フラットというが、1960年代の公営住宅の約半数はこのハイ・ライズ・フラットであった。これらはその質が悪いこともあり、イギリスでは大変に評判の悪いものである。「建築家は『空中の街路』を目指したというが、実際は垂直のスラムを形成したに過ぎなかった」（Johnson [1994] p.13.) との評価が一般的である。そして、それらの多くは今日までにおいて取り壊されたり、低層とされたりしているのである。
3 ）イギリスにおける非営利の住宅供給団体の歴史は長く、最初のものは12世紀に出現したともいわれているが、住宅協会の本格的出現をみたのは19世紀以降のことである。住宅協会について詳しくは、中島 [1990] およびBoléat [1989] を参照されたい。
4 ）住宅金融組合の発展過程について詳しくは、斉藤 [1994] を参照されたい。
5 ）1980年代の住宅金融組合と商業銀行の競争等について詳しくは、斉藤 [1990] を参照されたい。
6 ）住宅金融普及協会 [1992] 41頁。

# 第2章　1990年代の住宅金融関連の金融機関


I．はじめに

　1990年代のイギリス金融は大きく変化した。1986年のビッグバンはロンドン市場の活性化、国際競争力の維持には成功したとの評価が一般的であるが、大手国内証券業者（マーチャントバンク）の多くは外国業者に買収され、ロンドン市場から国内業者がいなくなる、いわゆるウィンブルドン化が指摘されるようになった。

　リテール・バンキングの分野においても、1980年代に根拠法が改正され業務拡大が可能となるとともに銀行転換が可能となった当時の業界第1位のハリファックス等の住宅金融組合の大手が続々と銀行（株式会社）に転換し、相互組織の住宅金融組合のマーケットシェアは急激に縮小した。

　さらに1990年代の特徴としては、金融サービス業における相互参入および外部業態からの銀行業務参入が活発化したことが挙げられる。新規参入業者は、コスト削減の観点から支店を開設せずに、電話やインターネットを活用して業容を拡大する戦略をとった。そしてこの低コストを根拠に、たとえば高くしかもそれが持続可能な水準の預金金利を提供していた。

　本章では、このような1990年代の金融環境のなかで、イギリスの住宅金融およびイギリスを代表する金融機関（銀行）である四大銀行や大手住宅金融組合等の金融機関がどのように変化したのかを中心に1990年代の状況をみてみることとしたい。

II．金融構造の変化

　イギリスにおいては19世紀後半に銀行合同運動が進展し、1918年までにいわゆるビッグファイブ体制が確立した。その後1968年にナショナル・プロビンシャル銀行とウェストミンスター銀行の合併（新銀行への事業譲渡は1970年）によりビッグフォー体制となった。これらの銀行はいわゆるロンドン・クリ

図表2-1　ROEおよびROA

|  | 1990 | 1991 | 1992 | 1993 | 1994 | 1995 |
|---|---|---|---|---|---|---|
| (ROE) |  |  |  |  |  |  |
| アビーナショナル | 21.5 | 20.8 | 17.7 | 20.8 | 25.2 | 26.0 |
| アライアンス・アンド・レスター | ‥ | ‥ | ‥ | ‥ | ‥ | 20.4 |
| バンク・オブ・スコットランド | 21.5 | 12.7 | 11.1 | 9.9 | 20.5 | 29.8 |
| バークレイズ | 13.8 | 8.5 | −4.2 | 11.0 | 28.2 | 27.4 |
| ハリファックス | ‥ | ‥ | ‥ | ‥ | ‥ | ‥ |
| HSBC | 0.4 | 1.8 | 8.5 | 29.7 | 29.6 | 29.2 |
| ロイズTSB | 26.5 | 22.5 | 24.8 | 28.6 | 28.8 | 34.1 |
| ナショナル・ウェストミンスター | 12.5 | 2.4 | 6.5 | 16.8 | 23.7 | 23.0 |
| ノーザンロック | ‥ | ‥ | ‥ | ‥ | ‥ | ‥ |
| ロイヤル・バンク・オブ・スコットランド | 20.2 | 2.6 | 0.3 | 14.0 | 27.8 | 27.6 |
| ウールウィッチ | ‥ | ‥ | ‥ | ‥ | 20.7 | 19.8 |
| (ROA) |  |  |  |  |  |  |
| アビーナショナル | 1.3 | 1.1 | 0.8 | 0.9 | 1.0 | 1.1 |
| アライアンス・アンド・レスター | ‥ | ‥ | ‥ | ‥ | ‥ | 1.3 |
| バンク・オブ・スコットランド | 1.1 | 0.6 | 0.6 | 0.4 | 0.9 | 1.3 |
| バークレイズ | 0.6 | 0.4 | −0.2 | 0.4 | 1.1 | 1.2 |
| ハリファックス | ‥ | ‥ | ‥ | ‥ | ‥ | ‥ |
| HSBC | — | 0.1 | 0.3 | 1.1 | 1.1 | 1.1 |
| ロイズTSB | 1.3 | 1.3 | 1.3 | 1.4 | 1.8 | 1.3 |
| ナショナル・ウェストミンスター | 0.6 | 0.1 | 0.2 | 0.6 | 1.0 | 1.0 |
| ノーザンロック | ‥ | ‥ | ‥ | ‥ | ‥ | ‥ |
| ロイヤル・バンク・オブ・スコットランド | 1.0 | 0.1 | — | 0.7 | 1.2 | 1.2 |
| ウールウィッチ | ‥ | 0.7 | 0.7 | 0.9 | 1.1 | 1.2 |

(注) 1．ROEおよびROAは税引前利益ベース。
　　 2．1990-93：HSBCはミッドランドのロイズTSBはロイズの計数。
[出所] 1990-93：British Bankers' Association [1998] p.41.
　　　 1994-99：British Bankers' Association [2000] p.33.

アリング・バンクの中核として広範な支店網を有し、ペイメント・サーキットを独占し、広範なリテール・バンキング・サービスを提供するばかりではなく、国内外の顧客にたいして広範なホールセール・バンキング・サービス

第 2 章　1990年代の住宅金融関連の金融機関

(単位　％)

| | 1996 | 1997 | 1998 | 1999 |
|---|---|---|---|---|
| | 26.6 | 26.2 | 28.1 | 29.3 |
| | 19.6 | 23.5 | 24.6 | 28.6 |
| | 29.0 | 30.5 | 28.0 | 32.6 |
| | 30.4 | 21.6 | 23.2 | 27.8 |
| | 14.1 | 22.6 | 23.8 | 23.3 |
| | 30.9 | 36.6 | 31.8 | 35.1 |
| | 49.0 | 50.2 | 40.1 | 41.5 |
| | 17.3 | 11.9 | 24.8 | 24.0 |
| | ‥ | 20.4 | 27.0 | 24.3 |
| | 26.1 | 23.5 | 32.9 | 27.9 |
| | 19.7 | 21.2 | 28.3 | 29.0 |
| | 1.0 | 0.9 | 1.0 | 1.1 |
| | 1.3 | 1.6 | 1.7 | 1.7 |
| | 1.2 | 1.4 | 1.4 | 1.7 |
| | 1.3 | 0.8 | 0.9 | 1.0 |
| | 0.9 | 1.4 | 1.4 | 1.2 |
| | 1.3 | 1.6 | 1.5 | 1.7 |
| | 1.9 | 2.3 | 2.1 | 2.4 |
| | 0.7 | 0.5 | 1.2 | 1.3 |
| | ‥ | 0.9 | 1.2 | 1.1 |
| | 1.2 | 1.1 | 1.3 | 1.4 |
| | 1.2 | 1.3 | 1.5 | 1.6 |

を提供し、イギリス金融制度の中核に位置していた。なお、1980年代に手形交換所の参加資格の改変を含めた機構改革があり、外国銀行や住宅金融組合までもが手形交換所に加盟が可能となった。そのためそれ以後はかつて用いられていたロンドン・クリアリング・バンクという分類は不適当となり、通常はリテール・バンク（時期によってはハイストリート・バンク）の中核銀行としてとらえられることとなる。

ところでこのビッグフォーの1990年代は大変革の時代となってしまった。1836年にバーミンガムで設立され、銀行合同運動の中心となり1920年代には世界最大の銀行であったミッドランド銀行は、業績の悪化から1992年に香港上海銀行に買収され、持株会社HSBCホールディングズの子会社となり、しばらくはイギリス国内においては支店もミッドランド銀行として営業を行っていたが1990年代末にはHSBCと商号も変更され、ここに名門ミッドランドの名前は消え去ることとなった。

また20世紀最後かつ1990年代最後の年の2000年3月には、ナショナル・ウェストミンスター銀行がロイヤル・バンク・オブ・スコットランドに買収され、結局、1990年代にはビッグフォーのうちの2行がイングランド以外に本店のある金融機関に買収されることになったのであった。

図表2-1は各行（4行およびスコットランド系銀行・住宅金融組合から転換した銀行）別のROEおよびROA（それぞれ税引前利益ベース）をみたものであるが、これをみるならば1990年代を通じてビッグフォーのなかではロイズ銀行（ロイズTSB）の収益が好調であったことが

**図表2-2　税引前利益の推移**

|  | 1990 | 1991 | 1992 |
|---|---|---|---|
| アビーナショナル | 582 | 618 | 564 |
| アライアンス・アンド・レスター | ‥ | ‥ | ‥ |
| バンク・オブ・スコットランド | 194 | 134 | 141 |
| バークレイズ | 898 | 530 | -244 |
| ハリファックス | ‥ | ‥ | ‥ |
| HSBC | 11 | 46 | 204 |
| ロイズTSB | 722 | 670 | 801 |
| ナショナル・ウェストミンスター | 754 | 134 | 367 |
| ノーザンロック | ‥ | ‥ | ‥ |
| ロイヤル・バンク・オブ・スコットランド | 304 | 41 | 6 |
| ウールウィッチ | ‥ | 139 | 161 |

（注）1990-93：HSBCはミッドランドのロイズTSBはロイズの計数
［出所］1990-93：British Bankers' Association [1998] p.36.
　　　　1994-99：British Bankers' Association [2000] p.27.

わかる。ミッドランド銀行（HSBC）については、1990年代初頭に収益が低迷し、HSBC傘下となって以降、収益に改善傾向がみられる（HSBCの収益に占める旧ミッドランド銀行の収益の割合は約3分の2という調査がある）。バークレイズ銀行についてはミッドランド銀行と同様の収益の推移であり、ナショナル・ウェストミンスター銀行については1990年代後半においても他銀行に比べて収益の回復が遅れていたといえよう。収益水準を絶対額でみたのが図表2-2であるが、1990年代前半の収益の低迷と後半における持ち直しと、4行間の格差の拡大がみてとれる。また、ミッドランドがHSBCに買収されて以降、経営の建て直しが図られてきたことも伺える。

　図表2-3は業容の推移をみるために総資産の推移をみたものであるが、ビッグフォーはスコットランド系銀行に比べて規模は大きく、ロイヤル・バンク・オブ・スコットランドのナショナル・ウェストミンスター銀行の吸収合併は、まさしく小が大を呑む合併であったことがわかる。また、ビッグフォーのなかではロイズTSB銀行の伸びが吸収合併を進めたこともあり高い

第2章　1990年代の住宅金融関連の金融機関

（単位　100万ポンド）

| 1993 | 1994 | 1995 | 1996 | 1997 | 1998 | 1999 |
|---|---|---|---|---|---|---|
| 704 | 932 | 1,026 | 1,167 | 1,279 | 1,520 | 1,783 |
| ‥ | ‥ | 288 | 306 | 395 | 455 | 500 |
| 125 | 269 | 450 | 545 | 664 | 742 | 1,012 |
| 647 | 1,831 | 2,021 | 2,293 | 1,719 | 1,895 | 2,460 |
| ‥ | 866 | 975 | 928 | 1,631 | 1,705 | 1,616 |
| 844 | 905 | 998 | 1,272 | 1,625 | 1,522 | 1,724 |
| 1,031 | 1,792 | 1,650 | 2,505 | 3,162 | 3,015 | 3,621 |
| 989 | 1,559 | 1,696 | 1,337 | 975 | 2,142 | 2,263 |
| ‥ | 118 | 157 | 177 | 155 | 216 | 215 |
| 258 | 532 | 602 | 695 | 760 | 1,001 | 1,211 |
| 229 | 303 | 333 | 377 | 402 | 496 | 520 |

一方、その他の3行は相対的に業容の拡大が緩やかであったことがわかる。さらに、アビーナショナル、ハリファックスといった住宅金融組合からの転換組も業容的にはビッグフォーに匹敵するものであることがわかるであろう。

1990年代のイギリスにおけるリテール・バンキングにおける特徴のひとつは、詳しくは後述するが、伝統的な支店を縮小し、テレフォン・バンキングやインターネット・バンキングといった新しいチャネルが急拡大したことである。この店舗縮小の動きを計数的にみたのが図表2－4である。各行は1990年代を通じて大幅な店舗削減を行ったことがわかるであろう。ちなみに1980年時点のバークレイズ銀行、ロイズ銀行、ミッドランド銀行、ナショナル・ウェストミンスター銀行の支店数は、1990年代に積極的に合併戦略をとったロイズ銀行を除いては1999年時点よりも1,000ないしそれ以上少なく、それぞれ2,991、2,297、2,463、3,213であった[1]。

この支店閉鎖は当然のことながら不採算店舗の閉鎖という形態をとっている。そしてそれは貧困層居住地域や過疎地域に集中していることが問題とし

図表 2 − 3　総資産の推移

|  | 1990 | 1991 | 1992 |
|---|---|---|---|
| アビーナショナル | 46,496 | 57,405 | 69,407 |
|  |  |  | 72,223 |
| アライアンス・アンド・レスター | ‥ | ‥ | ‥ |
|  |  |  | ‥ |
| バンク・オブ・スコットランド | 18,394 | 22,095 | 24,741 |
| バークレイズ | 139,283 | 143,024 | 157,962 |
|  |  |  | 159,902 |
| ハリファックス | ‥ | ‥ | 58,743 |
|  |  |  | ‥ |
| HSBC | 59,869 | 59,796 | 70,933 |
|  |  |  | 71,474 |
| ロイズTSB | 55,202 | 51,306 | 62,937 |
|  |  |  | 69,032 |
| ナショナル・ウェストミンスター | 121,100 | 129,556 | 153,442 |
| ノーザンロック | ‥ | ‥ | ‥ |
| ロイヤル・バンク・オブ・スコットランド | 30,096 | 32,180 | 34,473 |
|  |  |  | 34,564 |
| ウールウィッチ | ‥ | 20,159 | 23,255 |
|  |  | 20,177 | 23,335 |

(注)　1．1990-93：HSBCはミッドランドの、ロイズTSBはロイズの計数。
　　　2．各行下段計数は長期保険関連資産を含めたもの。
[出所] 1990-93：British Bankers' Association [1998] p.37.
　　　　 1994-99：British Bankers' Association [2000] p.26.

てとりあげられることとなった。このいわゆる「金融排除」問題は、これにより貧困層の人々がしばしばコストの高サービスを享受することを余儀なくされているということがある。そしてこれらの層は情報技術の進展からは取り残されており、インターネット・バンキングであるとかテレフォン・バンキングの利用は限られたものとなるであろうからである。

第 2 章 1990年代の住宅金融関連の金融機関

（単位 100万ポンド）

| 1993 | 1994 | 1995 | 1996 | 1997 | 1998 | 1999 |
|---|---|---|---|---|---|---|
| 79,931 | 90,227 | 97,614 | 116,142 | 134,029 | 149,370 | 163,305 |
| 83,802 | 94,457 | 103,132 | 124,011 | 144,130 | 162,753 | 180,744 |
| ‥ | ‥ | 22,846 | 24,013 | 24,309 | 27,399 | 30,234 |
| ‥ | ‥ | 22,846 | 24,078 | 24,404 | 27,579 | 30,492 |
| 29,013 | 30,748 | 34,104 | 44,099 | 47,275 | 54,697 | 59,796 |
| 163,159 | 159,363 | 164,184 | 180,321 | 226,470 | 212,409 | 246,753 |
| 166,051 | 162,403 | 168,826 | 185,161 | 232,429 | 219,494 | 254,793 |
| 63,122 | 67,157 | 72,151 | 102,821 | 115,159 | 125,442 | 137,843 |
| ‥ | 67,157 | 72,151 | 116,075 | 131,100 | 144,574 | 162,078 |
| 75,448 | 79,177 | 92,093 | 94,329 | 99,587 | 102,168 | 103,336 |
| 76,473 | 80,375 | 93,627 | 96,221 | 102,076 | 104,846 | 106,468 |
| 71,636 | 101,462 | 131,750 | 129,228 | 138,060 | 144,305 | 149,549 |
| 79,757 | 116,369 | 148,047 | 147,367 | 158,106 | 167,997 | 176,091 |
| 152,310 | 157,536 | 167,158 | 182,840 | 181,894 | 178,774 | 177,450 |
| 152,862 | 158,689 | 169,083 | 185,510 | 185,494 | 185,993 | 185,724 |
| ‥ | 10,031 | 11,560 | 13,724 | 15,518 | 18,215 | 20,125 |
| 37,167 | 44,856 | 50,497 | 60,135 | 71,137 | 77,967 | 86,839 |
| 37,439 | 45,280 | 51,226 | 61,116 | 72,601 | 79,676 | 88,852 |
| 25,246 | 26,734 | 27,797 | 30,440 | 31,545 | 32,780 | 33,099 |
| 25,398 | 26,922 | 28,019 | 30,747 | 31,911 | 33,239 | 33,758 |

　これまでの図表で示した各行は、イギリス銀行協会（BBA）が大手英銀グループ（MBBG）として分類している銀行であり、これらの銀行の個人口座数は1999年末時点で約9,800万であるが、テレフォン・バンキングでアクセス可能な口座は約1,600万にすぎない。もっとも5年前にはこのアクセス可能な口座は全体の3％にすぎなかったわけであり、その意味では急拡大して

図表2-4　支店数の推移

|  | 1990 | 1991 | 1992 |
|---|---|---|---|
| アビーナショナル | 681 | 683 | 680 |
| ナショナル・アンド・プロビンシャル |  |  |  |
| アライアンス・アンド・レスター | ‥ | ‥ | ‥ |
| バンク・オブ・スコットランド | 515 | 502 | 490 |
| バークレイズ | 2,586 | 2,476 | 2,281 |
| ハリファックス | ‥ | ‥ | ‥ |
| バーミンガム・ミッドシャー |  |  |  |
| リーズ・パーマネント |  |  | ‥ |
| HSBC | 1,957 | 1,824 | 1,716 |
| ロイズTSB | 2,111 | 1,929 | 1,884 |
| TSB | 1,489 | 1,399 | 1,369 |
| チェルトナム・アンド・グロースター |  |  |  |
| ナショナル・ウェストミンスター | 2,805 | 2,683 | 2,541 |
| ノーザンロック | ‥ | ‥ | ‥ |
| ロイヤル・バンク・オブ・スコットランド | 841 | 805 | 786 |
| ウールウィッチ | ‥ | ‥ | ‥ |

(注) 1. 1990-93：HSBCはミッドランドの、1990-98：ロイズTSBはロ
　　 2. アビーナショナルの1996年以降の計数にはナショナル・アンド
　　 3. ハリファックスの1995年以降の計数にはリーズ・パーマネント、
　　　 ものを含む。

［出所］1990-93：British Bankers' Association [1998] p.66.
　　　　1994-99：British Bankers' Association [2000] p.52.

いるわけであるが、貧困層居住地域の住民がこのようなファシリティを使いこなせるかどうかはわからない。ちなみにインターネット等を経由してのアクセスは1999年中に140万口座に達した（MBBG）模様であり、デジタル・テレビジョンを通じるアクセスも可能となっていった。

　1990年代におけるリストラの推移を行員数の動向（図表2-5）でみてみると、バークレイズ銀行、ロイズTSB銀行、ナショナル・ウェストミンスター銀行についてはは1990年代の前半に行員数の削減を推進し、後半においてはそのスピードは緩やかなものとなっている。一方、HSBC（ミッドラン

第2章　1990年代の住宅金融関連の金融機関

| 1993 | 1994 | 1995 | 1996 | 1997 | 1998 | 1999 |
|---|---|---|---|---|---|---|
| 676 | 675 | 678 | 867 | 816 | 791 | 765 |
|  ‥ | 324 | 326 | n/a | n/a | n/a | n/a |
|  ‥ | 398 | 397 | 345 | 319 | 316 | 319 |
| 455 | 430 | 411 | 385 | 349 | 359 | 350 |
| 2,119 | 2,090 | 2,050 | 1,997 | 1,975 | 1,950 | 1,899 |
| 690 | 684 | 1,083 | 971 | 897 | 813 | 909 |
|  | 120 | 120 | 115 | 115 | 120 | n/a |
|  ‥ | 450 | n/a | n/a | n/a | n/a | n/a |
| 1,713 | 1,706 | 1,701 | 1,702 | 1,668 | 1,663 | 1,662 |
| 1,860 | 1,799 | 1,776 | 1,731 | 1,610 | 1,499 | 2,122 |
| 1,321 | 1,013 | 892 | 865 | 837 | 811 | n/a |
|  | 236 | 231 | 231 | 231 | 222 | 221 |
| 2,545 | 2,410 | 2,215 | 1,920 | 1,754 | 1,727 | 1,712 |
|  ‥ | 153 | 156 | 138 | 120 | 107 | 76 |
| 752 | 732 | 687 | 665 | 673 | 652 | 648 |
| 518 | 511 | 462 | 422 | 414 | 406 | 405 |

イズの計数。
・プロビンシャルの支店であったものを含む。
1999年の計数にはバーミンガム・ミッドシャーの支店であった

ド銀行）については人員の削減については行ってこなかったようにみえる。ただし、個別行の計数はとることができないが大手英銀グループ（MBBG）全体では1990年代後半に人員削減テンポが緩やかになっている（絶対数では増加しているがこれはMBBGに含まれる銀行数の増加の影響である）が、その内訳をみるならこの間にパートタイム、とりわけ女性のパートタイムの人数が急増しており、このような形でリストラが進展していったことがわかる。

43

図表 2 − 5　行員数の推移

| | 1990 | 1991 | 1992 | 1993 | 1994 | 1995 | 1996 | 1997 | 1998 | 1999 |
|---|---|---|---|---|---|---|---|---|---|---|
| アビーナショナル | 14,000 | 15,000 | 15,600 | 16,400 | 16,400 | 16,300 | 20,100 | 20,500 | 20,300 | 21,000 |
| アライアンス・アンド・レスター | .. | .. | .. | .. | .. | .. | .. | 9,300 | 8,800 | 8,600 |
| バンク・オブ・スコットランド | 12,500 | 11,900 | 11,800 | 11,400 | 11,300 | 11,300 | 11,000 | 11,400 | 12,400 | 13,000 |
| バークレイズ | 84,700 | 81,600 | 76,800 | 68,700 | 63,500 | 61,200 | 60,300 | 63,600 | 61,700 | 60,600 |
| ハリファックス | .. | .. | .. | .. | .. | .. | .. | 27,000 | 24,300 | 30,200 |
| HSBC | 47,100 | 43,700 | 42,900 | 42,400 | 41,900 | 43,400 | 42,700 | 44,000 | 44,800 | 46,100 |
| ロイズTSB | 58,600 | 52,500 | 46,500 | 44,900 | 66,900 | 66,400 | 62,900 | 61,700 | 57,400 | 58,000 |
| TSB | 23,100 | 23,100 | 23,000 | 23,800 | | | | | | |
| ナショナル・ウェストミンスター | 85,900 | 84,700 | 75,800 | 72,200 | 67,200 | 61,000 | 57,600 | 55,900 | 55,800 | 56,300 |
| ノーザンロック | | | | | | | | | | 2,700 |
| ロイヤル・バンク・オブ・スコットランド | 21,300 | 20,800 | 19,900 | 18,800 | 19,700 | 19,500 | 19,300 | 19,400 | 19,800 | 19,200 |
| ウールウィッチ | .. | .. | .. | .. | .. | .. | .. | 7,900 | 7,500 | 7,200 |
| 計 | 347,100 | 330,300 | 312,200 | 298,700 | 286,900 | 279,300 | 274,000 | 320,700 | 321,600 | 322,900 |
| ・男性 | 127,600 | 120,700 | 114,800 | 109,500 | 102,700 | 99,600 | 96,200 | 108,300 | 106,500 | 108,500 |
| （うちパートタイム） | 1,500 | 1,300 | 1,100 | 1,200 | 1,400 | 1,600 | 1,500 | 2,000 | 2,200 | 4,100 |
| ・女性 | 219,500 | 209,600 | 197,400 | 189,200 | 184,300 | 179,700 | 177,800 | 212,400 | 206,100 | 214,400 |
| （うちパートタイム） | 48,200 | 49,300 | 48,200 | 48,700 | 50,500 | 50,900 | 53,600 | 68,900 | 70,100 | 79,300 |

(注) 1. 1990-93：HSBCはミッドランドのロイズTSBはロイズの計数。
　　 2. アビーナショナルの1996年以降の計数にはナショナル・アンド・プロビンシャルの人員であったものを含む。
　　 3. アライアンス・アンド・レスターの1997年以降の計数にはジャイロバンクの人員を含む。
　　 4. ハリファックスの1999年の計数にはバーミンガム・ミッドシャーの人員であったものを含む。
[出所] 1990-93：British Bankers' Association [1998] p.66.
　　　 1994-99：British Bankers' Association [2000] p.52.

44

第2章　1990年代の住宅金融関連の金融機関

## Ⅲ．金融機関別の対応

### 1．ビッグフォー

#### （1）ロイズTSB銀行

　1990年代のビッグフォーにおいて最も成功を収めたのがロイズTSB銀行であるといえる。その戦略は、リテール特化型戦略と収益重視にもとづく量的拡大志向であるといってよい。そしてこの戦略は、ブラックホースというCI戦略によっても支えられた。1980年代のロイズ銀行は、業容でビッグフォーの最下位であった。ただし1980年代の後半には不採算部門を思いきって切り捨て、イギリス国内リテールに特化する方針を明らかにしていた。たとえば1978年に設立したロイズ・マーチャントバンクを1987年には閉鎖し（詳細については後述）、同年にはアメリカ、大陸ヨーロッパ、アジアの店舗を思いきって削減した。

　ロイズ銀行は、ビッグフォーのうちで早い時期から最も熱心に保険業務に取り組んできていた。1982年の時点で保険子会社としてブラックホース・ライフを所有していた。しかし1988年に保険会社のアビー・ライフと傘下の保険関連子会社を合併させ、新会社としてロイズ・アビー・ライフを設立した。

　新会社のロイズ・アビー・ライフは傘下にアビー・ライフ（ブローカー中心）およびブラック・ホース・ライフ（ロイズ銀行中心のタイド・エージェント：ロイズ・バンク・ユニット・トラストと合併しブラック・ホース・ファイナンシャル・サービス［BHFS］となる）を収めた。この合併においてロイズ銀行は、ロイズ・アビー・ライフの株式の58％を所有したが、その後所有比率を高め、1996年9月に完全子会社（100％所有）とした。

　ロイズ銀行のこの保険戦略（銀行の保険業進出は一般にバンカシュアランスと呼ばれる）は成功をおさめ、とくにBHFSによるロイズ銀行を販売チャネルとする保険販売が成功をおさめ、バンカシュアランスにおける代表的な成功例とされた[2]。

　リテール重視を戦略とするロイズ銀行が次に行った大きな行動は1995年のチェルトナム・アンド・グロースター住宅金融組合の吸収合併であった。ロ

45

イズ銀行のねらいは住宅ローン業務の拡充であった。この吸収合併は、1986年住宅金融組合法に新たに設けられた相互組織としての住宅金融組合の銀行（株式会社）転換の規定を利用したものであった。1986年法の制定後、1989年に当時業界第2位のアビーナショナル住宅金融組合が銀行に転換したが、これは、営業譲渡のために特別に設立された会社（アビーナショナル自身により設立された）にたいする譲渡の規定によるものであった。これにたいしてチェルトナム・アンド・グロースター住宅金融組合の場合は、既存の会社にたいして営業が譲渡される場合の規定、すなわち買収される規定が利用された初めてのケースであった。このロイズ銀行の成功は、住宅金融組合の側からは買収の恐怖となり、1997年の大手住宅金融組合の銀行転換の続出の大きな原因となったのである。

　それはともかくとして、ロイズ銀行の拡大戦略はこれにとどまらなかった。1996年には信託貯蓄銀行が前身のTSBをも吸収合併したのである。ロイズ銀行としてのここでのねらいは、リテール中心のTSBを吸収合併することにより、リテール部門の量的拡大を図ることが挙げられる。また、バンカシュアランスに力を入れてきたTSBの吸収合併は、保険業務の拡充にも資すると考えられたようである。さらには、TSBの発祥の地のスコットランドにはその稠密な店舗網がある一方、ロイズ銀行の店舗はきわめて少ないことから、スコットランドにおける業務拡大も意識されたものと思われる。

　TSBの前身の信託貯蓄銀行は、個人の貯蓄性預金を吸収し、これを国債に運用する典型的な貯蓄金融機関であったが、1976年以降統合と業務拡大により商業銀行化を推し進め、1986年には株式会社化し、商号もTSBとなった。その後のTSBは積極的に業務拡大を進めたが、1990年代においてはマーチャントバンク子会社（ヒル・サミュエル）およびモーゲージカンパニー子会社（モーゲージ・エクスプレス）の損失から経営が悪化していたこともあり、ロイズ銀行に吸収合併されることとなったのであった。

　TSB吸収合併後のロイズ銀行は、ロイズTSBグループとなったが、しばらくは旧TSBの店舗はそのままTSBの商号で営業していた。しかし1996年6月にロイズTSBとして全店舗を統一の商号により営業することとした。

## 第2章　1990年代の住宅金融関連の金融機関

　なお、TSBの発祥の地のスコットランドにおいては、その事実を配慮し、同時期にロイズTSBスコットランドを設立しグループの一員とした。
　このようにリテール重視、合併等による量的拡大志向により収益性を向上させてきたロイズTSBであるが、1999年には投資業務や年金業務にも強い、相互組織の保険会社であるスコティッシュ・ウィドウズを傘下に収め、さらに量的な拡大を志向した。これによりロイズTSBグループの保険業務はプルデンシャルに次ぐ第2位の業容となったのである。1999年にはビッグフォーのもうひとつ（ナショナル・ウェストミンスター銀行）も保険会社（リーガル・アンド・ジェネラル）の買収を試みたが、これにはまったく別のシナリオが用意されていたのであった。

（2）ナショナル・ウェストミンスター銀行
　ナショナル・ウェストミンスター銀行は、その名前からわかるとおり当時のビッグファイブのうちの2行、すなわちナショナル・プロビンシャル銀行（1833年設立）とウェストミンスター銀行（1833年設立：イングランド最初の株式銀行）が合併してできた銀行である。このうちのナショナル・プロビンシャル銀行は1962年にディストリクト銀行（1829年設立）を吸収合併していた。これら3行はその発祥地の関係から、ナショナル・プロビンシャル銀行はウェールズおよびイングランド北東部、ディストリクト銀行はイングランド北西部、ウェストミンスター銀行はロンドンおよびイングランド南東部に強いという特徴を有していた。
　合併以後、ナショナル・ウェストミンスター銀行は、国際的ユニバーサル・バンクを目指す戦略を採り、業務を量的にも質的にも拡大した。これはほぼバークレイズ銀行と同様の戦略であり、これら2行がビッグフォーのうちのビッグツーであったのである。ちなみに同行の支店数が最大であったのは1986年で、3,133店舗を有し、従業員数は1万2,400人であった。しかしながら、1990年代のナショナル・ウェストミンスター銀行の業績はビッグフォーのなかで最低であった。
　そのひとつの原因は、海外戦略の失敗にあった。1979年に営業を開始した

アメリカのナットウェスト・バンコープ（ニュージャージー州の2銀行を買収の後設立）は、リテール営業等を拡大し、地元銀行の買収等も行ったが多額の赤字を計上することとなった。これは商業用不動産貸出が不良債権化し、これにアメリカ国内のプロジェクト・ファイナンス、さらにはラテンアメリカ向け債権等に関係する損失が加わったことによるものであった。アメリカ進出が失敗に終わったという点ではロイズ銀行、バークレイズ銀行も同様であったが、これら2行については1990年代初めに撤退を完了していた。しかしながらナショナル・ウェストミンスター銀行は、1995年の12月にようやくナットウェスト・バンコープをフリート・ファイナンシャル（ニューイングランド州のスーパーリージョナルバンク）に売却した。しかも、この売却価格については他の事例と比較してあまりに低すぎるとの評価が一般的であった（これに加えて当初の買収価格についても高すぎたとの批判があった）。アメリカにおけるリテール業務からの撤退は同行の名声を大きく傷つけることとなった。

　また、保険業務についても同行は、その保険部門のナショナル・ウェストミンスター・インシュアランス・サービスは、独立ブローカーとして特定の保険会社の商品を取り扱うことはしないとの独自の戦略をとっていた。しかし他の銀行のバンカシュアランスの成功をみて、1993年に1月から中堅保険会社のクリアリカル・メディカルとのジョイント・ベンチャーによりナットウェスト・ライフを設立した。これは明らかに取り組みの遅れであり、同行はここでも経営戦略上のミスを犯したのであった。

　保険業務は後にナショナル・ウェストミンスター銀行の運命を左右することとなるわけであるが、その前にイギリスの1990年代の金融サービス業における新たな展開として注目されるのが他業種からの銀行業務参入の動きであったことについて関説したい。この点については後に詳しく触れることとするが、そのなかでも注目を集めたのがスーパーマーケットの銀行業務参入であった。この動きの先頭を切ったのがテスコであり、1996年6月にテスコはナショナル・ウェストミンスター銀行に事務管理を委託してポイントカード（買い物代金に応じたポイントが加算され、それに応じてバウチャー等が進呈され

る)に買い物代金自動引き落とし機能を付与した「クラブカード・プラス」を発行した。顧客はこのカードの代金決済口座に毎月一定金額を振り込み、買い物代金がそこから引き落とされる。この口座の残高には付利がなされた。

この口座の管理や代金決済業務はナショナル・ウェストミンスター銀行が行っていたが、1997年2月になりテスコは当初5年契約であった同行との提携を解消し、ロイヤル・バンク・オブ・スコットランド（RBS）を新たな提携先とすることを発表した。この両者は、1997年7月に共同出資でテスコ・パーソナル・ファイナンスを設立した。[3]

このロイヤル・バンク・オブ・スコットランドに結局ナショナル・ウェストミンスター銀行は買収されることとなったわけであるが、その経緯は以下のとおりである。

ロイズTSBがスコティッシュ・ウィドウズを傘下に収めたのが刺激となったかどうかは不明であるが、バンカシュアランスにおいて遅れをとっていたナショナル・ウェストミンスター銀行は、1999年9月に保険会社のリーガル・アンド・ジェネラル（L&G）の買収について合意に達したと発表した。ただし、この買収価格がロイズTSBのスコティッシュ・ウィドウズの買収価格に比べて割高であるとして、ナショナル・ウェストミンスター銀行の評判がさらに落ちることとなり、同行の株価は低落した。そしてこの機会をとらえてバンク・オブ・スコットランド（BOS）が同行の買収（敵対的TOB）を行うことを明らかにしたのである（9月24日）。ナショナル・ウェストミンスター銀行の側では防戦に努めたが、合併が競争政策上の問題がないことが明らかとなった11月29日になり、同じスコットランド本店のロイヤル・バンク・オブ・スコットランド（RBS）が買収戦に参加することを明らかにした。この買収合戦の行方は注目を集めたが結局2000年2月にナショナル・ウェストミンスター銀行は、業容的にははるかに下回るロイヤル・バンク・オブ・スコットランドに買収されることとなり、3月からロイヤル・バンク・オブ・スコットランド・グループの一員となった。経営戦略の誤りは結局小が大を呑む買収を実現させたこととなるわけであるが、2000年夏時点における、RBSグループの陣容は図表2-6のようになっている。

図表 2－6　RBSグループの組織（2000年）

| 部　門 | 業務内容・子会社等 |
|---|---|
| Royal Bank of Scotland：Retail<br>NatWest Retail | Personal Banking<br>NatWest Life<br>RSA<br>Small Business |
| Wealth Management | RBSI<br>Adam & Co<br>Coutts Group<br>NatWest Offshore<br>NatWest Stockbrokers<br>NatWest Investment |
| Retail Direct | Virgin Direct Personal Finance<br>Tesco Personal Finance<br>E-Commerce and Internet<br>Cards Business<br>Own Brand Businesses<br>Direct Bank |
| Direct Line | DLI<br>Privilege<br>Green Flag<br>Linea Directa<br>jamjar.com |
| Ulster Bank | Personal<br>Business<br>Corporate |
| Citizens (USA) | Personal<br>Business<br>Corporate |

［出所］RBSホームページ（http://www.rbs.co.uk）より作成。

（3）バークレイズ銀行

　バークレイズ銀行は、1896年にロンドン北東部の20の個人銀行が大同合併してできた株式銀行であり、その性格が近年まで残存することとなった。すなわち、設立時のファミリー支配の傾向が残り、組織的にも中央集権的傾向

が薄いという特徴を有していた。バークレイズ銀行は、量的拡大志向が強く、1950年代まではミッドランド銀行がイギリス最大の業容を誇る銀行であったが、1960年代以降は同行が最大規模となり、1970年代以降はナショナル・ウェストミンスター銀行と業界第一位の地位を争ってきていた。

　バークレイズ銀行の経営戦略は、ナショナル・ウェストミンスター銀行と同様に国際的なユニバーサルバンクとなることであった。バークレイズ銀行は、海外展開にビッグフォーのなかで最も熱心であり、1920年代にはすでに英領植民地を中心に業務展開を行っていた。1960年代には、先進諸国に積極的に業務を展開した。1980年代の初めにフランスおよびドイツにおいて買収を行ったが、それら子会社の商業用不動産関連貸出で損失をこうむることとなった。以後、1990年代において同行は国内回帰傾向を強めることとなる。

　また、インベストメント・バンキング業務においても、バークレイズ銀行は1986年にブローカーおよびマーケットメーカーを買収した後に統合し子会社（BZW）とした。以後、この子会社を中心にインベストメント・バンキング業務を積極的に展開するわけであるが、1990年代にこの業務における損失が拡大することとなった。結局、同行は1997年10月になりBZWの業務を売却し、インベスト・バンキング業務を大幅に縮小することを発表した（この点について詳しくは後述）。しかし、その後においても同グループのインベストメント・バンキング部門であるバークレイズ・キャピタルは、1998年のロシア危機およびLTCM関連での損失に苦しむこととなっている。

　国内業務においては、バークレイズ銀行はクレジットカード業務に最も早い時期から積極的に取り組み、業務の機械化についても世界で初めてキャッシュ・ディスペンサーを設置するなど積極的であった。1990年代のバークレイズ銀行は、前半において収益は低迷した。とくに1992年には経常損失を計上したが、これは主として国内の不動産・建設関連の貸出が不良債権化し、引当金を積み増したことによるものであった。結局、同行は国内リテールを業務の中心とし、そこにおけるコスト削減により収益を拡大するという戦略を採らざるをえなくなった。これは同行と規模や体質面で似たところがあるといわれるナショナル・ウェストミンスター銀行が採らざるをえなかった戦

略と同様のものであった。バンカシュアランスについても、バークレイズ銀行は1988年以後、子会社のバークレイズ・ライフ・アシュアランスについては専属仲介者専用（特定の業者の保険商品だけを販売）の保険商品の供給主体とし、独立仲介者（顧客に最適の商品を勧めることが求められている）によるアドバイスを求める顧客のためにバークレイズ・インシュアランス・サービス・カンパニーを設立した。そして、保険業務を統括する形でバークレイズ・ファイナンシャル・サービス（BFS）を設立した。以後、とくにバークレイズ・ライフ・アシュアランスは、専属仲介ブローカーの数を急速に増加させ、これにつれて収益も増加した。

　国内業務の収益性は回復したものの、国際業務、インベストメント・バンキング部門の不振から収益性においてロイズTSBに大きく差をつけられることになったことから、マーケットはバークレイズ銀行が何らかの再編の対象になるとの予測をするようになった。1999年の秋以降のナショナル・ウェストミンスター銀行の買収劇、それも規模ではるかに下回るスコットランドの銀行による買収合戦は、バークレイズ銀行にとってショックであったと推察される。

　結局、2000年8月にバークレイズ銀行はウールウィッチとの合併計画を発表した。ウールウィッチは1997年に住宅金融組合から転換した銀行であり、当然のことながら住宅ローン業務に強い銀行である。これによりバークレイズ銀行は、国内リテール業務の拡大を21世紀に向けて選択するという方向性が明らかとなったのである。

（4）HSBC
　ミッドランド銀行は1836年にバーミンガムに誕生し、19世紀の後半には同じバーミンガム発祥のロイズ銀行とともに銀行合同運動の中心となり、1920年代にはイギリス最大のそして世界最大の銀行となった。しかしその発祥の地の影響からか、ミッドランド銀行はイギリスの石炭業、製鉄業、造船業等の重工業との関連が強く、これらの産業の没落は同行の停滞のひとつの原因となった。

## 第 2 章　1990年代の住宅金融関連の金融機関

　ミッドランド銀行の停滞は、1980年代から1990年代の初頭にかけて甚だしいものとなった。もともとミッドランド銀行はビッグフォーのなかでは海外展開に積極的な方ではなかった。しかし1980年にはアメリカのクロッカー・ナショナル銀行を買収した。この買収はミッドランド銀行の収益にきわめて大きな悪影響を及ぼし、結局、1986年にはこの子会社をウェルズ・ファーゴ銀行に売却せざるをえなくなった。この時期、クロッカー・ナショナル銀行だけでなく、ミッドランド銀行本体も第三世界向け貸出で大きな損失をこうむった。さらにこの時期のミッドランド銀行は大陸ヨーロッパ諸国への進出においても失敗し、損失をこうむることとなった。

　ミッドランド銀行の再建への模索は1980年代から始まっていた。同行は、1967年にインベストメント・バンキング業務への参加を目的として、サミュエル・モンターギュに資本参加していたが、1982年にその40％を売却し、1986年には完全に売却した（この点について詳しくは後述）。さらに、1987年にはHSBCがミッドランドの株式の14.9％を取得した。この時点でHSBCとの提携により再建をめざす方向が明らかとなったわけであるが、その後の動きには紆余曲折があり、イングランド銀行もまた関心を持つこととなった。ミッドランド銀行の買収にはロイズ銀行も興味を示したが、独占合併委員会の反対もあり、結局、同行は1992年にHSBCに買収されることとなった。

　その後の旧ミッドランド銀行の国内戦略は店舗の削減等の合理化により収益の拡大をめざすという方向である。同行は、1989年の時点ですでにテレフォン・バンキング子会社としてファースト・ダイレクトを設立していた。1990年代に他業種からの新規参入組が無店舗による低コストを背景に高金利の預金を提供するようになったが、これに対抗してテレフォン・バンキング戦略を拡充した。この他、1980年代の後半から提供をはじめたデビットカードにも力を入れ、小切手処理コストを削減した。また、バンカシュアランスについても、1987年の時点でコマーシャル・ユニオンとジョイント・ベンチャーとしてミッドランド・ライフというかたちで開始していた。ミッドランド・ライフへの同行の出資比率は、当初の60％から引き上げられ100％となり、保険部門の収益は全体の収益に貢献してきている。

**図表2-7　世界の大規模金融機関（2000年4月4日現在）**

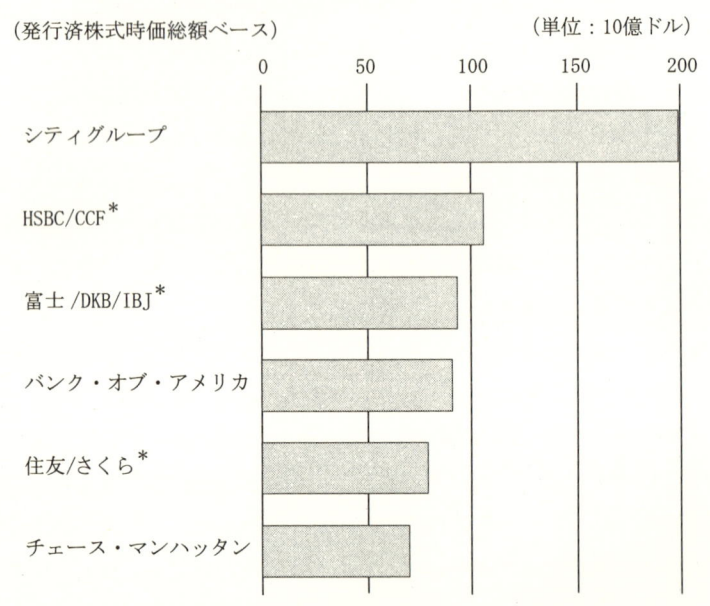

（発行済株式時価総額ベース）　　　　　　　　　　（単位：10億ドル）

| 金融機関 | 時価総額 |
|---|---|
| シティグループ | 約195 |
| HSBC/CCF* | 約105 |
| 富士/DKB/IBJ* | 約90 |
| バンク・オブ・アメリカ | 約85 |
| 住友/さくら* | 約75 |
| チェース・マンハッタン | 約70 |

(注)　＊印は合併したものとして合算。
［出所］　The Economist［2000］p.88.

　1993年以後、HSBCの収益は好調であり、ビッグフォーのなかではロイズに次ぐ水準となっている。HSBCの収益に占める旧ミッドランド銀行の収益の割合は、3分の2程度であるとのことであり、その経営の建て直しは図られてきているといってよいと思われる。この過程で、ミッドランド銀行にたいするHSBCのコントロールの度合いは高まり、1999年にはそれまでイギリス国内においてはミッドランド銀行の商号をもって営業していたのをHSBCへと完全に変更した（ミッドランド銀行の商号も法的にHSBC銀行となった）。ここに名門ミッドランド銀行の名前は完全に消え去ることとなったのである。

　HSBCは、世界80か国以上に営業拠点を持つグローバルな活動を行っている銀行であり、1990年代においても積極的な拡大戦略をとっていた。グループ全体の資産でみればビッグフォーのなかで最大であり、その合併等による

拡大戦略は注目を集めた。とくに2000年4月に明らかとされたフランスのクレディ・コマーシエル・ドゥ・フランスの吸収合併により、その規模（発行済株式時価総額ベース）はシティグループに次ぎ世界第2位（当時）になった（図表2－7）。その意味でも、HSBCの活動は他の銀行グループと同列には論じられなかったわけであるが、イギリス国内においてはコスト削減、リテール重視等のほぼ他の3行と同様戦略を採っていくものと思われていた。その意味でイギリス国内での合併戦略が注目を集めることになっていたのである[4]。

## 2．住宅金融組合（銀行転換組も含む）

第1章でみたとおり1986年住宅金融組合法は相互組織の住宅金融組合の株式会社（銀行）転換の規定を置いたが、これを利用して銀行に転換したのは1980年代においてアビーナショナルのみであった。この状況は1990年代においてロイズ銀行のチェルトナム・アンド・グロースター住宅金融組合の吸収合併後に急変し、1997年には転換ブームが起こり、大手の住宅金融組合はほとんどが銀行となった。大手の住宅金融組合はネーションワイド住宅金融組合くらいとなってしまうという業界構造の大変動が生じたのである。

1997年に生じた事態を詳しくみるならば、4月にアライアンス・アンド・レスター（1990年に郵便局をベースに営業していたジャイロバンクの民営化の際の受け皿となったことで有名）が株式会社に転換し銀行となったのを皮切りに、6月に最大手のハリファックスが、7月にウールウィッチが、10月にノーザンロックがそれぞれ銀行に転換した。この他では、すでにナショナル・アンド・プロビンシャルがアビーナショナルに吸収合併され、また、ブリストル・アンド・ウェストが銀行となると同時にダブリンに本店のあるアイルランド銀行に吸収合併されたのであり、大手の住宅金融組合のほとんどが銀行に転換し、相互組織のままとどまる組合のシェアは著しく低下することとなった。

こうした転換の動きの理由として、競争の激化により相互組織形態であることが制約条件となるであるとか、保険業務、年金業務、ユニット・トラスト等の新規業務の顧客はメンバーではないことから相互組織の妥当性に疑問

が生じるとの説明がなされる場合もあるが、今ひとつ納得的なものとはいいがたい。かつて商業銀行は、住宅金融組合が相互組織であることにより配当負担がないことを、その特権のひとつとして攻撃さえしていたのである。

　転換の理由としては、まず、転換した組合については転換後5年間は乗っ取り（敵対的TOB）の対象としてはいけないとの規定が住宅金融組合法にあることが大きいと思われる。それほど、ロイズ銀行によるチェルトナム・アンド・グロースター住宅金融組合の吸収合併の波紋は大きかったのであろう。さらには、相互組織のメンバーである借入人および出資者が転換に際して株式をボーナスとして受け取れることが広範に知れ渡り、彼らが強く転換を望んだという事情が大きかったと推察される。

　相互組織のまま残ることを選択した住宅金融組合（ネーションワイド等）からは、相互組織であることの優位性を生かして、出資金（預金）金利をより高く設定し、住宅ローン金利をより低くすることができるとの説明がなされる場合もあるが、これも図表2－8でわかるとおり必ずしも絶対的なものとはいえず、1,000から1,500ポンドにもなる転換時のボーナス（株式交付等）に比べるならば魅力的なものとはいいがたいのは事実であろう[5]。こうして相互組織としての住宅金融組合は1990年代においてイギリス金融システムにおける重要度を大きく低下させたのであった。

　以上のような事情を反映して、1990年代においては住宅金融組合の大口の市場性資金調達への依存度は高まることとなった。また、このことを反映して住宅金融組合の負債構造において預金の比率が高まり出資金の比率が低下している。出資金は現実的には組合の解散等の際の求償権の順位に若干の相違があるだけで、預金とほとんど変わらないものであるが、その名は住宅金融組合が相互組織であることに由来している。負債構造の面からみても住宅金融組合の相互組織性は薄れてきていた（図表2－9）。

　また、住宅金融組合の1990年代における収益構造をみると、1995年の落ち込みを別にするならば、比較的堅調に推移した（図表2－10）。1980年代末からの不動産不況の深刻化は住宅ローンの延滞を増加させ、これに対応して住宅金融組合は貸倒引当金を積むことを余儀なくされた。また、住宅価格比の

第2章　1990年代の住宅金融関連の金融機関

図表2－8　金利比較

| | 預金（インスタント・アクセス・アカウント：段階金利） | | | | 住宅ローン（変動） |
|---|---|---|---|---|---|
| | £500 | £2,500 | £5,000 | £10,000 | |
| （銀行転換） | % | % | % | % | % |
| アビーナショナル | 3.00 | 3.25 | 3.55 | 3.80 | 8.45 |
| アライアンス・アンド・レスター | 2.70 | 2.75 | 2.80 | 2.85 | 8.45 |
| ブリストル・アンド・ウェスト | 2.50 | 3.00 | 3.40 | 3.80 | 8.45 |
| チェルトナム・アンド・グロースター | 2.00 | 2.00 | 2.00 | 3.15 | 8.45 |
| ハリファックス | 0.50 | 0.50 | 0.50 | 0.50 | 8.45 |
| ウールウィッチ | 3.00 | 3.15 | 3.50 | 3.85 | 8.45 |
| （相互組織） | % | % | % | % | % |
| ブラッドフォード・アンド・ビングレー | n/a | 3.10 | 3.60 | 3.90 | 7.99 |
| ブリタニア | 3.50 | 3.50 | 3.50 | 3.50 | 6.99 |
| コベントリー | n/a | 1.60 | 2.35 | 3.35 | 8.45 |
| ネーションワイド | n/a | n/a | 4.20 | 4.50 | 8.10 |
| ポートマン | n/a | 5.25 | 5.25 | 5.25 | 8.20 |
| スキプトン | n/a | 4.20 | 5.00 | 5.50 | 8.20 |

［出所］Investors Chronicle [1997b] p.30.

　抵当貸出金額についても、住宅価格の低落傾向を考慮して1980年代によくみられたような100％とするようなケースは極端に減少した。しかしながら、延滞・差押え件数は劇的に増加したものの、何とか対応可能な水準にとどまり、1992—93年をピークに減少に転じた（図表2－11）。これは、1980年代に登場した、大口の市場性資金を吸収し住宅ローンおよび商業用不動産融資を行ったモーゲージカンパニーが深刻な経営困難に直面したのとは対照的である。これらモーゲージカンパニーは、1987年以降住宅ローン債権の流動化を行いMBS市場への資産売却の中心的存在であった。しかしその経営悪化にともない、MBS（住宅ローン担保証券）市場の規模も急速に縮小した。住宅金融組合の収益は、資金運用面における慎重な業務姿勢により比較的堅調であった。しかしこのことは買収対象としての魅力を有するということであり、1990年代の業界構造の大変動の一因ともなったといえよう。

図表 2-9 住宅金融組合の資産・負債

(単位 100万ポンド、内訳%)

|  | （資　産） | | | | （負債および資本） | | | | |
|---|---|---|---|---|---|---|---|---|---|
|  | 総資産 | 抵当貸出 | 商業貸出 | 流動資産 | 出資金等 | 預金 | 準備金 | その他資本 | (大口資金) |
| 1980 | 53,793 | 78.9 | — | 19.7 | 90.9 | 90.9 | 3.5 | — | (—) |
| 1985 | 120,763 | 80.1 | — | 18.8 | 84.7 | 84.7 | 4.1 | — | (0.6) |
| 1990 | 216,848 | 81.0 | 1.4 | 16.2 | 74.0 | 74.0 | 4.7 | 0.8 | (17.0) |
| 1991 | 243,980 | 80.7 | 1.6 | 16.2 | 72.8 | 72.8 | 4.7 | 1.0 | (17.7) |
| 1992 | 265,224 | 80.4 | 0.8 | 17.1 | 70.5 | 70.5 | 4.7 | 1.2 | (18.0) |
| 1993 | 281,152 | 79.7 | 0.8 | 17.8 | 69.3 | 69.3 | 5.0 | 1.4 | (18.0) |
| 1994 | 301,011 | 78.6 | 0.9 | 17.7 | 67.0 | 67.0 | 5.4 | 1.4 | (18.3) |
| 1995 | 299,921 | 77.8 | 1.0 | 17.9 | 67.0 | 67.0 | 5.8 | 1.2 | (18.3) |

[出所] Building Societies Association and Council of Mortgage Lenders [1996] pp.226-227&p.231.

第2章 1990年代の住宅金融関連の金融機関

**図表2-10 住宅金融組合の収益構造**

(単位 100万ポンド)

| | 収益 | 抵当貸出利息 | 投資収益 | その他収益 | 費用 | 支払利息 | 営業経費 | 法人税 | 準備金繰入額 |
|---|---|---|---|---|---|---|---|---|---|
| 1980 | 7,172 | 5,913 | 1,145 | 114 | 6,925 | 6,218 | 590 | 117 | 247 |
| 1985 | 14,571 | 12,028 | 2,202 | 341 | 13,768 | 12,023 | 1,265 | 480 | 803 |
| 1990 | 29,374 | 24,307 | 4,654 | 413 | 21,872 | 24,754 | 2,347 | 771 | 1,502 |
| 1991 | 28,612 | 24,098 | 4,719 | -216 | 27,282 | 24,033 | 2,584 | 665 | 1,330 |
| 1992 | 26,794 | 22,209 | 4,692 | -106 | 25,408 | 21,153 | 3,531 | 675 | 1,386 |
| 1993 | 22,194 | 18,315 | 3,543 | 337 | 20,421 | 15,760 | 8,725 | 936 | 1,773 |
| 1994 | 21,648 | 17,792 | 2,953 | 903 | 19,483 | 14,547 | 3,820 | 1,117 | 2,165 |
| 1995 | 21,536 | 18,363 | 3,698 | -524 | 20,805 | 15,691 | 3,913 | 1,201 | 731 |

[出所] Building Societies Association and Council of Mortgage Lenders [1996] pp.228-229より作成。

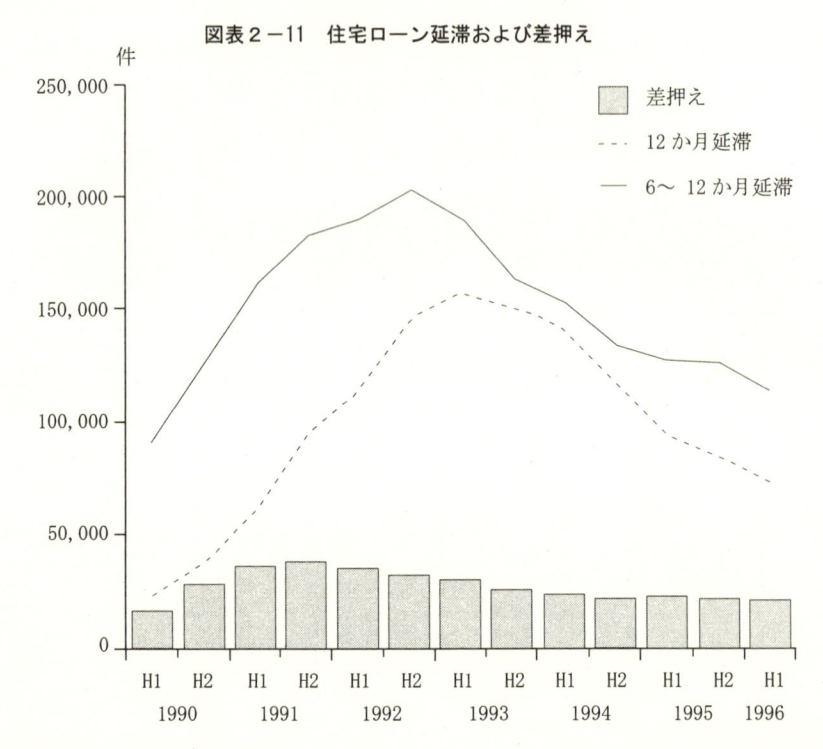

図表2-11　住宅ローン延滞および差押え

凡例：
- 差押え
- 12か月延滞
- 6～12か月延滞

［出所］　Panell［1996］p.5.

## Ⅳ．ビッグフォーのインベストメント・バンキング業務からの撤退

　1990年代のビッグフォーは、積極的にそれを推進したか否応なくそこに追いこまれたかの違いはあるにしても、国内リテール中心の戦略をとった。そして、そのなかで基本的には、インベストメント（マーチャント）・バンキングからの撤退を、ここでも意識的にかそこに追い込まれたかの違いはあるものの行うこととなったのである。

　意識的に早い時期からインベストメント・バンキング業務から撤退したのはロイズ銀行（ロイズTSB）であった。同行は1978年にロイズ・マーチャン

ト・バンクを設立していたが、ビッグバン後の1987年の段階でそのほとんどの業務を売却し、1992年には完全に当該業務から撤退すると発表した。結局、この決断が1990年代のロイズ銀行の高収益のひとつの原因となったのであった。

なお、TSBについては1986年の株式会社転換後、1987年にヒル・サミュエルを買収し、その傘下に収めていた。しかし、ヒル・サミュエルの業績は1990年代に入り急速に悪化し、それはTSB本体にまで大きく影響した。結局、TSBはヒル・サミュエルを本体に吸収するとともに、勘定分離を行い、その業務をほぼ停止した。当該部門はロイズ銀行との合併の過程で整理され、わずかにコーポレート・ファイナンス業務がクローズ・ブラザーズ（マーチャント・バンク）に売却された程度であった。

ナショナル・ウェストミンスター銀行およびバークレイズ銀行は、似たような経緯をたどり、ともに1997年にインベストメント・バンキング業務からの撤退を表明せざるをえなくなり、その子会社は業務毎に分割して販売されることになったのである。1980年代末時点において、この業務分野において1990年代にアメリカ等の金融機関と競争していくことが可能と目されていたのは、SGウォーバーグ、クラインウォート・ベンソン、モーガン・グレンフェル、カウンティ・ナットウェスト、BZWの5社であった。前三者については、1989年の時点でドイツ銀行にすでに買収されていたモーガン・グレンフェルが1995年にその独立性をほぼ失いドイッチェ・モーガン・グレンフェルとなったのを初めとして、1995年にクラインウォート・ベンソンがドレスナー銀行に、SGウォーバーグがスイス・バンキング・コーポレーション（当時）にそれぞれ買収された。これに、後二者はそれぞれ細分化され売却されたことから、ウィンブルドン化はさらに進展したといわれるようになったのである。

まず、ナショナル・ウェストミンスター銀行の経緯からみることにすると、同行は1970年代中頃にカウンティ・ナットウェストを設立しており、同社はビッグバンを契機にジョバーのビスグッド・ビショップおよびブローカーのフィールディング・ニューソン・スミスを買収し、カウンティ・ナットウェ

スト・インベストメント・バンクとし、以後その活動を活発化させた。同行には、子会社としてカウンティ銀行（Ｍ＆Ａおよびコーポレート・ファイナンスが主要業務）、カウンティ・ナットウェスト・キャピタル・マーケッツ（債券トレーディング等が主要業務）、カウンティ・セキュリティズ（株式トレーディング等が主要業務）、カウンティ・パーソナル・ファイナンス・サービシィズ（消費者金融等が主要業務）を置いた。さらに、ブローキング部門拡充のためにヒル・サミュエルからウッド・マッケンジーを購入した。こうしてカウンティ・ナットウェスト・インベストメント・バンクの1980年代後における業容は拡大はしたが、各部門のトップクラスになるというものではなかった。また、収益面でもあまり芳しいものではなく1995年から1990年の間の損失は4億5,000万ドルに上った。これには、1987年のブルーアロー事件も大きく影響した（これにより同行の名声もまた損なわれた）。

　1990年代に入り、1994年には香港で不動産会社のウィーロックと合弁でウィーロック・ナットウェスト（コーポレート・ファイナンス、株式ブローカレッジ、アセット・マネジメントが主要業務）を設立し、アジア地区での業務拡大を目指した。さらに1995年にはアメリカにおいて国債のプライマリー・ディーラーであるグリニッチ・キャピタル・マーケッツおよびＭ＆Ａ専業のグリーチャー・アンド・カンパニーを取得した。なお、1990年代にはコーポレート・ファイナンスおよびインベストメント・バンキング部門をナットウェスト・マーケッツ部門として本体に統合し、1995年にはそれを再構成し業務分野毎に4部門とした。

　このような積極策は裏目に出ることとなり、1996年にはナットウェスト・マーケッツ部門の収益は悪化した。これにはアセット・マネジメントを主要業務とするガートモアを買収したことにより、ウィーロック・ナットウェストと業務が重複してしまうという経営戦略上のミスも加わった。結局、ガートモアにこの業務については集中し、ウィーロック・ナットウェストのアセット・マネジメント部門（ウィーロック・ナットウェスト・インベストメント・マネジメント）を売却しようとしたが、買い手がつかず1996年10月に同社は閉鎖されることとなった。また、アメリカにおける業務も、取扱商品お

第2章　1990年代の住宅金融関連の金融機関

よび販売ネットワークの不備からうまくいかなかった。さらに、1997年初めには金利オプション関連での巨額損失が発覚した。

　この時点で、ナショナル・ウェストミンスター銀行は、インベストメント・バンキング業務からの撤退を表明せざるをえず、ナットウェスト・マーケッツは業務毎に細分化されて売却された。たとえば、欧州株式の販売およびトレーディング部門はバンカース・トラストに、デリバティブズ関連部門はドイツ銀行に、アジア株式およびコーポレート・ファイナンス部門はバンク・オブ・アジア・アンド・インダストリアルと中国工商銀行のジョイント・ベンチャーに売却された。残余部分については再構成されたが、これも結局、ロイヤル・バンク・オブ・スコットランドのもとで再編成されることとなった。

　なお、ロイヤル・バンク・オブ・スコットランドは、1985年にチャーターハウス（マーチャント・バンク）を取得し、ビッグバン後にはティルニィー（ブローカー）を取得し、チャーターハウス・ティルニィー（マーケットメーカー）とした。しかしそれらの業績は伸びず1993年にマーチャント・バンキング部門をクレディ・コマーシエル・ドゥ・フランスとBHF銀行（ドイツ）が保有する持ち株会社に売却し、比較的に早い時期にインベストメント・バンキング業務から撤退した。

　次にみるのがバークレイズ銀行であるが、同行のインベストメント・バンキング業務からの撤退もナショナル・ウェストミンスター銀行と同様の経緯をたどった。まずバークレイズ銀行は1975年の段階で子会社としてバークレイズ・マーチャント・バンク（BMB）を設立した。さらにビッグバンを契機にブローカーのデ・ゾット・アンド・ベーバンおよびジョバーのウェッド・ドゥラッカーを取得し、そのすぐ後にこれらとBMBを合併させバークレイズ・デ・ゾット・ウェッド（BZW）とした。BZWの株式、債券の売買業務は急伸した。BZWはフル・サービス・マーチャントバンクを目指して1987年にヒル・サミュエルからコーポレート・ファイナンス部門の人材を大量に採用した。しかしこれによりBZWのM＆Aの業績は向上しなかった。これによりBZWは内部に問題を抱えることとなるが、それはBZWと親会社であ

るバークレイズ銀行との間にも発生することとなった。

　バークレイズ銀行は、BZWに独立性を与えたが、それととくにバークレイズ銀行のコーポレート・ファイナンス部門との関係はカルチャーの相違等から必ずしもしっくりしたものとはならなかったとされている。1990年代に入ってBZWはバークレイズ銀行のホールセール部門を吸収していったが、業務の重複は残存することとなった。この両者の業務の重複は海外部門においても発生した。

　このような状況において1990年代におけるBZWの収益は低迷した。この間、バークレイズ銀行はアメリカでの業務基盤拡充のために買収も計画したが挫折し、1995年以降、BZWの収益は一層低迷した。1997年夏には、ナショナル・ウェストミンスター銀行のインベストメント・バンキング業務からの撤退の発表があり、これも影響してかバークレイズ銀行も同年10月にインベストメント・バンキング業務からの撤退を発表した。その形態もナショナル・ウェストミンスター銀行と同様に業務毎に細分化して売却するというものであった。たとえば欧州株式および株式デリバティブズ部門はクレディ・スイス・ファースト・ボストン（CSFB）に、オーストラリアおよびニュージーランドの子会社はABNアムロに売却された。

　残余部門についてはバークレイズ・キャピタルとして再構成されたが、1998年にはロシア危機関連で大きな損失が発生することとなった。ビッグフォーのなかで最もインベストメント・バンキング分野に力を入れたのはバークレイズ銀行であったが、結局、ビッグバン後10年で同業務から撤退することとなったのであった。

　最後にその経緯をみるのがミッドランド銀行であるが、同行の場合は1992年にHSBC傘下となったこともあり、他行とは違った状況となっている。ミッドランド銀行としては1973年にサミュエル・モンターギュを買収し、100％子会社とした（1967年時点で株式の3分の1を取得していた）。その後ビッグバン前にWグリーンウェル（ブローカー）を取得し、子会社をミッドランド・モンターギュ・インベストメント・バンクとして統合した。同社は、国債等の債券を取り扱うミッドランド・トレジュアリー、M＆A等を含めたマーチ

ャント・バンキング業務を行うサミュエル・モンターギュ、株式および債券ブローキングを行うグリーンウェル・モンターギュの各部門を抱えていた。1987年3月時点でグリーンウェル・モンターギュに損失が発生し、ミッドランド銀行は株式のマーケット・メーキング業務からの撤退を決定した。また、1988年1月には株式・国債関係の業務を閉鎖することを決定した。

1990年代に入りミッドランド銀行はHSBCの傘下となったが、それ以降同行のインベストメント・バンキング部門は、HSBCの組織のなかに吸収された。そしてHSBCは1990年代末時点においてインベストメント・バンキング業務から撤退してはいない。しかし同グループの中心は商業銀行業務であり、インベストメント・バンキング部門のプレゼンス、国際競争力は図表2－12でわかるとおりそれほど大きなものではない。イギリスのロスチャイルドやラザードよりもランキングは下となっているのである。

以上みたように、1990年代を迎える前にインベストメント・バンキング業務からの撤退を決定していたロイズ銀行、1990年代に損失を抱え同業務からの撤退を余儀なくされたナショナル・ウェストミンスター銀行、バークレイズ銀行の両行というように、ビッグフォーといえどもインベストメント・バンキング業務から収益を上げるのは難しいことであった。これには、アメリカにおける業務基盤の脆弱さ、国際的な証券販売ネットワークの欠如等、イギリスのインベストメント（マーチャント）・バンク業界全体にみられる弱点が露呈したものといえる。HSBC以外の3行は結局国内リテール回帰を選択したのであった。

## Ⅴ．国内リテール業務の動向および制度・環境等の変化

以上みたように、1990年代においてビッグフォーは、HSBCを除いて国内リテール回帰を選択したかもしくはせざるをえなかったわけである。また、住宅金融組合から転換した銀行は住宅金融を中心業務とするという点では変化はなく、リテール中心の業務展開を行った。その意味でイギリスにおけるリテール・バンキングにおける競争圧力は増加したといってよい。そしてそれに関連する制度・環境等は大きく変化した。

図表 2 −12 グローバル・インベストメント・

| ランキング（カッコ内は1997年順位） | 引受業務等 | M&A業務 |
|---|---|---|
| Goldmann Sachs & Co (2) | 388,765.9 | 1,067,258.8 |
| Merrill Lynch & Co (1) | 549,797.3 | 692,920.3 |
| Morgann Stanley Dean Witter (4) | 404,497.5 | 635,623.9 |
| Salomon SmithBarney/Citigroup (7/11) | 366,353.8 | 483,761.8 |
| Credit Suisse First Boston (6) | 290,502.0 | 431,756.5 |
| JP Morgan & Co. Inc (5) | 250,064.7 | 324,207.0 |
| Chase Manhattan Corporation (3) | 122,602.9 | 172,858.9 |
| Lehman Brothers (8) | 264,339.6 | 225,415.6 |
| Deutsche Bank/BT (15/16) | 158,681.0 | 147,874.4 |
| Warburg Dillon Read/USB (9) | 201,809.6 | 143,743.3 |
| Bank of America Corp. (14) | 57,975.7 | 83,679.4 |
| Bear Stearns (12) | 140,608.7 | 184,752.8 |
| Donaldson, Lufkin & Jenrette (13) | 111,498.7 | 217,614.0 |
| ABN AMRO (17) | 127,077.6 | 34,143.3 |
| Paribas/Societe Generale (25/41) | 153,649.0 | 54,472.3 |
| Lazard Houses (18) |  | 160,775.5 |
| Barclays Capital (19) | 81,236.9 |  |
| Dresdner Kleinwort Benson (30) | 54,611.5 | 37,373.2 |
| Rothschild Group (28) |  | 84,291.2 |
| Nomura Securities (34) | 58,998.1 |  |
| Schroder Group (22) |  | 69,179.4 |
| Bank Boston (38) |  | 49,903.0 |
| First Union Corp. (39) | 24,972.3 |  |
| Pain Webber (28) | 57,604.2 |  |
| HSBC (28) | 57,260.5 |  |
| 上位25社計 | 3,992,907.5 | 5,301,604.6 |
| 上位10社／上位25社（%） | 76.41 | 81.59 |
| 上位20社／上位25社（%） | 96.44 | 97.75 |

［出所］Rogers [1999] p.229.

第 2 章　1990年代の住宅金融関連の金融機関

**バンキング（1998年）**

（単位　10億ドル）

| 融資アレンジ | MTN主幹事 | 計 | シェア（％） |
|---|---|---|---|
| 16,404.5 | 54,419.6 | 1,526,848.8 | 13.89 |
| 10,999.7 | 129,629.4 | 1,383,346.7 | 12.59 |
|  | 32,680.2 | 1,072,801.6 | 9.76 |
| 107,565.7 | 51,412.2 | 1,009,093.5 | 9.18 |
| 19,086.9 | 60,166.1 | 801,511.5 | 7.29 |
| 115,665.7 | 27,502.8 | 717,440.2 | 6.53 |
| 307,131.0 | 20,448.8 | 623,040.8 | 5.67 |
| 26,311.8 | 48,982.5 | 565,049.5 | 5.14 |
| 53,780.3 | 84,419.0 | 444,754.7 | 4.05 |
| 17,009.9 | 53,780.1 | 416,342.9 | 3.79 |
| 200,100.1 | 42,250.0 | 384,005.2 | 3.49 |
|  | 17,610.0 | 342,971.5 | 3.12 |
| 12,618.8 |  | 341,731.5 | 3.11 |
| 16,282.5 | 125,333.1 | 302,836.5 | 2.76 |
|  | 11,398.0 | 219,519.3 | 2.00 |
|  |  | 160,775.5 | 1.46 |
| 14,457.3 | 6,370.2 | 102,064.4 | 0.93 |
|  | 8,273.0 | 100,257.7 | 0.91 |
|  |  | 84,291.2 | 0.77 |
|  | 14,556.0 | 73,554.1 | 0.67 |
|  |  | 69,179.4 | 0.63 |
| 19,124.8 |  | 69,027.8 | 0.63 |
| 21,591.7 | 20.000.0 | 66,564.0 | 0.61 |
|  |  | 57,604.2 | 0.52 |
|  |  | 57,260.5 | 0.52 |
| 958,130.7 | 809,230.2 | 10,991,873.0 |  |
| 70.34 | 69.63 | 77.88 |  |
| 95.75 | 97.53 | 97.09 |  |

**図表2-13 所有形態別住宅ストック（1980—90年）（グレート・ブリテン）**

(単位 1,000戸, カッコ内構成比 %)

|      | 個人持家 | 民間賃貸 | 住宅協会 | 公営住宅 | 総計 |
|------|---------|---------|---------|---------|------|
| 1980 | 11,653 (55.7) | 2,394 (11.4) | 404 (1.9) | 6,485 (31.0) | 20,937 (100.0) |
| 1981 | 11,898 (56.4) | 2,337 (11.1) | 469 (2.2) | 6,380 (30.3) | 21,085 (100.0) |
| 1982 | 12,270 (57.7) | 2,318 (10.9) | 483 (2.3) | 6,180 (29.1) | 21,251 (100.0) |
| 1983 | 12,604 (58.8) | 2,304 (10.7) | 504 (2.3) | 6,035 (28.1) | 21,447 (100.0) |
| 1984 | 12,913 (59.6) | 2,290 (10.6) | 525 (2.4) | 5,924 (27.4) | 21,653 (100.0) |
| 1985 | 13,223 (60.5) | 2,258 (10.3) | 548 (2.5) | 5,820 (26.6) | 21,849 (100.0) |
| 1986 | 13,575 (61.5) | 2,198 (10.0) | 565 (2.6) | 05,723 (25.9) | 22,060 (100.0) |
| 1987 | 13,962 (62.7) | 2,134 ( 9.6) | 586 (2.6) | 5,600 (25.1) | 22,282 (100.0) |
| 1988 | 14,418 (64.0) | 2,072 ( 9.2) | 614 (2.7) | 5,412 (24.0) | 22,516 (100.0) |
| 1989 | 14,826 (65.2) | 2,064 ( 9.1) | 651 (2.9) | 5,190 (22.8) | 22,732 (100.0) |
| 1990 | 15,094 (65.8) | 2,112 ( 9.2) | 706 (3.1) | 5,015 (21.9) | 22,927 (100.0) |

［出所］ 1961～1965年：Building Societies Association [1990] p.185.
1966～1994年：Building Societies Association and Council of Mortgage Lenders [1996] p.4.

まず住宅信用市場の状況をみるならば、1980年代中の急拡大の反動からその伸びは急激に鈍化することとなった。これには、図表2-13でみるとおり、個人持家比率が1990年代に入ってかなり水準として高率となったこともあり、頭打ち傾向にあることも影響している。しかし、当然のことながら個人持家比率の頭打ち傾向は、これと密接な関連を有するものであるが、1980年代の住宅ブームの後の反動、とりわけイングランド南東部におけるそれの影響が最大の要因である。そしてこのような状況のなかで住宅金融組合は住宅信用におけるシェアを徐々に低下させているのである（図表2-14）。ただし、住宅金融組合の資産の構造をみるならば抵当貸出の比率は下落しておらず、商業貸出の比率はごくわずかであり、資金運用においては慎重な姿勢をとってきたことがうかがえる（図表2-9）。

一方、資金調達面をみるならば図表2-15でわかるとおり、銀行との間の個人預金の調達競争においては住宅金融組合は比較的健闘しているといって

第2章 1990年代の住宅金融関連の金融機関

図表2-14 住宅信用供与状況（1990年—1995年）

(単位 100万ポンド、カッコ内構成比 %)

|  | 銀　行 | 住宅金融組合 | モーゲージ・カンパニー | その他 | 総　計 |
|---|---|---|---|---|---|
| 1990 | 85,677 | 175,759 | 24,038 | 8,641 | 294,115 |
|  | (29.1) | (59.8) | (8.2) | (2.9) | (100.0) |
| 1991 | 90,372 | 196,687 | 26,222 | 6,660 | 319,941 |
|  | (28.3) | (61.5) | (8.2) | (2.1) | (100.0) |
| 1992 | 96,436 | 211,037 | 26,078 | 6,316 | 339,867 |
|  | (28.4) | (62.1) | (7.7) | (1.9) | (100.0) |
| 1993 | 108,550 | 219,147 | 24,647 | 5,263 | 357,607 |
|  | (30.4) | (61.3) | (6.9) | (1.5) | (100.0) |
| 1994 | 115,911 | 230,668 | 24,979 | 4,228 | 375,786 |
|  | (30.8) | (61.4) | (6.6) | (1.1) | (100.0) |
| 1995 | 139,956 | 232,679 | 24,012 | 3,728 | 390,375 |
|  | (35.9) | (57.0) | (6.2) | (1.0) | (100.0) |

[出所] Building Societies Association and Council of Mortgage Lenders [1996] p.84より作成。

図表2-15 住宅金融組合と銀行の個人預金（ポンド建）

(注) (1) アビーナショナルが銀行に転換。
　　 (2) チェルトナム・アンド・グロウスターが銀行に転換。
[出所] British Bankers' Association [1996] p.55.

よい。ただ、個人資金の獲得という面においては、イギリスにおいては年金・保険が税制上の優遇措置があることから優位にあった。また、1990年代においては個人持株促進のために導入された税制優遇措置である個人持株計画（PEP：配当・キャピタルゲイン等非課税）の人気が高まり、なかでもこれを利用したユニット・トラストの人気が高まったことや国民貯蓄証書に好条件のものが出現したこと等も住宅金融組合の資金調達に影響した。PEPは、1987年に導入された個人持株促進策であり、当初は年間枠が2,400ポンドで投資信託の利用も当時から可能であったが、その上限は420ポンドないし投資額の4分の1であった。この年間枠および投資信託の枠は徐々に拡大され、1990年度には年間枠が6,000ポンド（投信限度3,000ポンド）に、さらに1993年度には年間枠をすべて投資信託に投資することが可能となった。この結果、1990年代においてはユニット・トラストの人気が急上昇したのであった。[6]

　他方、預金利子課税の変化をみるならば、かつては住宅金融組合の利子課税が優遇されており（単一税率制度）、これが組合の個人預金吸収に大きく貢献していた。しかし1980年代以降、住宅金融組合と銀行の利子課税における取扱いの差異はなくなった。そして1991年1月になりイギリス版マル優制度ともいうべき特別非課税貯蓄口座（TESSA）制度が導入された。これはTESSAについては元本9,000ポンドまでの利子について非課税とするという制度である。ただし期間は5年以上、1年当りの預入限度は1,800ポンド（1年目に関しては3,000ポンドまで可能）との制度であった。このTESSAの限度がいわば生涯限度であるのにたいしPEPの限度は年間（年度間）限度であり、住宅金融組合等からは貯蓄・投資優遇税制の抜本的見直しを求める要望が出されていた。

　1997年に政権を獲得したブレア首相はすぐに貯蓄・投資優遇税制の見直しに着手した。同年秋のブラウン財務相の予算演説では、新制度として個人貯蓄口座（ISA）制度を創設することを表明し、同制度は1999年4月より導入された。ISA制度はTESSAおよびPEPを廃止（既存分の契約は有効）する代わりに、各個人がISAマネージャーを通じてISA対応の預金・株式・投資信託・生命保険等の金融商品を購入する場合には、利子・配当およびキャピタ

第2章　1990年代の住宅金融関連の金融機関

ルゲイン等について非課税とするものである。非課税限度額は年間（年度間）5,000ポンド（1999年度については7,000ポンド）であり、預金等や生命保険の限度額は1,000ポンド（1999年度については3,000ポンド）である。株式については、非課税枠のすべてを使うことが可能である。

政府は、貯蓄・投資優遇税制の見直しにあわせて、ISAの手数料、最低預入単位・引き出し条件、金利などに関する規制を発表した。この規制は、その頭文字をとってCAT基準と命名されているが、このうち預金については引出しやATM利用にたいして手数料を徴収してはいけないこと等が定められている。また、株式や生命保険についても細かな基準が定められている。

ただし、政府としてはCAT基準の制定に関して、「ISAについて政府保証を与えるものではなく、ISAを推奨しているわけでもない」としている。一方、金融機関の側からはリテール金融商品が高コストとなるとの見解もでているようである[7]。

なお、ブラウン財務相（当時）が1997年7月に発表した補正予算案においては、年金基金等についての受取配当の非課税制度は一部廃止（正確にはインピュテーション方式において通常の支払配当の25％増の前払税額の支払い〔全体の20％〕を行うことを廃止）するなど、これまでの税制上の優遇措置を見直すスタンスをみせた。そして住宅関連税制においても、住宅ローン利子についての優遇税制であったMIRASについては、1998年度から、それまでの支払利息の15％（ローン残高の限度は30,000ポンド）の税額控除を10％に削減する方針を明らかとした他、印紙税についても増額することとした。これは財政構造の改善という目的は当然のことながら、持家比率がここまで高まった段階において、これまでのような税制上の優遇措置については一部見直しを行ってもよいとの考えによるものであった。これは、これまでの持ち家優遇という住宅政策を大きく転換させたものとみることは不適当であろう。

1990年代においてはリテール・バンキングにおいて重要な位置を占めるペイメント・システムも大きく変化した。イギリスは従来から個人のペイメントにおいても小切手利用が多いという特徴があったが、この小切手利用の相対的な重要性が1990年代には急速に低下することとなった。これに代わって

取引回数・金額を伸ばしたのがクレジットカードおよびデビットカードであった。特に後者は1986年に導入されたものであるが、それ以後小切手利用を代替するかたちで大きくその利用が増加することとなった。このことは銀行の側からは高コストの小切手処理の減少というコスト削減効果となるが、こうした金融技術革新によるペイメント・サービスの提供コストの低下は新規参入が容易になるということでもあった。

具体的にはスーパーマーケットや保険会社（バンカシュアランスと逆にアシュアバンクと呼ばれる）等が子会社を設立し銀行業務に参入した。これらの新規参入組は高コストの支店開設はせずにテレフォン・バンキング等の形態で営業し、結果として預金に高金利を提供でき、顧客数を増加させた。しかもこの相対的な高金利は低コストゆえに持続可能な水準なのであった。

これにたいしてビッグフォー等の銀行の側でも、たとえばミッドランド銀行が1989年の段階でテレフォン・バンキング子会社のファースト・ダイレクトを設立していたが、他の銀行もテレフォン・バンキングおよびインターネット・バンキングを拡充し対抗したほか、先に述べた支店の削減等も行った。リテール分野はイギリスにおいて重要度を高め21世紀を迎えたのであった。

## VI. おわりに

以上みたように1990年代のイギリスの金融構造は大きく変化した。ビッグフォーのうち2行までもが買収の対象となり経営の体制が変わってしまった。また、国際的なインベストメント・バンキング業務からの撤退を余儀なくされてしまった。さらに1970年代まで住宅金融の中心に位置していた住宅金融組合はその大手のほとんどが銀行に転換したが、資産面における大きな変化はなかった。

こうしたなかでいち早く国内リテール重視の姿勢を明らかにしたロイズ銀行（ロイズTSB）の収益が好調であったことが他の銀行の戦略に大きく影響した。イギリスのリテール・バンキングはビッグフォー、スコットランド系銀行を含めたその他リテール銀行、住宅金融組合さらには新規参入組も含めてさらなる変革を迎えることが20世紀末の時点で予想されていた。21世紀に

## 第2章　1990年代の住宅金融関連の金融機関

はイギリスの大手金融機関はそのバランスシートを急拡大させ、一部はアメリカのサブプライムローン関連のMBSやCDOに多額の資金を投入し大きな損失を蒙り、一部は負債構造があまりに市場性資金に偏りすぎたために流動性危機に陥ることとなった。サウンド・バンキングの伝統はどうしたのかといいたいところではあるが、とりあえずはその原因を様々な側面から分析することが重要であろう。

注
1) かつてのビッグフォーは広範な支店網とペイメントサーキットの独占により自らが貸出等により創造した預金を還流させ、コール市場等に余資を放出していた。そしてこれを吸収する主体であったディスカウントハウスとイングランド銀行は取引し、金融調節を行っていた。イングランド銀行は、1997年3月からこの金融調節方式を変更し、ギルトレポ中心とし取引対象金融機関も拡大した。これによりコール市場は消滅し、ディスカウントハウスは廃業ないし業種転換を図ることとなった。
2) ロイズ銀行をはじめとする各行の保険戦略について詳しくは、斉藤[1997]を参照されたい。
3) スーパーマーケットの銀行業務参入の動き等について詳しくは、斉藤[1999b]を参照されたい。
4) 図表2－7は2000年4月段階のものであるが、9月になりチェース・マンハッタン銀行とJPモルガンとの合併が発表された。
5) 銀行転換に際して各社はメンバー（そうなった時期等に制限有）にたいして株式を無償交付したわけであるが、当該株式をすぐ売却したいと望む場合には特別の処置（子会社によるブローキング・サービスおよびその手数料の減額）を提供している。またこの株式の売却額は全額がキャピタル・ゲインと認識されるが、1997年度のキャピタル・ゲインの非課税限度額は6,000ポンドであり、それのみでは課税対象となることはない。なお、アイルランド銀行に吸収合併されたブリストル・アンド・ウェストについては株式（普通株）の無償交付は行われず、現金（預金）が交付され、この資格を有さない旧メンバー等については優先株250株（1株の市場価格は1ポンド程度）が交付された。

6) PEPについて詳しくは斉藤 [1996b] を、1990年代のユニット・トラストの人気の上昇については斉藤 [1997] を参照されたい。
7) 貯蓄・投資優遇税制等について詳しくは、斉藤 [1996a] および斉藤 [1999b] を参照されたい。

# 第3章　2000年以降の住宅金融と金融危機

## I．はじめに

　イギリスの金融市場および住宅金融市場は、2000年代も順調であったイギリス経済の成長にも支えられ、2007年前半まで長期にわたり高い成長を続けた。しかし2007年夏にアメリカでサブプライムローン問題が顕在化して世界金融市場が混乱し、さらに2008年9月にリーマン・ブラザーズが破綻して混乱が一層深刻化すると、これによりイギリス金融市場は大きく動揺した。当然この影響は住宅金融市場も直撃し、市場は一気に縮小することとなった。本章では、2000年代のイギリス住宅金融市場を概観した後に、アメリカのサブプライムローン問題がいかにしてイギリスに波及することとなったかについて、監督機関の対応や金融機関の再編等ともからめつつ検討することとしたい。

## II．2000年代のイギリス住宅金融市場

　第1章で述べたとおり、1970年代までのイギリス住宅金融市場は住宅金融組合がほぼ独占していた。しかし住宅金融組合は、1990年代にその数と資産規模を大きく減らすこととなり、それにかわり銀行(住宅金融組合からの転換組を含む)が住宅金融市場で貸出残高を拡大させ、2000年代は銀行中心の住宅金融市場となっていた。また、詳しくは後で述べるが、この時期はモーゲージブローカーの増加とアンバンドリング化の進展などもあり、2008年時点では新規の住宅ローン貸出の80%以上がモーゲージブローカー経由となった。

　このような背景の変化はあったものの、全体的にはイギリスの住宅金融市場は順調に拡大した。住宅ローン残高は、2000年には約5,000億ポンドであったが、2007年末には約1.2兆ポンドを超えた(図表3－1)。このように、2000年代に入ってからの住宅市場・住宅金融市場の拡大のスピードは急速な

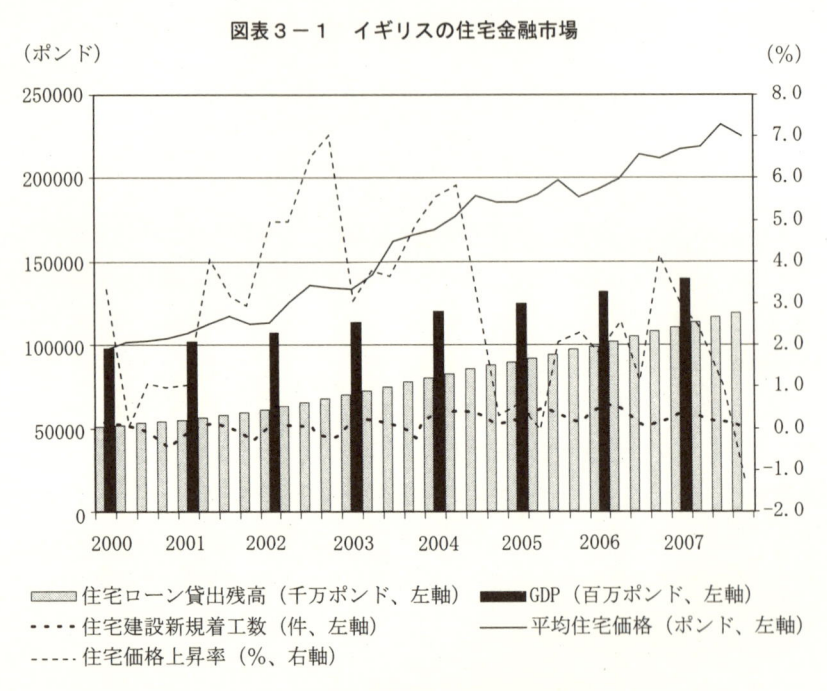

図表3-1 イギリスの住宅金融市場

[出所] Bank of England, Office for National Statistics.

ものであった。そしてこのような住宅金融市場の規模は、2007年のイギリスの名目GDPが約1.3兆ポンド、金融資産総額が18兆ポンド以上であったことと比較すると、イギリス経済において一定の存在感を示すものであった。

ところでこの時期、イギリスの住宅価格は長期にわたり上昇し、かつ上昇率も高かった。2000年から2007年までの7年間で住宅価格は2倍以上、1990年から比較すると4倍近くに膨れ上がったが、これは同時期のGDP成長率を大きく超えている。またハリファックスによると、イギリスの平均所得にたいする住宅価格の倍率も、2007年第2四半期には約6倍となり、1990年代半ばの約3倍から大きく膨れ上がった。このような価格上昇は、IMF[2008c]によればファンダメンタルズから20％以上も乖離しており、その乖離幅も主要国で上位2番目、先進国では1番目と大きなものであった（図表

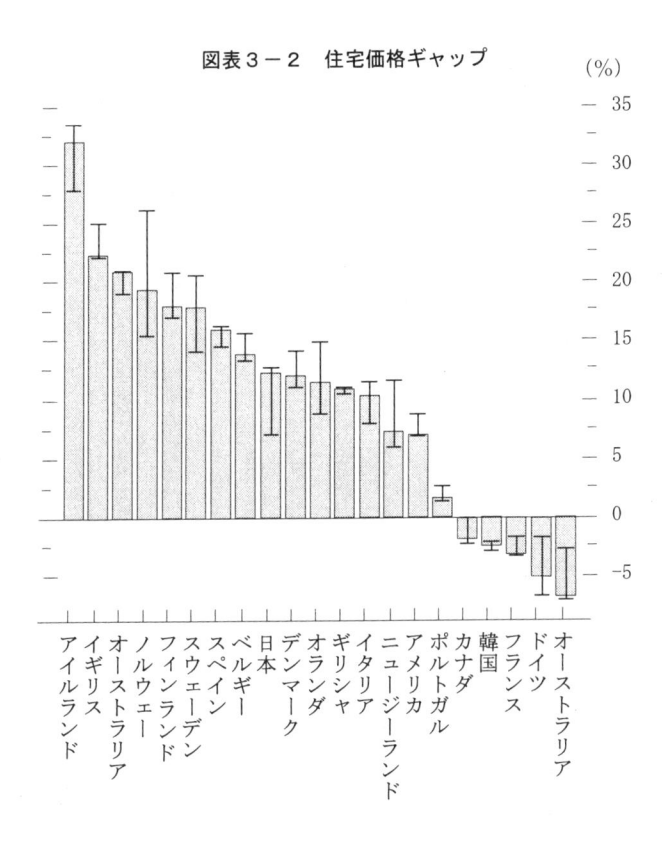

第3章　2000年以降の住宅金融と金融危機

図表3－2　住宅価格ギャップ

（横軸左から）アイルランド、イギリス、オーストラリア、ノルウェー、フィンランド、スウェーデン、スペイン、ベルギー、日本、デンマーク、オランダ、ギリシャ、イタリア、ニュージーランド、アメリカ、ポルトガル、カナダ、韓国、フランス、ドイツ、オーストラリア

［出所］International Monetary Fund [2008c] p.17.

3－2）。

それではなぜイギリスではこのような住宅バブルが発生したのであろうか。その理由としては、金融政策が緩和基調にあったことが挙げられる。その他ではイギリスの特殊要因として、①住宅需給のアンバランス、②投機的住宅需要、③住宅ローン担保証券（MBS）市場の拡大も影響している。

まず住宅需給のアンバランスについてみていくと、これはバブル発生に最も大きな影響を与えた可能性がある。イギリスでは2000年代の好調な経済の下で住宅需要が増大した。従来からイギリスの持家比率は約70％と高水準で

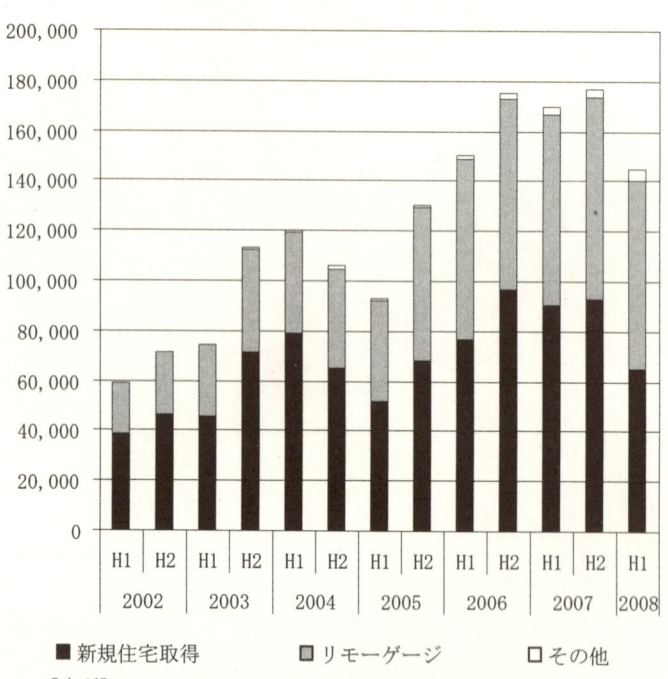

図表3−3 Buy-to-let 市場の推移

■ 新規住宅取得　　▨ リモーゲージ　　□ その他

［出所］Department of Communities and Local Government.

あったが、1990年代後半以降の好調な国内経済の下で個人所得が増加すると、それまで自家所有を希望しなかった若年世帯等においても自家所有の希望者が増加し、住宅需要は増大した。また単身世帯の増加や流入移民の増加等もあり、これも住宅需要の増大につながった。しかしこの住宅需要の増大にたいし、イギリスでは固有の理由により供給が追い付かず、そのため住宅需給にはアンバランスが生じて住宅価格は上昇することとなった。

　固有の理由とは、イギリスにおける住宅建設や増改築などが、都市計画の一環である「開発規制」により規制されていることに関係がある。この規制の下では、住宅建設や改築には地方政府への申請が必要とされている。しかし申請をしてから許可が下りるまでには時間がかかり、そのため住宅需要が

すぐに満たされることは基本的には多くない。このような開発規制の存在は、住宅需給のアンバランスを生じさせる大きな要因となり、その結果、住宅価格の上昇を招くことになったと考えられる[1)]。

　次に投機的住宅需要についてみていくと、これにはBuy-to-letローン市場の拡大が挙げられる。Buy-to-letローンとは貸家経営用の住宅ローンであるが、リモーゲージも多かった。このようなBuy-to-letローン市場の拡大は住宅需要の増大につながり、これも住宅価格の上昇を後押ししたと考えられる。

　具体的にみるならば、Buy-to-letローンの貸出件数は、2002年では13万件前後だったものの、2007年になると約35万件に増加した（図表3－3）。このうちリモーゲージは2002年では5万件以下であったが、2007年には15万件以上に増加した。またBuy-to-letローンは貸家経営のみならず、住宅転売益目的の住宅購入にも利用されたと考えられる。このようにBuy-to-letローンは投機的な側面もあり、このような投機的住宅需要の増大も住宅価格の上昇を後押ししたと考えられる。

　そしてMBS市場の拡大についてみていくと、2000年以降は特に、イギリス金融市場ではMBSの発行額が急速に増加していた。この時期のイギリスのMBSは主に銀行が発行しており、投資利回りは他の有価証券に比べて高い一方で、リスクは低いとみられていた。そのため、好調な金融市場を背景に、機関投資家等はMBSの保有に積極的となり、発行額および市場規模は拡大した。

　このようなMBS市場の拡大は、住宅ローンの貸手を貸出に積極的にさせたと考えられる。すなわち、住宅ローンの貸手は貸出を増加させても債権を証券化（MBSを発行）すればバランスシートから切り離すことができる。またMBSを売却することでデフォルトリスク等を投資家に移転することもできる。このような要因もあり、特に2000年以降は住宅ローン市場の中心でもあった銀行がMBSの発行に積極的になり、MBS市場は急速に拡大した。そしてMBSへの投資家の旺盛な投資意欲は、銀行の住宅ローン貸出を積極化させることともなり、これも結果的に住宅需要を増大させ、住宅価格の上昇を後押ししたと考えられる。

以上のように、2000年以降のイギリスの住宅金融市場は好調を持続したが、住宅価格についてはバブル化していたと考えられる。

## Ⅲ．サブプライムローン問題の顕在化

### 1．2007年後半以降の停滞

　2007年夏、アメリカでサブプライムローン問題が顕在化すると、これによる金融市場の混乱は世界的に波及した。そして好調であったイギリス経済もこの影響を受けて減速し、2008年秋にリーマン・ブラザーズが破綻して状況が一層深刻化すると、2008年のイギリス経済の成長率は14年ぶりのマイナスとなった（図表3－4）。

　ここからは、サブプライムローン問題が顕在化した後のイギリス住宅金融市場について分析するが、まず問題が顕在化した経緯を概観する。

　サブプライムローン問題が顕在化するまでの世界の金融市場は一見好調であったが、危険性についても一部では認識されており、金融機関によってはアメリカのサブプライムローン関連の仕組債への投資を減らすなど、ポートフォリオのリバランスが行われていた。

　しかし2007年8月9日、BNPパリバがサブプライムローン関連商品による損失もあり、傘下の3つのミューチュアル・ファンドの解約を一時的に停止すると発表した。いわゆるパリバ・ショックであるが、これを機に世界の金融市場では混乱が生じ、短期金融市場では金利が急上昇した。また取引期間の超短期化も起こり、流動性は急速に悪化して信用収縮は厳しいものとなった。

　さらにアメリカの仕組債への不信感が他国の金融市場へも波及し、世界各国で証券化商品市場が麻痺した。そのため、アメリカの仕組債へ多額に投資していた金融機関および機関投資家のみならず、自国の証券化商品への投資を主に行っていた金融機関や機関投資家においても大きな損失が発生した。加えてモノライン危機や、クレジット・デフォルト・スワップ危機も発生し、一部の金融機関では新規の資金調達が困難となった。

　このような混乱に関連してイギリスについてみていくと、アメリカのサブ

第3章　2000年以降の住宅金融と金融危機

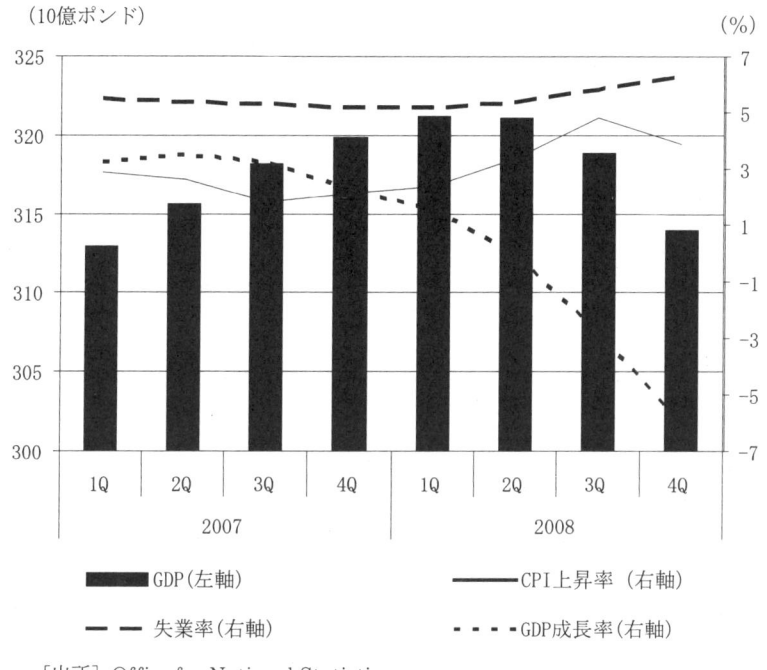

図表3－4　イギリスのマクロ経済（2007年以降）

［出所］Office for National Statistics.

プライムローン問題はイギリスでも大きな問題であった。それはイギリスの一部の金融機関においてもアメリカの仕組債への投資額が急速に拡大していたため、これらの市場や価格が不安定になることは、これらに投資しているイギリスの金融機関の経営に大きな影響を与えることとなるからであった[2]。またアメリカやヨーロッパの金融機関を中心に、「影の銀行制度（シャドウ・バンク・システム）」とよばれる収益手法を取り入れる金融機関が増加していたが、これに関してもイギリスは例外ではなかった。このシステムは、ストラクチュアード・インベストメント・ヴィークル（SIV）やコンデュイット（Conduit）と呼ばれるオフバランスの機関をタックスヘイブンに設立し、資産側にMBSやCDO等の中・長期債を保有し、負債側では短・中期のABCP

81

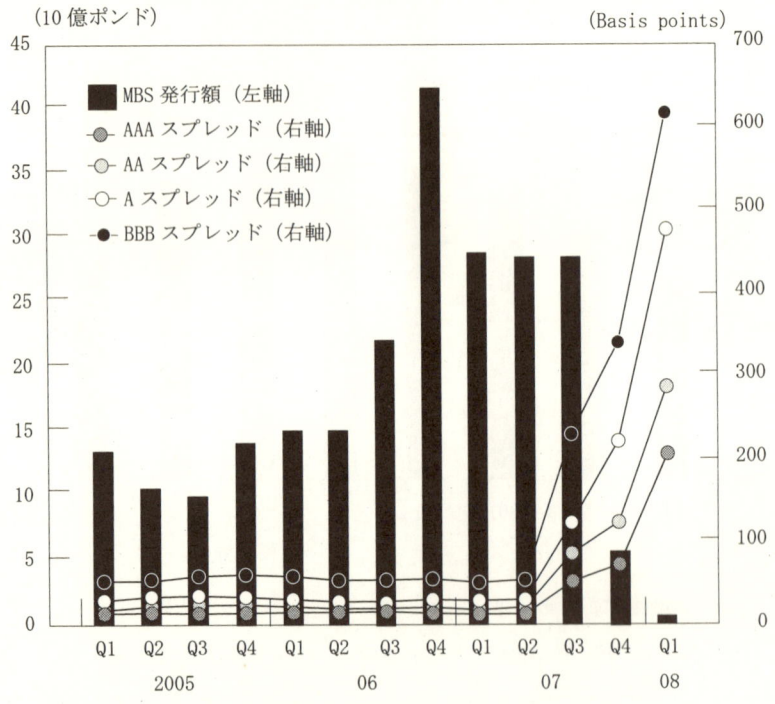

図表3-5　イギリス大手銀行によるMBS発行額の推移

[出所] Bank of England [2008a] p.21.

(Asset Backed Commercial Paper) やMTN (Medium Term Note) を発行して長短金利差の鞘抜きを行うものである。

　しかしサブプライムローン問題の顕在化により金融市場が混乱し、このシステムが継続できなくなり、「影」であったはずの「銀行制度」を本体の金融機関がバランスシートに抱えざるをえなくなり、それにより本体において大きな損失が発生する可能性が指摘された。

　そしてサブプライムローン問題が顕在化すると、イギリス市場においても混乱が生じた。まずこの問題の直接的な影響で、アメリカの仕組債の価格が下落し、これを保有していた金融機関において大きな損失が発生した。またアメリカの仕組債と、その根源にあるMBSへの不信感がイギリスにも連鎖

し、イギリスでもMBSの主要な買手であった機関投資家等が、その新規保有に消極的になった。またMBSの流通市場も停止状態となった（図表3－5）。

このようなイギリスのMBS市場の停滞の背景には、イギリスにおいても2000年以降、サブプライムローンの貸出額が急速に拡大し、また特に2006年以降はその返済率の悪化が認識されていたこともあった。さらにイギリスでもサブプライムローンの一部は証券化されており、それゆえイギリスでもアメリカのような住宅金融市場の混乱が顕在化する可能性への懸念もあった。また2000年代に入ると、資金調達の大部分をMBS等の債券発行で行う金融機関が増加していたが、それらにおいてはMBS市場の停滞で資金調達が困難化し、流動性危機に陥る事態も発生した。その代表的な金融機関が、2007年9月に流動性危機に陥りイングランド銀行（BOE）の支援を受け、2008年2月に国有化されたノーザンロックであった。ノーザンロック危機に関しては第4章で詳しく検討するが、この問題への対応においては、イギリスで140年ぶりといわれる取付けが発生したこともあり、監督機関等は超法規的措置を講じるなどして対応にあたった。

この影響は住宅価格にも及んだ。四半期データでみると、住宅価格は2007年前半までは前期比約3％の上昇を続けていたが、2007年第3四半期から上昇率は鈍化をはじめ、第4四半期に入ると同マイナス1.2％となり、そして2008年第2四半期には同マイナス5％を超えた。このような住宅価格の下落の要因としては、金融市場の混乱で金融機関が住宅ローンの貸出に慎重になったこと、経済見通しの悪化で個人が消費を控えるようになったこと等も挙げられる。また住宅価格の下落が継続する可能性から、住宅購入希望者は購入を先延ばししたことも考えられ、その結果住宅需要が供給を下回って価格が一層下落するという悪循環も発生した。

また、住宅価格の下落によりネガティブ・エクイティも発生した。特にロンドンやイングランド南東部等の住宅価格上昇率の高かった地域においては、ネガティブ・エクイティの発生率とその影響も大きかったと考えられる。そして逆資産効果はイギリスの経済成長を支えてきた個人消費を停滞させ、イギリス経済全体に悪影響を与えた。また、住宅ローン延滞・差押え率は2006

年から上昇傾向ではあったものの大きな問題となる水準にまでは達していなかったが、サブプライムローン問題が顕在化して以降はこれらも急速に上昇した。

　以上述べてきたように、イギリスの金融市場、住宅金融市場および住宅市場は、サブプライムローン問題の顕在化の影響で大きく停滞した。金融市場では、直接的にはアメリカの仕組債への投資において大きな損失が発生し、間接的には国内の金融市場、特にMBS市場の混乱で一部の金融機関が流動性危機に陥った。また住宅市場ではバブルが崩壊し、それにより経済成長を支えてきた個人消費の停滞も起こりイギリス経済は大きく減速することとなった。

## 2．混乱したイギリス住宅市場・金融市場への監督機関の対応

　ここからは、サブプライムローン問題の顕在化の影響により市場が混乱したなかで、イギリスの監督機関が住宅市場・住宅金融市場にたいして行った対応をみていきたい。

　サブプライムローン問題の顕在化の影響を受けてイギリスの住宅バブルは崩壊したが、問題が顕在化した直後は、これによる影響は限定的であった。具体的には、問題の顕在化の直後から住宅価格の上昇率は鈍化したものの、それでも前年比で10％程度の上昇がみられた[4]。また2007年の住宅ローン貸出額も、総額では前年を上回った。イギリスのMBS市場も停滞したが、しかし停滞はアメリカの（民間）MBSほどではなかった。イギリスにおいて住宅市場・住宅金融市場が深刻な状況に陥ったのは、サブプライムローン問題の顕在化から少し時間が経過した2007年第4四半期以降であった。

　このようにみると、問題の発端となったアメリカと問題の影響を受けたイギリスでは、その過程が若干異なることが分かる。すなわちアメリカでは、住宅価格の下落や住宅ローン返済の延滞・差押え率の上昇など住宅市場の混乱が先に起こり、それを受けて住宅金融市場が混乱し、その後に金融市場が混乱した。しかしイギリスでは、サブプライムローン問題の波及で先に金融市場が混乱し、それを受けて住宅金融市場が混乱し、その後に住宅市場が混

## 第3章　2000年以降の住宅金融と金融危機

乱した。

　この点は、イギリスの監督機関が行った危機対応を理解する上で注目すべきことである。すなわちサブプライムローン問題が顕在化した直後のイギリスでは、混乱した金融市場への対応は積極的に行われたが、まだ混乱の限定的であった住宅金融市場・住宅市場への対応は積極的には行われなかった。住宅金融市場・住宅市場へ積極的に対応が行われたのは、後述するようにサブプライムローン問題が、世界金融危機と呼ばれる状況へと深刻化し、イギリスの実体経済の悪化も鮮明になった後になってのことであった。ここからは上記の内容を勘案したうえで、サブプライムローン問題の顕在化後の金融市場にたいする監督機関の対応のなかで、住宅市場・住宅金融市場に関係するものについてみていく。

　まずは2008年4月21日に発表された特別流動性スキーム（Special Liquidity Scheme：SLS）が挙げられる。これはBOEにより発表された金融市場への流動性支援策で、これにおいてBOEはオープン・マーケット・オペレーション（OMO）に参加可能な相手（金融機関および住宅金融組合等）との間で、それらが保有する一部の金融資産をイギリス国債とスワップすると発表した。スワップ可能な金融資産とは、イギリスとEEA（ヨーロッパ経済領域）で組成されたAAA格のMBSおよびカバードボンド（住宅ローン債券などの資産の裏付けのある社債）等が中心で、2007年末時点で金融機関が保有していたものとされた。申し込み期限は6か月間で、スワップ期間は1年間（ただし最長3年まで更新可能）とされた。SLSが初めて発表された時点では、BOEのキング総裁は「500億ポンド規模の経済対策」と述べていたが、その後の2008年10月には対象に商業用不動産ローン担保証券（CMBS）も加えられ、また規模も2,000億ポンドに拡大され、申込み期限も2009年1月まで延長された。

　このようにSLSは、金融機関の流動性確保を支援するという点においては、それまでの資金供給とは異なった形の対応策であった。最終的にSLSはほとんどの対象金融機関に利用され、総額2,870億ポンドのMBS等が約1,850億ポンドのイギリス国債とスワップされた。

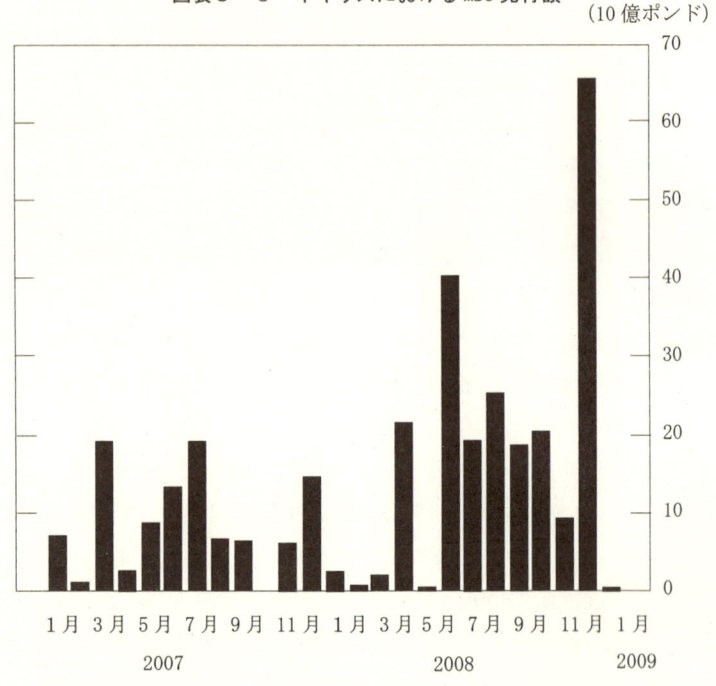

図表3－6　イギリスにおけるMBS発行額

（10億ポンド）

[出所] Bank of England [2009] p.137.

　なおSLSが発表されて以降、イギリスのMBS市場は回復傾向となった（図表3－6）。サブプライムローン問題が意識され始めた2007年には発行額は停滞していたが、SLSが発表された2008年4月以降には発行額が増加した。ただし増加したとはいえ以前と比べて低水準であることに変わりはなく、これらにたいする不信感が払拭されたわけではなかった。

　このように、サブプライムローン問題が顕在化した直後は、BOE等の監督機関は積極的に市場の混乱への対応にあたった。しかし、住宅市場・住宅金融市場への対応は行われなかった。SLSは住宅金融市場にも関連するものではあったが、その主な目的はMBSやカバードボンド等の市場の停滞を緩和することにより金融市場全体の流動性を回復することであり、住宅市場・住宅金融市場への直接の対応策というわけではなかった。

しかし2008年秋以降、世界金融危機と呼ばれる状況へと事態が深刻化すると、イギリスの金融市場は一層混乱して実体経済も大きく悪化した。その結果、それまで政府や監督機関等が積極的ではなかった住宅市場・住宅金融市場への対応も、以後は様々な形で打ち出されることとなった。

## Ⅳ. 世界金融危機とイギリス住宅金融市場

### 1．イギリス金融市場と住宅金融市場のさらなる悪化

　2008年9月15日、アメリカの大手投資銀行であったリーマン・ブラザーズが破綻した。これを機に世界の金融市場の混乱は世界金融危機と呼ばれる状況へと陥り、この影響を受けてイギリス経済および金融市場の混乱も一層深刻化した。ここからは、世界金融危機下におけるイギリスの住宅市場・住宅金融市場について述べるが、まずは危機の深刻化の経緯について概観したい。

　リーマン・ブラザーズの破綻をきっかけに世界金融市場の混乱が深刻化すると、それまで悪いながらも経営を維持してきた金融機関等でも危機が頻発した。これに対応すべく、各国の中央銀行は通常オペの増額に加え、リスク資産の吸収も行うなど中央銀行としては異例の対策を打ち出した。またアメリカの連邦準備制度理事会（FRB）は世界中にドルを供給し続けた。それでも危機の深刻化は収束せず、結局アメリカではベアスターンズがJPモルガン・チェースに、メリルリンチがバンク・オブ・アメリカにそれぞれ救済合併され、リーマン・ブラザーズは完全破綻し、ゴールドマン・サックスとモルガン・スタンレーは銀行持株会社になるなどして投資銀行が消滅し、金融再編が起こった。またAIGやシティグループも経営の危機に陥り政府管理下に置かれた。

　このような危機の深刻化による金融再編は、イギリスにおいても例外ではなく、2008年9月18日にはHBOS（バンク・オブ・スコットランドとハリファックスが2001年に合併して誕生）がロイズTSBにより救済買収され、後にロイズ・バンキング・グループ（ロイズBG）となった。そしてアライアンス・アンド・レスターもスペインのサンタンデールに救済買収され、ブラッドフォード・アンド・ビングレーも9月29日に国有化された後、リテール部門と支

店網はサンタンデール傘下のアビーに移管された。さらに2009年に入ると、ビッグフォーのうちRBSとロイズBGが実質的に国有化された。

次に、この時期のイギリス金融市場についてみていきたい。イギリスの金融市場はサブプライムローン問題が顕在化した時点で大きく混乱していたが、リーマン・ブラザーズの破綻以降は状況が一層悪化した。信用リスクやカウンター・パーティー・リスク等も大きく懸念されるようになり、流動性は一段と悪化して信用収縮は極めて厳しいものとなった。

流動性の悪化に関しては、イギリスにおいてもドル資金の不足が顕著であった。これは、イギリスの金融機関もドルを調達してアメリカのドル建て資産に投資するケースが増加していたからである。それに対応する意味もあり、BOEは9月18日、FRBとの間に為替スワップ協定を締結して400億ドルのドル資金を受け入れ、それを国内の金融市場に供給した。また金融サービス機構（Financial Services Authority：FSA）も10月3日に預金保護の上限を3万5,000ポンドから5万ポンドへ引き上げ、金融機関にたいする預金者の信頼感の維持を図った。さらにBOEは10月8日、主要国中央銀行の協調利下げに参加して政策金利を0.5％引き下げ4.5％とした[6]。また利下げに先立ち、BOEはSLSの申込期間を2009年1月まで延長した。

これに加えて財務省は、政府資本支援増強スキームを発表し、外国籍銀行も含め8金融機関へ最大500億ポンド[7]の公的資金注入枠を準備し、同時に2,500億ポンドの金融機関向け政府保証策を発表した[8]。受付は10月13日からで、期限は最初の段階では2012年までとされていたが、12月15日には2015年まで延長された。これに基づき財務省は10月13日、RBS・ロイズTSB・HBOSの3行に計370億ポンドを注入した。

しかし、それでも金融市場の混乱は収まらなかったこともあり、2009年に入ると各監督機関はさらなる対応策を打ち出した。まず1月14日に、政府は総額213億ポンドの中小企業向け銀行融資の政府保証を打ち出し、同19日には政府資本支援増強スキームに次ぐ金融安定化対策パッケージを発表した。このパッケージでは、①資産買取ファシリティ（Asset Purchase Facility：APF）を創設して500億ポンドまでの資産を金融機関から買取ること[9]、②金

融機関の資産保護スキーム（Asset Protection Scheme：APS）を創設して特定の資産から生じる超過損失を財務省が負担すること、③ABSへ政府保証を行うこと、の３点が主要なものであった。APSの発表直後はこれを利用する金融機関は現れなかったが、その後の２月26日にはRBSが、３月７日にはロイズBGがAPSを利用した。そして両行は事実上の政府管理下に置かれた。

以上のように、この時期のイギリスの監督機関は、アメリカでリーマン・ブラザーズが破綻した後の状況と同様の事態をイギリスでは発生させないようにするため、緊急で大規模な支援策を打ち出した。そしてそれら支援策は、以前までのように金融市場全体に向けたマクロ的な支援ではなく、そこから一歩踏み込んで、各金融機関のバランスシートの健全化に主眼を置く対策であった。

ところで、リーマン・ブラザーズの破綻を機に深刻化した金融市場の混乱により影響を受けたのは、住宅金融市場も例外ではなかった。2007年の夏以降、住宅金融市場のバブルは崩壊したが、リーマン・ブラザーズの破綻後から2009年にかけて状況はより厳しいものとなった。平均住宅価格は2007年のピークからおよそ20％も下落し、ネガティブ・エクイティに陥る住宅ローン借入者は一層増加した。そして逆資産効果により個人消費も一層低下した。またこのようななかでBuy-to-letローンの貸出額も減少した。しかしネーションワイド住宅金融組合によれば、イギリスの住宅価格は2009年時点においても年間所得倍率は4.4倍で、2000年時点で３倍以下であったことを考えると依然割高であるとされている。そのため、今後も住宅価格が低下する余地は大きいと考えられる。また住宅ローン承認件数や住宅建設着工数も大幅に減少しており、金融機関による住宅ローン貸出姿勢の悪化とも重ねあわせると、今後も当面は住宅市場・住宅金融市場の停滞は続くことが予想される。

以上のように、リーマン・ブラザーズが破綻して世界およびイギリス金融市場の混乱が深刻化するなかで、イギリスの住宅金融市場も一層悪化した。そのため政府や監督機関は、次にみるように住宅金融市場へ積極的な対応を行うこととなった。

## 2．イギリスの住宅市場・住宅金融市場への監督機関の対応

　ここからは、リーマン・ブラザーズの破綻以降のイギリス住宅市場・住宅金融市場にたいする、イギリス政府および監督機関の対応についてみていく。
　2008年から2009年にかけて、住宅金融市場は日を追う毎に悪化を続けた。そのため監督機関は住宅金融市場への具体的な対応に着手し、2008年9月2日、政府は10億ポンド規模の住宅市場・住宅金融市場支援策として住宅所有者支援パッケージ（Homeowners Support Package：HSP）を打ち出した。このHSPの発表はブラウン首相に加え、HSPの実行役であるコミュニティ・地方自治省（Department of Communities and Local Government：DCLG）のブリアーズ大臣も同席して行われた。HSPの主な目的は住宅ローン借入者への支援であり、自治体国際化協会［2008］によれば具体的な内容は以下のとおりである。

　①現在において自家保有をしておらず、経済的な理由で住宅購入が困難な者の初回住宅購入を支援する。そのため、3億ポンド規模の住宅取得支援対策であるホーム・バイ・ダイレクト（Home Buy Direct）を実施する。これにより最高で1万人の初回住宅購入が可能となることを目指す。
　②住宅ローン借入者のうち返済に問題が生じている者が住宅差押えに陥らないよう、2億ポンド規模の住宅ローン返済支援スキーム（Mortgage Rescue Scheme：MRS）を実施する。これにより、最高で6,000人の住宅ローン借入者の保護を目指す。
　③住宅ローン返済支援スキームに関連して、1億ポンド規模の住宅ローン利子所得補助制度（Income Support for Mortgage Interest：ISMI）の改革を行う。
　④公営住宅建設向け予算の4億ポンド増額を前倒しで行い、早急に5,500戸の公営住宅の建設に取り掛かる。
　⑤地域開発公社（Regional Development Agency：RDA）は、住宅市場の停滞で最も大きな影響を受けた地域の再開発を優先的して行う。

このうち、①のホーム・バイ・ダイレクトとは、年収が6万ポンド以下の初回住宅購入者（First Time Buyer）にたいし、住宅価格の30％を上限として当初5年間は無利子の優遇ローン（エクイティローン）を提供するというものである。また②のMRSとは、住宅ローン返済を行っている者で、急な失業・病気・怪我などにより収入が減少して住宅ローン返済に困難が生じた場合、地方政府が一定の保護を与えるというものである。一定の保護とは、具体的にはMRS利用者は以下の3つの選択肢から自分にあったものを選択する権利が与えられるというものである。

①住宅組合（Housing Association：HA）が住宅の一部を住宅ローン借入者から買い取って共同所有とし、その部分を住宅ローン返済者に賃貸する。残りの部分は住宅ローン借入者がローン返済を続ける。
②HAが住宅ローン返済者に優遇ローンを提供し、住宅ローン返済額が減額されるようにする。
③HAが住宅ローンを代理返済し、その物件を元の所有者（住宅ローン借入者）に適正価格で賃貸する。

　また③のISMI改革とは、具体的にはそれまでのISMIには受給申請から実際に支給されるまでに39週の待機期間が設けられていたが、2009年4月からはこの待機期間を13週に短縮することとした。それに加えてISMIの補助総額が拡大され、2009年4月以降は現行の10万ポンドから17万5,000ポンドに引き上げられた。
　そしてHSPの発表と同日、これとは別に新規住宅購入における印紙税非課税限度の引上げが発表された。これは2008年9月3日から2009年9月2日までの一年間に限り、居住用不動産取得の際に納める土地印紙税の非課税限度額を12万5,000ポンドから17万5,000ポンドに引き上げるというものであった。つまり、17万5,000ポンド未満の住宅購入にたいしては印紙税が免除されるということである。

イギリス全土の平均住宅価格は近年では20万ポンドを越える水準となっているため、一見するとこの減税の効果は限定的であるようにみえる。しかし、イギリスでは平均住宅価格は地域間で大きな差があり、イングランド北部やスコットランド、ウェールズ等の地方では17万5,000ポンドを超える住宅は多くはない。それゆえ、地方においては多くの新規住宅購入者がこの減税により恩恵を受けると考えられる。
　ただし、住宅バブル崩壊の影響が大きかったのは、バブルが高水準で発生していたロンドンやイングランド南東部などの高所得地域であった。したがってロンドンやイングランド南東部が金融危機の影響を最も大きく受けたと考えられる。そのため、住宅市場を回復させるためにはこのような地域の停滞を緩和することがより重要であるが、しかしながらこの地域の平均住宅価格は、減税対象となる上限の17万5,000ポンドを上回っている。そのため、やはりこの減税がイギリス住宅市場にもたらす効果は限定的となろう。
　これらの対策が発表された後も住宅市場の停滞は続いた。そこで2008年12月3日、ブラウン首相はクイーンズ・スピーチ後の下院における討論で、新たな対策である住宅ローン借入者支援スキーム（Homeowner Mortgage Support Scheme：HMSS）について言及した。このスキームについては12月10日に詳細が発表されたが、ポイントとしては、イギリスの住宅ローン市場の約70％を占める8金融機関（HBOS、ネーションワイド住宅金融組合、アビー、ロイズTSB、ノーザンロック、バークレイズ、RBS、HSBC）から住宅ローン借入をしている者がその返済に困難が生じた場合、住宅ローンの利子支払いを最長2年間延長できるようにする、というものであった。なお政府はこれに先立ち上記8行との間にHMSSに関する合意を取り付けていた。そのため、HMSSの発表後に混乱が発生するということはなかった。
　以上のように、2008年秋のリーマン・ブラザーズ破綻を機にイギリス経済および金融市場が深刻化し、住宅市場・住宅金融市場も一層停滞すると、政府や監督機関は大規模かつ迅速に住宅市場・住宅金融市場への支援を行った。具体的には住宅ローン返済困難者の救済や新規住宅購入の促進を通じたものであった。これらの支援策がどの程度利用され、どの程度効果を上げたかは

## 3. 世界金融危機とイギリス金融業界の再編

　イギリスの金融業界では、2007年夏以降の金融市場の混乱とともに業界再編が起こった。ここからはその再編の過程と、再編が起こった主な要因についてみていきたい。

　まずイギリスの金融業界を概観する。イギリスの金融機関を大きく分類すると、預金取扱金融機関・証券会社・機関投資家に分けられる。このうち金融市場の中心となっているのは預金取扱金融機関であるが、預金取扱金融機関は商業銀行と貯蓄金融機関（住宅金融組合等）に分けられる。商業銀行においては、特にビッグフォーと呼ばれるHSBC、RBS、ロイズTSB（現在のロイズBG）、バークレイズの4行が存在感を示してきた。そしてこれらビッグフォーを含めて商業銀行は、特にビッグバン以降はリテール・バンキングを中心に経営を行い、資金調達においてもリテール預金の吸収を重視しているものと考えられていた[12]。

　ところが特に2000年以降になり、ビッグフォーも含めイギリスの商業銀行は大きく変化したことが明らかとなった。その最も顕著な現れがバランスシート構造の変化であり、それに伴いバランスシートの規模も急速に拡大してきた。

　まずバランスシート構造についてみていくと、先述のとおり従来のイギリスの商業銀行は、リテール預金の吸収を中心に資金調達を行っていた。それゆえバランスシートの負債側においてもリテール預金の占める割合が大きかった。ところが2000年代に入ると負債側におけるリテール預金の割合は低下し、その代わりに短期金融市場からの借入れや債券発行などの市場性資金の割合が増加した。また海外からのバンクローンも増加し、負債構造は急激に変化して負債総額も急速に拡大した。

　一方でバランスシートの資産側では、顧客貸出額は総額ベースでは増加を続けてきたものの、総資産に占める割合では減少傾向となっていた。それと

は対照的に、有価証券やデリバティブの占める割合は急速な増加を続けてきた。このように、バランスシートにおける資産構造も急激に変化して資産規模も拡大し、その結果バランスシートの規模そのものも急速に拡大した。

　ビッグフォーにおいても、ここ数年のバランスシートの負債構造からは、債券発行やバンクローンなど市場性資金に資金調達面では大きく依存していることが分かる。また資産側にはデリバティブや有価証券の割合が大きく、顧客貸出の割合は以前と比べ減少している。そしてこのようななかで、バランスシートの規模自体は大きく拡大している。さらに簿外ではSIVやコンデュイットを利用してオフバランスで証券化商品や非市場性商品を大規模に保有したり、SPCを利用してMBS等の証券化商品を大規模に発行したりしていたことも明らかになっている。

　このような変化を預貸率という切り口でみるならば、2007年にはバークレイズ、RBS、ロイズTSB（現在のロイズBG）の3行が100%を大きく超え、HSBCもそれに近い値となった[13]。またレバレッジ・レシオ[14]も高水準となり、2007年時点ではHSBCが22.4倍、RBSが42.8倍、ロイズTSBが25.3倍、バークレイズが44.8倍であった。アメリカではJPモルガン・チェースが17倍、バンク・オブ・アメリカが20.6倍、シティグループが24.5倍であったことと比較すると、イギリスのビッグフォーはアメリカの代表的な金融機関と同等かそれ以上に高いレバレッジ・レシオで経営を行っていたことがわかる[15]。このようなことは以前のビッグフォーにはみられなかったことである。

　ところがパリバ・ショック以降の金融市場の混乱によりビッグフォーのうちRBSとロイズBGの2行が事実上の政府管理下に置かれ、またその他2行も大きな損失を計上して経営は厳しいものとなった。そしてこれ以外の銀行でも、同様のバランスシート構造で経営を行っていた金融機関においては大きな損失が発生して経営危機や救済合併に至り、なかには国有化に陥るケースも発生した。これは即ち、従来型の商業銀行とは異なるバランスシート構成による経営は、サブプライムローン問題を契機として発生したようなグローバルな金融市場の混乱や危機、それに伴う資産の劣化等には耐えることができなかったということを示している。またこれは逆も然りで、この様な金

融機関の増加が、危機を一層拡大させる原因にもなったと考えることもできる。

このようなこともあり、イギリスでは2009年銀行法によりこれまでの金融機関規制の枠組みが見直され、規制の強化が明確に示された。この新たな枠組みについては、今後の金融市場の動向次第でさらなる変更も起こる可能性がある。しかし、いずれにせよ今までのような自由化と規制緩和の方向性が改められることは確実であり、現実と照らし合わせても規制強化と規制範囲の拡大は必要なことであろう。

## V．おわりに

本章では、2007年夏にサブプライムローン問題が顕在化し、2008年秋には世界的な金融危機へと深刻化した状況下におけるイギリス住宅金融市場について分析してきた。また、危機拡大の過程で発生した金融機関の危機や金融業界の再編についても検討した。

1990年代から2007年前半までのイギリス経済は順調に成長し、住宅金融市場も急速に拡大した。しかし急速な拡大は、結果として住宅バブルへとつながった。しかし2007年の夏に顕在化したサブプライムローン問題を契機に、イギリスの住宅バブルも崩壊を始め、2008年秋に世界金融危機と呼ばれる状況へと経済が深刻化すると、住宅金融市場は大きく停滞し、また実体経済も大きく悪化した。そのためイギリス政府や監督機関は、2008年以降は住宅市場・住宅金融市場への支援に積極的となった。

また、危機の拡大過程でイギリスの金融機関の危機や破綻等が発生し、結果として金融業界の再編が起こった。このような金融機関の危機の原因は、表面的には世界的な金融市場の混乱という外的要因によるところは大きい。しかし、イギリスの金融機関が特に2000年以降にバランスシート構造を急激に変化させ、またその規模を急速に拡大させていたこと等の金融機関に内的な要因もあった。

世界経済およびイギリス経済・金融市場は2010年現在においても停滞を脱しきれないでいる。このような環境の下、イギリスの住宅市場・住宅金融市

場も同様に厳しいものになると思われるが、2008年後半から2009年にかけて打ち出された対応策や支援策の効果が現れるとすれば、2010年の後半以降になるであろう。2010年のはじめまでは、これらの対応策や支援策による市場の改善はそれほどみられていない。そのため、今後も新たな対策の必要性も議論されることになるだろうが、いずれにしても混乱の続く金融市場においては、イギリス政府や監督機関の役割はより大きいものとなろう。

注
1) なお若年単身者や低所得の移民には、住宅購入は困難であり、そのため賃貸住宅の需要も上昇した。実際に貸家賃料の上昇もみられた。
2) イギリスの金融機関がCDO等の仕組債を広範に組成していたとは現在のところ伝えられてはいないが、買手としては大きな存在であった。
3) Moody'sによれば、ノンプライムローンから組成されたMBSは400億ポンド程度とされている。
4) ネーションワイドの住宅価格指数では9.6%、HBOSでは同6.7%、コミュニティ・地方自治省では同11.3%の上昇とされていた。
5) その他には、AAAの消費者ローン債権(イギリス、アメリカ、ヨーロッパのもの)・G10政府保証債・アメリカのエージェンシー債、AAAのG10国債であった。ローン原債権やデリバティブ債権は除かれた。
6) 政策金利はその後も段階的に引き下げられ、2009年3月以降0.5%である。
7) アビー、バークレイズ、HSBC、HBOS、ロイズTSB、ネーションワイド住宅金融組合、RBS、スタンダード・アンド・チャータードの8行に250億ポンド、その他金融機関への増資に備えて250億ポンドの合計500億ポンドであった。
8) 通貨はポンドに加え、ユーロとドルが認められた。
9) APFの規模は、その後、2009年3月に1,500億ポンド、8月に1,750億ポンド、11月に2,000億ポンドと拡大された。
10) これまでのISMIでは待機期間は39週間であった。改正ISMIの実施は、その後2009年1月5日に前倒しされた。
11) これについても、2009年1月5日に前倒しされた。なお、17万5,001ポンド以上の住宅については、住宅の17万5,000ポンドまでの価値にたいする

利子を労働・年金省が支払う。
12) 1986年のビッグバン以降、イギリスのマーチャントバンクのほとんどは欧米の金融機関に買収されて外国籍となり「ウィンブルドン現象」と揶揄されている状況となった。
13) 各行の2007年のバランスシートより計算。
14) 分母を自己資本、分子を純資産として算出した値とする。
15) 岩田 [2009] による。

# 第Ⅱ部　住宅金融の諸問題

# 第4章　ノーザンロック危機と監督機関の対応

## Ⅰ．はじめに

　2007年9月にイギリスから国内外に発せられたニュースに驚愕を覚えた人々は多かったかもしれない。それは経済が順調であると伝えられていたイギリスの大手金融機関（銀行）のノーザンロックの支店の前に長蛇の列を作って並ぶ預金者たちの映像であった。アメリカのサブプライムローン（低所得者向けの住宅ローン）の焦げ付きに端を発し、それを組み込んだMBS等の証券化商品の価格下落等が、順調であると思われていた世界経済に影を落としたのが2007年夏のことであった。アメリカのサブプライムローン問題はアメリカのみならず世界各国の金融機関等に影響を与えることとなり、世界経済の最大の懸念要因となったのであった。

　危機（流動性危機）に陥ったノーザンロックは、アメリカのサブプライムローンを組み込んだ証券化商品に多額の資金をつぎ込んでいたわけではなかった。また自身がサブプライムローンを多く提供していたわけでもなかった。非常にドメスティックな営業を行っていた金融機関がアメリカのサブプライムローン問題の余波で流動性危機に陥ったというのがいかにもグローバリゼーションの時代らしいが、これにたいしてイギリスの金融監督当局はノーザンロックの預金の全額保護という一種の超法規的措置を発動した。これは大手の金融機関の危機の放置は金融システム全般の危機へとつながりかねないとの懸念からのものではあるが、これはこれまでの2000年金融サービス・市場法体制下の金融機関の監督体制が十分なものであったのかという問題も提起することとなった。

　本章では、以下でノーザンロックの発生とこれに監督機関がどのように対応したのかを検討した後に、危機に陥ったノーザンロックの経営体制のどこに問題があったのかを検討し、さらにイギリス住宅金融市場の動向とノーザンロック危機の関わり等について検討することとしたい。

## II. ノーザンロック危機と監督機関の対応

　まず2007年9月にノーザンロックが流動性危機に陥るまでの経緯についてみることとしたい。2007年の春から夏にかけ、世界の金融市場では、アメリカのサブプライムローン問題に端を発する金融収縮リスクが懸念されていた。このリスクはイギリス市場へも波及し、各金融機関・機関投資家等では保有サブプライムローン関連商品残高を減らすなど、ポートフォリオのリバランスが行われていた。またイギリス国内においても住宅ローンの延滞率・差押え率が上昇し、そのなかでもサブプライムローン（イギリスにおいてはノンプライムモーゲージという場合もある）のそれらの高さが認識されるようなってきていた。また近年イギリスにおいてもMBSの発行量が急激に増加してきていたが、その購入を機関投資家等は控えるようにもなってきていた。

　このような状況下において2007年8月9日、フランスのBNPパリバ傘下の投資ファンド3つが、サブプライムローン関連で甚大な損失を計上し、ファンドを凍結すると発表した。これによりヨーロッパ諸国の短期金融市場は混乱し、短期金利は急上昇した。これに対応してヨーロッパ中央銀行（ECB）は、同日94億ユーロという大量の資金供給を行い、短期金融市場金利の上昇を防ごうとした。また、アメリカの連邦準備制度（FRB）も24億ドルの資金供給を行った。イギリスにおいても、国内の銀行においてはイングランド銀行（BOE）の資金供給を期待する向きもあったが、この日BOEは特別の資金供給は行わず、対応策は示さなかった。

　8月14日、ノーザンロックのアップルガースCEOは、ノーザンロックが流動性危機に陥る可能性をBOEへ相談した。ノーザンロックの資金調達のひとつの柱であったMBSが、既存のそれの価格の下落もあり、新規発行・販売が困難となり資金調達が困難化したからである。ノーザンロックは他のホールセールの資金調達も試みたが短期金融市場金利の高騰（プレミアムの発生）、取引の超短期化により市場からの資金調達はほぼ不可能な情勢となったのであった。これを受けて2000年金融サービス・市場法体制下の統一的な金融機関の規制・監督当局である金融サービス機構（FSA）は、ノーザン

## 第4章　ノーザンロック危機と監督機関の対応

ロックの検査を行った。その結果、ノーザンロックの資産は健全で業務の継続に問題はないと判断された。このためBOEによる緊急融資は実行されなかった。しかしこれには緊急融資の担保に住宅ローン債権関連の証券化商品等が認められていなかったため、ノーザンロックは適切な担保を提供できなかったからであるとの指摘もある。いずれにしても、この時点で財務省を含むイギリスの金融機関監督当局はノーザンロックが本格的な流動性危機に陥る可能性を認識していた。

　9月10日、ノーザンロックは資金繰りが本格的に悪化し、BOEに緊急支援を要請した。そして、9月13日にイギリス政府はBOEによる支援を承認し、翌9月14日に要請を受け入れる声明が発表された。声明は、BOE・FSA・財務省の連名で発表されたが、その内容はBOEがノーザンロックに流動性支援ファシリティ（有担保・プレミアム有）を提供するというものであった。

　しかし、この件が発表される前日の9月13日に、イギリスBBC放送がテレビでリーク報道を行った。そのため3機関による公式声明が出される前からノーザンロックの各支店においては取付け騒ぎが発生し、翌14日にはこの騒ぎは拡大した。この様子はイギリス国内のみならず海外にも発信されたが、14日の預金引出し額はノーザンロックの全預金残高の4％にあたる10億ポンドに上った。また、インターネット専用口座へのアクセス数も膨大なものとなり、回線は一時的にクラッシュした。さらにこの日のノーザンロックの株価も30％以上の下落となり、年初来では60％強の下落となった。この影響は他の金融機関にも及び、住宅金融組合から銀行に転換した（しばしばモーゲージバンクと呼ばれる）アライアンス・アンド・レスターやブラッドフォード・アンド・ビングレー等の株価も急落した。

　FSAは9月14日には「ノーザンロックは支払い能力に問題はないため業務継続が可能である」と発表し事態の沈静化を図った。周知のとおりイギリスの金融機関の規制・監督は、2000年金融サービス・市場法下においては統一的な規制・監督当局としてのFSAがこれを担当することになっている。ただし同法の成立以前の1997年10月の段階で、FSA等は新体制下での「財

103

務省、BOE、FSAの関係についての覚書」を発表し、各機関の責任分担を明確化していた。これは金融市場の安定という共通目的を達成するための協力関係をいかにして築くかについて説明しているものであるが、そのなかで「金融システムの不安定化を生じさせる緊急事態が発生した場合の公的な金融支援」については明確に中央銀行たるイングランド銀行の責務として位置づけられていた。ノーザンロックにたいする金融支援はこの覚書に基づくものである。

しかし市場の混乱は収まらなかったこともあり9月17日にダーリング財務大臣がノーザンロックの預金の全額保護方針を明らかにし、9月19日に財務省によりノーザンロックの預金（19日深夜0時までに預入されたもの）の具体的な保護内容が発表された。この一種の超法規的措置の発表により、とりあえず店頭における個人顧客の取付け騒ぎは沈静化した。なお、このノーザンロックの預金の全額保護という例外的措置についても、前記の3者の覚書においては、全般的な金融危機・経済危機につながりかねないような状況が発生した場合には財務省が例外的な対策措置を発動しうるという記述がある。

もっともノーザンロックの流動性危機は、支店の店頭での取付け騒ぎの沈静化といったもので解決されるものではなかった。詳しくは後述するがノーザンロックの資金調達においてリテール預金はあまり重要なものではなかったからであり、流動性危機の原因は大口の資金調達が困難化したことにあった。9月19日の財務省の発表（確認文書は9月20日付）においては前日までに預入された全ての預金について保護されるとしていた（既存口座への新規入金についても保護される）。リテール預金だけではなく大口預金（預け替えされるものも含む）および無担保のホールセール債務（借換えされるものを含む）についても保護されると発表された。この時点においてはカバードボンド、Granite証券化プログラムに基づく債券、劣後債やハイブリッドの自己資本的性格を持つ債券等については保護措置から除外されていた。なお新規のノーザンロックへの預金については他銀行、住宅金融組合との競争上の権衡の観点から、この時点においては保護はされないとしていた。しかしながらこの預金の保護方針は10月9日にはリテール預金については9月19日以降

に預入されたものについても全額保護されると変更された。ただしこの追加的な預金保護措置については、ノーザンロックは財務省にその適当な対価を支払うこととされた。また、これに関連してBOEはノーザンロックに追加的な貸出ファシリティを設定した。

なおサブプライムローン関連の悪影響は世界的に沈静化せず12月12日には欧米主要5中央銀行（含むBOE）は協調して国際金融市場の安定に向けた取り組みを行うこと、具体的には潤沢な年末越えの資金の供給を行うことを発表した（その後2008年3月11日にも5中央銀行は協調して資金供給等を行うことを発表した）。BOEはオペで供給する資金を28.5億ポンドから113.5億ポンドに引き上げ（うち100億ポンドは期間3か月）、その際の担保についても高格付けのMBSおよびカバードボンドについても適格とするとした。そして12月18日には財務省はノーザンロックの預金等の保護措置のさらなる拡張を発表した。その具体的な内容は、①すべての無担保および非劣後のホールセールの預金および借入（これまでの保護対象以外のもの）、②すべての無担保デリバティブ取引にかかる支払債務、③すべての有担保デリバティブ取引およびホールセール借入（カバードボンドを含む）については担保を超える支払債務、④すべてのGranite証券化プログラムに基づくモーゲージの買い戻しに関連する支払いについて保護するというものであった。

これらの措置によりノーザンロックが自力で立ち直ることが可能か、または国有化等を経て他の金融機関等に吸収されるかについて注目されたが、結局2008年2月18日に政府はノーザンロックの一時国有化を発表し、関連法案が2月21日に議会を通過した。ノーザンロックについてはヴァージングループおよびノーザンロック経営陣が買収提案を行っていたが、政府はどちらの買収提案も政府の基準を満たさなかったとしている。

このノーザンロック救済劇をみるならば、それが全般的な金融システム危機へと波及しないために大衆預金者の保護だけを行うという枠を超えた措置が取られざるをえなかった事情がみて取れる。

なお、今回の危機において2000年金融サービス・市場法体制下の金融サービス補償制度、特に預金補償制度の限界が改めて明らかとなった。金融サー

ビス補償機構（FSCS）による預金保護の仕組みはペイオフのみの制度である。その限度額は低額で、しかもそのなかで預金者にも負担を求め（具体的な補償金額は、2,000ポンドまでは全額保護、それを超える330,000ポンドまでは90％が支払限度－計31,700ポンドが上限）、さらに支払いまでに時間を要するなど大規模預金取扱機関の破綻は想定していない制度であった。そして危機発生後の10月1日には、預金者の動揺を少しでも抑えることを目的として、預金の補償金額を35,000ポンドまで全額保護とすることとした。これは大規模預金取扱金融機関の流動性危機の発現が具体化した段階で、預金補償制度において保護限度内においても預金者に一部負担を求めるということが現実的に妥当かという問題を提起している。また、イギリスの制度は基本的に預金保険基金は持たずに破綻後に賦課方式で補償費用を徴収する方式であるがこれが妥当か、さらには金融機関の破綻から補償金の支払いまでに時間を要する現在の方式が妥当かといった問題をノーザンロック危機は浮かび上がらせることとなったのであった。

　ところでイングランド銀行によるノーザンロックにたいする流動性の供給とマーケット全体との関係はどのようなものであったのだろうか。2006年5月にBOEはその金融調節方式を変更した。その枠組みにおける大きな変更点は完全後積み方式の準備預金制度の新規導入であった。その準備預金には付利され、準備額も対象金融機関が任意で設定できるというのが特徴である。そして各金融機関は積み期間（約1か月）毎に設定した準備額の上下1％の範囲に当該機関の準備平残を維持することが求められ、これから乖離した場合には未達の場合だけでなく超過準備を保有した場合においても政策金利によるペナルティが課せられる制度となっていた[1]。この制度の下では超過準備保有にもペナルティが課されることから、個別の金融機関に超過準備保有のインセンティブを与えない制度設計となっている。

　BOEのノーザンロックへの流動性供給は結局はマーケット全体への資金供給となってしまう。しかしながら危機対応においてはノーザンロックへの個別の流動性供給だけでなく、通常のオープン・マーケット・オペレーション（OMO）においても潤沢な資金供給をしなければならない。しかしなが

## 第4章　ノーザンロック危機と監督機関の対応

ら個別金融機関はペナルティを払ってまで超過準備を保有しようとはしない。このジレンマを解消するためにBOEは2007年9月から10月にかけての積み期間（07.9.6－10.3）において、上下1％の準備預金のターゲットレンジを拡大した。これはリザーブ・ターゲットから上下に実際の準備額が離れたとしてもペナルティが発生しない、すなわち当該準備には付利されるということを意味する。BOEは9月13日には期間1週間の短期レポオペ（1週間に1度実施される中核的な資金供給手段）により383.9億ポンドの多めの資金供給を行ったが、これはリザーブ・ターゲット対比で25％多めの資金供給（積み期間28日中の21日分の所要額対比）を行ったことを意味していた。そしてこの段階で準備預金のターゲットレンジは上下37.5％拡大された。さらに9月18日には通常では行われない期間2日のファインチューニングオペが行われ、約44億ポンドが供給された。これもリザーブ・ターゲット対比で25％多めの資金供給（積み期間28日中の16日分の所要額対比）を行ったことを意味していた。この時点でターゲットレンジは上下60％にまで拡大されることになった。実際の、当該積み期間における準備預金平残は231.83億ポンドであり、リザーブ・ターゲット（176.3億ポンド）対比では31.5％多めに資金が供給されたことになる（図表4－1）。

これに続く10－11月（07.10.4－11.7）、11－12月（07.11.8－12.5）の積み期間においては各金融機関はリザーブ・ターゲットを引上げる動きに出た。このような場合、通常時と同様にBOEは必要とされる準備を供給する。この2積み期間においてはBOEはターゲットレンジを上下30％としたが、実際の準備預金平残は上下1％の通常時の枠内に収まっていた（図表4－1）。

ただしこの間ノーザンロックへBOEの流動性供給は拡大した。このためBOEの短期レポオペによる資金供給額はこの間減少している（図表4－2－1：「その他」のほとんどはノーザンロックへの流動性供給とみなすことができる）。当然のことではあるがこのようにノーザンロックへの流動性供給はマクロ的な資金供給システムのなかに位置づけられているのである。

さらにその後の資金供給をみるならば特徴的なのは、ノーザンロックへの流動性供給の増加傾向および長期資金の供給増加である（図表4－2－2）。

図表 4 − 1

| | 積み期間 | 短期レポ | FTレポ | 長期レポ | 貸出F | 預金 |
|---|---|---|---|---|---|---|
| | | | BOE資産 | | | |
| ① | 06.5.18-6.7 | 36,890 | — | 15,000 | — | |
| ② | 6.8-7.5 | 33,310 | — | 15,214 | — | |
| ③ | 7.6-8.2 | 32,447 | 26 | 15,212 | 1 | |
| ④ | 8.3-9.6 | 32,802 | 3 | 14,830 | — | |
| ⑤ | 9.7-10.4 | 31,090 | 166 | 14,968 | 10 | |
| ⑥ | 10.5-11.8 | 30,498 | 68 | 15,137 | 147 | |
| ⑦ | 11.9-12.6 | 31,292 | 53 | 15,021 | 2 | |
| ⑧ | 12.7-07.1.10 | 35,534 | 40 | 14,937 | 20 | |
| ⑨ | 07.1.11-2.7 | 30,703 | 30 | 14,979 | — | |
| ⑩ | 2.8-3.7 | 30,335 | 68 | 14,963 | 45 | |
| ⑪ | 3.8-4.4 | 31,430 | 28 | 14,950 | — | |
| ⑫ | 4.3-5.9 | 31,888 | — | 15,000 | 21 | |
| ⑬ | 5.10-6.6 | 31,588 | — | 15,000 | 47 | |
| ⑭ | 6.7-7.4 | 30,665 | 870 | 15,000 | 496 | |
| ⑮ | 7.5-8.1 | 32,141 | 25 | 15,000 | 4 | |
| ⑯ | 8.2-9.5 | 33,108 | 65 | 15,000 | 53 | |
| ⑰ | 9.6-10.3 | 36,867 | 315 | 15,000 | — | |
| ⑱ | 10.4-11.7 | 24,364 | — | 14,937 | — | |
| ⑲ | 11.8-12.5 | 19,512 | — | 14,904 | — | |
| ⑳ | 12.6-08.1.9 | 15,502 | 37 | 19,941 | — | |

注) 1. FTレポ，貸出F，預金Fはそれぞれファインチューニ
2. 積み期間の最終日において貸出ファシリティ，預金フ
[出所] Bank of England.

しかしながらこの間においても準備預金残高はターゲット額とほぼ同水準となっている（図表 4 − 1）。その意味では所要準備（ターゲット）対比で多めの資金供給がなされているわけではないのである。このためイングランド銀行では短期オペによる資金供給を減らすとともに対政府貸付を減額した。

## Eによる金融調節の実際

（単位 100万ポンド、平残ベース）

| BOE負債 | | 準備預金ターゲット | | | 金利（％） | | |
|---|---|---|---|---|---|---|---|
| Tレポ | 準備預金 | ターゲット | 上 限 | 下 限 | 政策金利 | 貸出F | 預金F |
| — | 23,002 | 22,970 | 23,200 | 22,740 | 4.50 | 5.50 | 3.50 |
| — | 19,564 | 19,570 | 19,766 | 19,374 | 4.50 | 5.50 | 3.50 |
| — | 18,397 | 18,400 | 18,584 | 18,216 | 4.50 | 5.50 | 3.50 |
| — | 17,823 | 17,780 | 17,958 | 17,602 | 4.75 | 5.75 | 3.75 |
| — | 16,740 | 16,640 | 16,806 | 16,474 | 4.75 | 5.75 | 3.75 |
| — | 16,300 | 16,290 | 16,453 | 16,127 | 4.75 | 5.75 | 3.75 |
| — | 17,121 | 17,120 | 17,291 | 16,949 | 5.00 | 6.00 | 4.00 |
| — | 18,606 | 18,600 | 18,786 | 18,414 | 5.00 | 6.00 | 4.00 |
| — | 16,669 | 16,660 | 16,827 | 16,493 | 5.25 | 6.25 | 4.25 |
| — | 16,466 | 16,460 | 16,625 | 16,295 | 5.25 | 6.25 | 4.25 |
| — | 16,723 | 16,750 | 16,918 | 16,583 | 5.25 | 6.25 | 4.25 |
| — | 16,334 | 16,330 | 16,493 | 16,167 | 5.25 | 6.25 | 4.25 |
| — | 16,071 | 16,130 | 16,291 | 15,969 | 5.50 | 6.50 | 4.50 |
| — | 16,421 | 16,430 | 16,594 | 16,266 | 5.50 | 6.50 | 4.50 |
| — | 16,134 | 16,130 | 16,291 | 15,969 | 5.75 | 6.75 | 4.75 |
| — | 16,565 | 16,560 | 16,726 | 16,394 | 5.75 | 6.75 | 4.75 |
| — | 23,183 | 17,630 | 28,208 | 7,052 | 5.75 | 6.75 | 4.75 |
| — | 20,051 | 19,970 | 25,961 | 13,979 | 5.75 | 6.75 | 4.75 |
| — | 21,209 | 21,200 | 27,560 | 14,840 | 5.75 | 6.75 | 4.75 |
| — | 22,733 | 22,690 | 29,497 | 15,883 | 5.50 | 6.50 | 4.50 |

ポ，貸出ファシリティ，預金ファシリティ。
ティの金利はそれぞれ政策金利の＋0.25％，-0.25％。

## Ⅲ．ノーザンロック危機の分析

　それではイギリスの金融機関のなかでなぜノーザンロックが経営危機・流動性危機に陥ったのかについて以下で検討することとしたい。ノーザンロッ

図表4－2－1　BOEの資金供給の内訳

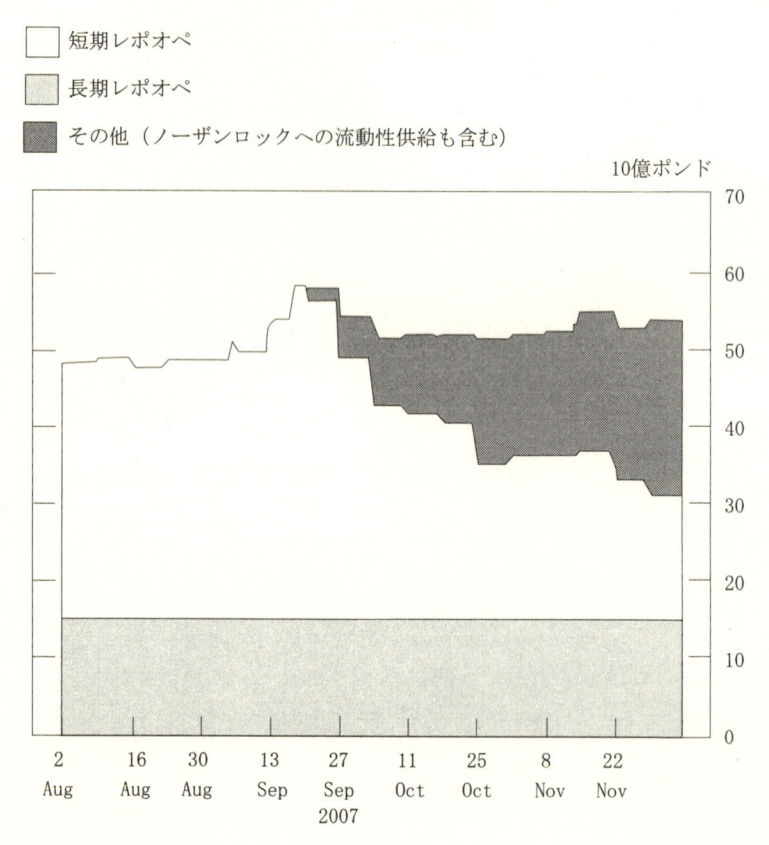

☐ 短期レポオペ
▨ 長期レポオペ
■ その他（ノーザンロックへの流動性供給も含む）

10億ポンド

［出所］Bank of England [2007b] p.506.

クはイングランド北部のニューキャッスルに本拠を置く銀行であるが、前身は住宅金融組合である。1965年にノーザン・カウンティーズ・パーマネント住宅金融組合（1850年設立）とロック住宅金融組合（1865年設立）が合併してノーザンロック住宅金融組合となった。

　住宅金融組合はイギリスの代表的な貯蓄金融機関で1970年まで住宅ローンをほぼ独占的に供給してきていた。そのためもあり資金調達面においても個

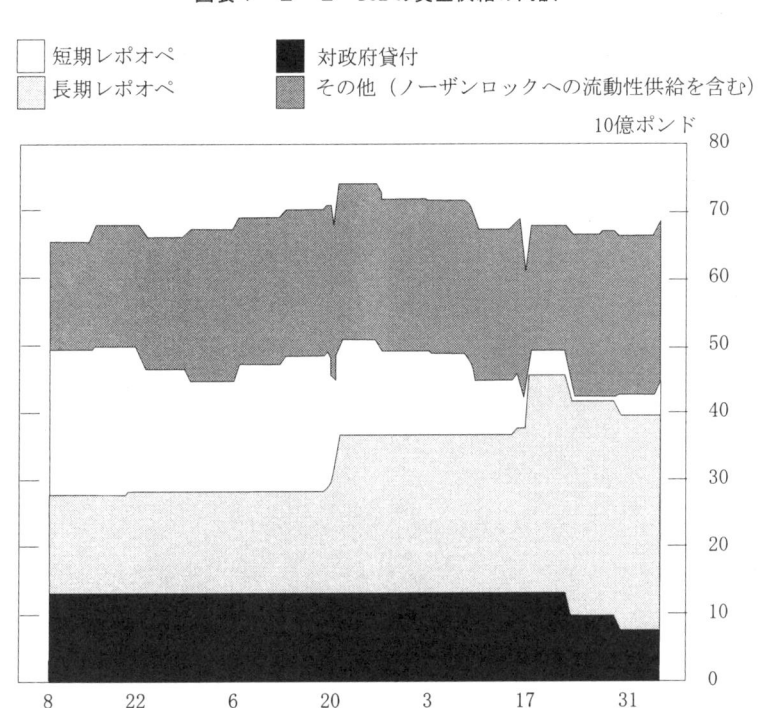

第4章 ノーザンロック危機と監督機関の対応

図表4－2－2　BOEの資金供給の内訳

□ 短期レポオペ　■ 対政府貸付
□ 長期レポオペ　▨ その他（ノーザンロックへの流動性供給を含む）

10億ポンド

［出所］Bank of England［2008b］p.19.

人のリテール預金（出資金）を順調に吸収できていた。この状態が大きく変化したのは1980年代のことであり商業銀行が住宅ローン業務に本格進出し、同業務および個人資金の調達面においても両者の競争は激化した。このような状況下において住宅金融組合の業法は1986年に改正され、住宅金融組合には住宅ローン以外の貸出業務等、大口の市場性資金の調達等が新たに認められた。また同法においては相互組織としての住宅金融組合が株式会社（銀行）に転換することを可能とする規定が盛り込まれていた。この規定を利用した住宅金融組合の銀行転換ブームが起きたのが1997年秋のことであり、ノーザ

**図表4−3　住宅ローン供給大手10社**

**年間残高ランキング**

| 2006 | (2005) | 金融機関名 | £bn | シェア |
|---|---|---|---|---|
| 1 | (1) | HBOS | 220.0 | 20.4% |
| 2 | (3) | Abbey | 101.7 | 9.4% |
| 3 | (2) | Lloyds TSB | 95.3 | 8.8% |
| 4 | (4) | Nationwide BS | 89.6 | 8.3% |
| 5 | (5) | Northern Rock | 77.3 | 7.2% |
| 6 | (6) | The Royal Bank of Scotland | 67.4 | 6.2% |
| 7 | (7) | Barclays | 61.6 | 5.7% |
| 8 | (8) | HSBC Bank | 39.1 | 3.6% |
| 9 | (9) | Alliance & Leicester | 38.0 | 3.5% |
| 10 | (10) | Bradford & Bingley | 31.1 | 2.9% |

［出所］Council of Mortgage Lenders [2007] p.6.

**年間融資額ランキング**

| 2006 | (2005) | 金融機関名 | £bn | シェア |
|---|---|---|---|---|
| 1 | (1) | HBOS | 73.2 | 21.2% |
| 2 | (2) | Abbey | 32.6 | 9.4% |
| 3 | (4) | Northern Rock | 29.0 | 8.4% |
| 4 | (3) | Lloyds TSB | 27.6 | 8.0% |
| 5 | (5) | Nationwide BS | 21.1 | 6.1% |
| 6 | (6) | The Royal Bank of Scotland | 20.0 | 5.8% |
| 7 | (8) | Barclays | 18.4 | 5.3% |
| 8 | (9) | Alliance & Leicester | 12.6 | 3.7% |
| 9 | (7) | HSBC Bank | 12.4 | 3.6% |
| 10 | (11) | GMAC-RFC | 12.1 | 3.5% |

［出所］Council of Mortgage Lenders [2007a] p.6.

ンロックもハリファックス（当時業界第1位）等とほぼ同時期の1997年10月に銀行に転換した。

　ノーザンロックは住宅金融組合時代にも中小住宅金融組合を吸収合併することにより規模拡大を図っていたが、銀行転換後はその規模拡大には拍車が

かけられた。しかしながらその貸出面は基本的に住宅ローン中心であり、他の住宅金融組合から転換した銀行と同様に商工業貸出等に進出してきているわけではない。2006年末時点の住宅ローン融資残高では第5位（シェア7.2%）、年間融資額では第3位（シェア8.4%）となっているが、銀行転換時の1997年の残高シェアが2.1%であったことを考えると、その伸びがいかに急速であったかがわかるであろう（図表4－3）。そしてそのなかで証券化住宅ローンが多くその割合が年々増加してきているのがノーザンロックの特徴となっており、これがすぐ後にみる負債構成の特徴とも関連してくることとなる。

　この急拡大したノーザンロックの住宅ローンであるが、それは他の銀行・住宅金融組合よりも低利のローンを提供することにより達成された。しかしながらその資産の質はそれほど悪いものではない。イギリスの住宅価格はアメリカと異なり2007年においても前年同月比でプラスであり、特に前半においては高い伸びを示していた（図表4－4）。さらに住宅ローン全体の延滞・差押えの比率も2006年以降上昇基調にはあるが、その水準は高くはない。ノーザンロックのアニュアルレポートや監督当局の検査においてもその資産の質が悪いとは認められていないのである。

　もちろんイギリスにおいてもサブプライムローンはあり、その延滞・差押えの比率は通常の住宅ローンより高いが[3]、その割合はイギリスにおいては低くこれまでそれが問題とされてはこなかった。ノーザンロックのサブプライムローンについては、2006年にリーマン・ブラザーズとの提携により取扱いを開始した。住宅ローン自体はノーザンロックの名前で商品化されているものの、リスクはリーマン・ブラザーズが負う形となっている。さらに、その取扱残高は2006年末において総資産の0.24%であり規模としては大きくはない。貸出面でノーザンロックが非常に質の悪い顧客にも貸し出すことを通じて無理に業容を拡大させたという証拠は、これまでのところ見出されてはいないのである。

　ただし積極的な業容拡大方針は採られたわけではあり、それは資金調達面で支えられなければならないものであった。この面すなわち資金調達面からノーザンロックをみるならば、そこには他の銀行・住宅金融組合とは異なる

図表4－4　住宅価格指数

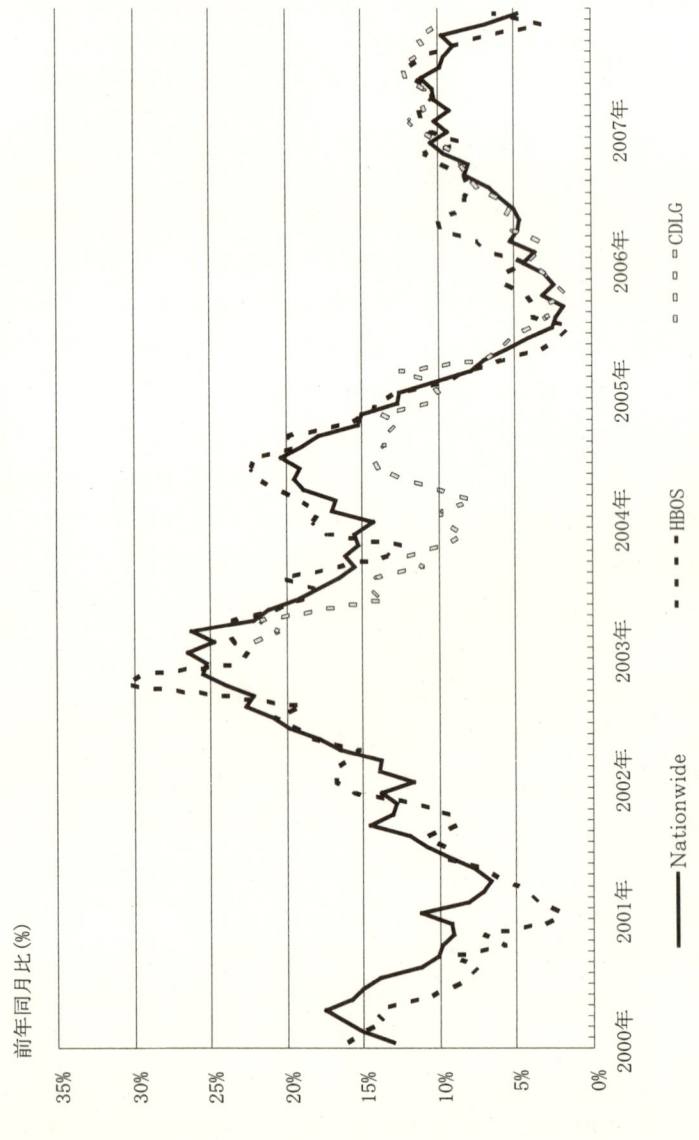

前年同月比(%)

―― Nationwide　・・・・ HBOS　□□□ CDLG

[出所] Nation Wide, HBOS, Department of Community and Local Government.

114

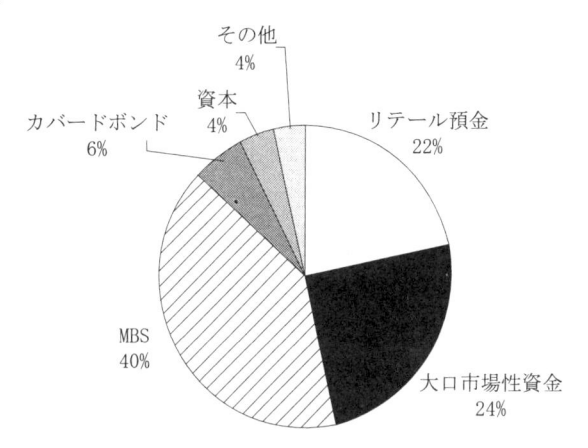

第4章　ノーザンロック危機と監督機関の対応

図表4－5　ノーザンロックの資金調達（2006年末）

［出所］Northern Rock plc.［2007］p.36.

大きな特徴をみてとることができる。その特徴とは図表4－5をみればすぐにわかるとおりリテール預金の割合が極端に低く、ホールセール預金等、証券化による調達等の割合が高いということである。1986年住宅金融組合法で住宅金融組合に認められた市場性資金の調達比率の上限は20％であった。現在では住宅金融組合に認められている市場性資金の調達比率の上限は50％であるが、実際の業態全体のその比率は30％を若干上回る程度である。これにたいしノーザンロックの資金調達構造（2006年）をみるならば、リテール預金の比率は22％にすぎないことがわかる。一方、多いのは証券化による資金調達であり、これが全体の40％を占め、資産側の特徴とも符合する。その他ではホールセールの資金調達が24％、カバードボンドが6％となっている。そしてさらにノーザンロックのリテール預金の割合をみたのが図表4－6であるが、支店経由のものは約4分の1にすぎず、全資金調達に占める割合は10％以下となっているのである。このような低コストの市場性資金の調達に頼ることがノーザンロックの低利住宅ローン提供の根拠、その急拡大の根拠となっていたのである。

図表4-6　ノーザンロックのリテール預金の内訳

(単位　100万ポンド)

|  | 2006 |  | 2005 |  |
|---|---|---|---|---|
| 支　店 | 5,573 | 24.6% | 5,115 | 25.4% |
| 郵　便 | 10,201 | 45.1% | 8,714 | 43.3% |
| インターネット | 2,225 | 9.8% | 2,048 | 10.2% |
| オフショア | 3,614 | 16.0% | 2,965 | 14.7% |
| 電　話 | 527 | 2.3% | 699 | 3.5% |
| Legal & General | 491 | 2.2% | 563 | 2.8% |
| 計 | 22,631 | 100.0% | 20,104 | 100.0% |

［出所］Northern Rock plc. [2007] p.41.

図表4-7　ノーザンロック：バランスシートの推移と負債構造

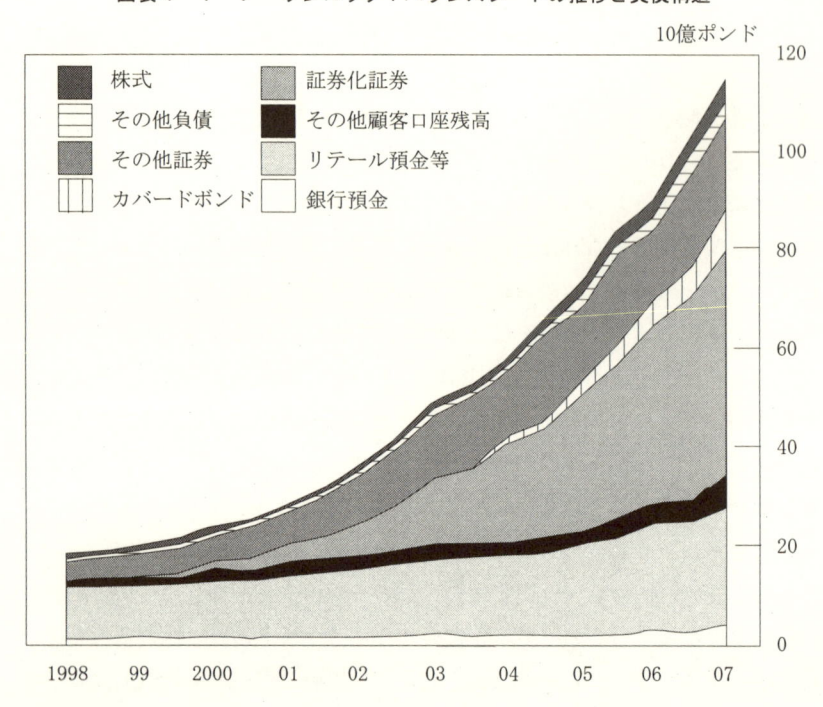

［出所］Bank of England [2007a] p.10.

116

第4章　ノーザンロック危機と監督機関の対応

　これを時系列的にみるならば（図表4－7）1999年後半以降から市場性資金調達による業容拡大方針がとられ、証券化による資金調達が最重要なものとなっていった経過がみて取れる。旧住宅金融組合であるノーザンロックの資金調達構造が短期間にこのようなものに変化していたことは驚きであるが、それはともかくとしてリテール預金の割合は2001年には資金調達の42％程度を占めていた。その後の急成長の過程でノーザンロックは資金調達においてリテール預金（特に支店における調達）には頼らず市場性資金の取入れをメインとするようになっていった。このためノーザンロックの支店数は72（2006年末：うち16は住宅ローン関連業務のみのもの。ただし2007年2月からは一部預金業務も行っている）とその住宅ローン残高・資金調達額から考えて、また他の大手銀行・住宅金融組合と比べて非常に少ないものとなっている。住宅金融組合最大手のネーションワイド住宅金融組合は415支店であり、ビッグフォーは支店数を年々減少させてきているとはいえこれよりはるかに多い支店数であり、HBOSも1,000以上の支店を有している。

　ノーザンロックはもちろん銀行ではあるが、そのバランスシートの構造等をみるならば、それはモーゲージカンパニーに近いものとみなすことも可能である。ノーザンロックの経営危機・流動性危機はこのようなバランスシート構造を追求してきた営業方針が、アメリカのサブプライムローン問題の影響を受け混乱した市場状況に対応できなくなったためであるといえそうである。さらにノーザンロックはこのような負債構成でありながら、流動性危機に対応する保険（与信枠）を有してはいなかったのである。ノーザンロックの約2週間前に経営危機が深刻化したアメリカのカントリーワイド・フィナンシャルはこのような保険（与信枠）を用意していたのであった。

　それではノーザンロックが危機に至った経緯をより具体的にみてみることとしよう。2003年11月以降、イギリスの政策金利は引き上げられてきており、2007年5月10日には0.25％引き上げられ5.5％とされた。従来2週間の短期レポオペ金利であった政策金利は前述の2006年5月のBOEの金融市場調節方式の変更により、新たに制定された準備預金への付利金利とされた。そしてこの政策金利が新たに資金供給の中心として位置づけられることになった

117

期間1週間の短期レポオペ金利に適用されることから、それは実質的にBOEが政策的に決定する1週間物金利ということになっている。またこの体制下においては預金ファシリティおよび貸付ファシリティがBOEよりそれぞれ政策金利－1％、＋1％の水準（通常日、積み最終日は±0.25％）で提供されることから、これが実質的にオーバーナイト金利の上下限を画するという制度設計とされてきている。6月29日には前日にアメリカのベアースターンズ住宅ローン投資基金が破綻したあおりを受けて、オーバーナイト金利は、前日の5.68％から6.5％に急上昇した。しかしながらオーバーナイト金利は新調節方式下において政策金利比1％高以内に収まってはおり、その状況は基本的に以後も同様であった。もっともこの政策金利比1％高（日によってはそれを若干上回る場合もあった）という水準自体については当然議論の対象とはなろう[4]。

そして7月15日は2007年になって3度目の政策金利の引上げが行われ、その水準は5.75％とされた。そして8月9日のBNPパリバ傘下の投資ファンドの凍結発表があり各国の短期金融市場等では金利が急上昇し、取引の期間は急速に短期化した。さらに8月中旬にアメリカのモーゲージレンダーのカントリーワイド・フィナンシャルの危機が報道されると各国の短期金融市場等はさらに混乱した。そして金融機関の選別傾向が強まり、信用リスクの取引であるクレジット・デフォールト・スワップ（CDS）においてノーザンロックのプレミアムは急上昇した。

前述のとおりノーザンロックはその資金調達のかなりの部分を住宅ローン証券化およびカバードボンドに頼るようになってきていた。2007年の前半においてノーザンロックは107億ポンドのMBSをその中心的な証券化プログラムであるGraniteを通じ発行しており、これは同期のイギリスのRMBSの17％以上にも上るものであった。また、同時期にカバードボンドも22億ポンド発行していた[5]。2007年後半においてもノーザンロックはこうした資金調達を予定していたわけであるが、世界的にMBS等が販売不振となるなかでノーザンロック関連の証券化商品の販売が急速に落ち込むこととなった。資金繰りに窮したノーザンロックは金利が急上昇した短期金融市場における市場性

資金調達も不可能となり、結局BOEに流動性支援を要請せざるをえなかったのである。

## IV. ノーザンロック危機とイギリス住宅金融市場

それでは次にノーザンロック危機がイギリス住宅金融市場にどのような影響を与えたかについて考察してみたい。ノーザンロック危機に至る前のイギリス住宅金融市場は基本的に好調を維持してきていた。1990年代末以降イギリスにおける住宅ローンの貸付額は急増してきていた。年間の貸付額（グロスベース）は1999年には初めて1,000億ポンドを超えたが、2002年には2,000億ポンドを超え、2006年には3,500億ポンドにまで増加した。住宅ローンの増加率が高かった理由としては、ひとつには借換需要が大きかったということが挙げられる。借換の増勢の理由としてまず挙げられるのが少し前までの低金利および新しい住宅ローン商品の影響である。イギリスにおいては変動金利住宅ローンが一般的であったが1990年代半ば以降、種々の新種の住宅ローン商品が登場した。そのなかには短期のものが多いが固定金利のものがあり、これらは通常の変動金利ローンよりも金利は低い。また変動金利ではありながら借入れ当初の貸付金利を種々の形態で優遇するものや金利キャップを付けるようなもの、さらには返済について非常にフレキシブルに行いうるようなタイプ（オフセット・モーゲージ）のものもある。金利感応度を高めた借入者は住宅ローンの借換を活発に行うようになってきており、これがグロスベースでみた住宅ローンの急増の大きな理由となってきている。これにはイギリスにおいて戦後一貫して上昇してきた持家比率が最近70％にまでなり、そろそろ頭打ち感が出てきたことから、貸し手が借換需要の開拓を重視したということが挙げられる。そしてイギリスにおいて従来から住宅の買い替えが非常に活発であることもこの流れに適合的であった。

この間住宅価格は一貫して上昇してきている。特にロンドンおよびイングランド南東部においてはその上昇率は高いものがあった。これが住宅ローンが好調であった理由のひとつではあるが、それがイギリスの場合必ずしも住宅ローンの質の悪化に結びついたとはいえない。イギリスにおいては1990年

代初めに住宅ローンの延滞率等が高まった時期はあったが、その後は低下傾向にあった。さすがに2006年以降はその上昇が懸念されるようにはなっていた。2008年にはその上昇が予想されてはいたが、貸し手にとってコントロール可能な範囲に収まる可能性が高いとリーマン・ショック以前は予想されていた。もちろんノーザンロック危機の影響が住宅価格等に非常に大きな影響を与え、そこから延滞率等が急上昇するといった事態の予想は、2008年初時点においては一般的ではなかった。それはイギリスにおいてサブプライムローンの残高がそれほどではないことおよび住宅価格が上昇してきたとはいえ金融機関の側が住宅価格対比のローン供与額（LTV）を安易に引き上げなかったことも、そのひとつの理由であった。しかしながら金融機関の融資姿勢は2007年末以降急速に消極化し、それが住宅市場に悪影響を与え、さらにそこから事態が悪化するという循環に転じることとなったのであった。

ところでイギリスの住宅金融において近年進展している事態として特徴的なのは、そのアンバンドリング化の進展である。かつてのオリジネーションから貸金の回収まで一貫して住宅金融組合ないし銀行が行うという姿は急激に変化してきている。それが著しいのは入り口段階での変化であり、従来金融機関の窓口で行われていた住宅ローンの申し込み等が急速にモーゲージブローカーにとって代わられるようになってきたのである。これには、住宅ローン商品が多様化し一般消費者がその選択にたいしてのアドバイスを求めるようになったことや銀行・住宅金融組合が近年急速に店舗数を減少させてきていることも影響している。近年では件数ベースでみて50%以上の住宅ローンがモーゲージブローカー経由となっている。店舗数の少ないノーザンロックが住宅ローン残高を急速に増加することが可能であったのも、入り口段階でのモーゲージブローカーの利用が大きく貢献していたといえよう。

イギリスでは2000年金融サービス・市場法により金融サービス業全体を規制・監督するものとして金融サービス機構（FSA）が設立されたが、このFSAは2004年10月31日以降、住宅ローン（モーゲージ）を業界の自主規制（モーゲージコード）によらずに直接的に規制・監督することとした。その理由のひとつがモーゲージブローカーのプレゼンスの急上昇であり、FSAは住

宅ローンの融資にかかわる業者だけでなくモーゲージブローカーについても同機構による認可を求めることとしたのである[6]。さらに同日以降においてはFSA体制下の統一的な金融商品補償機構である金融サービス補償機構（FSCS）の補償対象として、これまでの①預金等、②保険、③投資関連のサブスキームに加えて新たに④住宅ローンアレンジ・アドバイスがサブスキームとして加えられた。これはモーゲージブローカー等による住宅ローンに関するアドバイスが適当ではなかったことにより顧客が損失を負ったり、そのような業者が顧客から預かり金をしていた場合で、当該業者が破綻したようなケースにたいする補償のためのサブスキームである。これもモーゲージブローカーの重要度の高まりを示す事態であるといえるであろう[7]。

　一方、アンバンドリング化においてより重要ともいえる住宅ローン債権の流動化、すなわちMBS等については、アメリカのような形では進展してこなかった。イギリスにおけるMBS市場はまず1980年代に登場したモーゲージカンパニーによる発行から始まった。これらのモーゲージカンパニーはリテール預金という資金調達手段を持たなかったことから証券化により資金調達を行ったわけであるが1990年代初めの住宅価格の下落時にこれらが経営危機に陥ったことおよびその発行コストが相対的に割高化したことからMBS市場もしばらく低迷を余儀なくされた。その後住宅金融組合の銀行転換が相次いだ1997年頃から大手の金融機関のMBSの発行が始まり、以後徐々に発行額は増加していったが、その発行額は2000年以降急増した。2005年末時点において住宅ローン（グロス）のうち証券化されているのは8％程度までになってきていた。さらに2006年にはその発行額は倍増以上となっており、個別金融機関としてはノーザンロックのように資金調達のかなりの部分をこれに依存しているものもでてきていた。しかしながらノーザンロック危機前後から市場は機能不全に陥り、2008年の初めにおいては壊滅状態となった（図表4－8）。

　2007年中頃までのイギリスの状況はドイツやフランス等のヨーロッパ大陸諸国に比べれば住宅ローン債権の流動化が進んでいるといってよいが、その理由としては、英米法（慣習法）はイノベーティブな金融商品を開発する際[8]

図表4－8　MBS発行額（イギリス大手銀行）

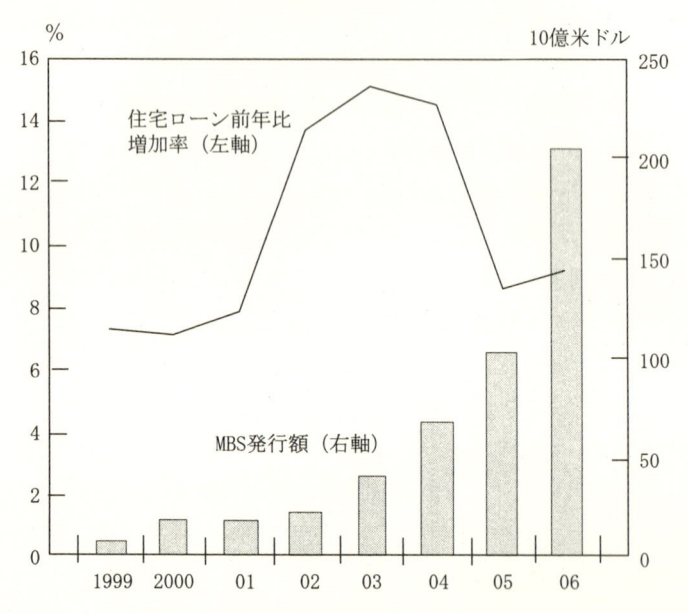

[出所] Bank of England [2007a] p.32.

に新たな立法措置を必要とせず、それが必要となる大陸法体系の諸国と異なり証券化に適合的であるということがよく指摘されている。しかしながら今後の予想は現時点では難しいものがあるといってよい。なおドイツ等においては証券化ではないものの住宅ローン債権等を担保としたカバードボンド（ファンドブリーフ債）の発行額が大きくなってきている。イギリスにおいては2003年8月にHBOSが初めてカバードボンドを発行したが、この段階ではカバードボンドの発行に関する法律は存在せず、発行体に関する特別な監督規定もなかった。それでもその発行が可能であるというのがイギリスの法制度のフレキシビリティであろう。ノーザンロックも2004年4月以来カバードボンドの発行を行い、前にみたように2006年末時点では全資金調達の6％を占めるまでになってきていた。ノーザンロックへの金融支援が発表された2007年9月には、イギリスだけでなくヨーロッパ大陸諸国のカバードボンド

市場は混乱し、取引停止等の事態が発生した。

　それはともかくとして、イギリスにおいては新規参入者の増加により住宅ローン市場の競争圧力は増加してきている。これらの新規参入業者はリテール預金という資金調達手段を持たないことからMBS発行に積極的であった。また既存の業者においても、資金調達手段の多様化、自己資本比率の向上、ALM等の観点からMBS発行に従来よりは積極的となってきていた。これには大手金融機関において近年支店数が削減されてきたことも影響している。ノーザンロックのように支店におけるリテール預金調達を主たる資金調達手段と位置づけない金融機関にとっては、必然的にMBS発行は重要な資金調達手段として位置づけられることとなる。

　しかしながらアメリカと比べて住宅ローン債権の証券化が進んでいるとはいえない理由としては、ひとつにはイギリス政府・監督当局は、アメリカと異なり住宅ローンに公的保証をつけたり、そこからさらにMBSについて公的保証をするといった証券化を促進するような対応はとってこなかったということが挙げられる。

　またイギリスの住宅ローン市場で大きなシェアを占めている大手金融機関は店舗削減を進めてきたとはいいながら広範な店舗網を有しており（ノーザンロックは例外）、リテール預金という資金調達手段があることから、かつては証券化にそれほど熱心とはいえなかった。

　そしてイギリスにおいて住宅ローン債権の証券化が進展しなかったもうひとつの理由としては、従来イギリスの住宅ローンは変動金利がほとんどであったということが挙げられる。アメリカの貯蓄貸付組合（S&L）等の貯蓄金融機関は長期固定金利ローンがほとんどであり、かつての金利急上昇時に短期の調達金利が上昇する一方で、それ以前の低利の長期固定住宅ローンを多く抱えていたために逆鞘に陥ることとなった。イギリスの金融機関の場合は、金利変動リスクを顧客の側が負担してきたこともあり、そのような危機は発生せず、したがって証券化の進展も遅れることとなった。

　なお、住宅金融組合の預金（出資金）補償機構は、1986年住宅金融組合法に基づき設立されたが一度も発動事例のないままFSCSへと統合された。ま

たFSCSはあらかじめ基金を持つことはせず補償事例が発生した以降に賦課方式で拠出金を徴収するという預金保険制度としては世界的にめずらしい制度を採用しているが、これは住宅金融組合の預金（出資金）補償機構がそのような方式であったのを継承したものとみなすことができる。FSCS後も住宅金融組合の破綻事例はなく、住宅金融組合からの転換組においてもノーザンロックが初めての破綻に結びつきかねない危機に陥った例となった。このようにリテール預金という調達手段を持つモーゲージレンダー（銀行・住宅金融組合）の経営は、これまで危機に陥ることはあまりなかったのである。

　それはともかくとしてMBSの組成にあたっては長期固定金利住宅ローンの方がより適合的であるが、イギリスにおいて長期固定金利の住宅ローンが一般的でないのはなぜかということについてはイギリス政府においても検討課題とされることとなった。

　2003年6月にイギリスが欧州統一通貨ユーロへの参加の見送りを決定した際の検討事項は、①景気循環の収斂、②資本市場、労働市場等の弾力性、③投資、④金融サービス、⑤成長・安定・雇用（経済的メリット）の5項目であった。とくに①の景気循環の収斂においては、住宅市場の問題が重視され、イギリスにおいては住宅価格の変動が大きいことは重要であり、また住宅ローンが変動金利が多いために金融政策の変更の影響が大きいことも重要であるとの認識が示された。住宅市場・住宅金融の問題はイギリス経済において決してマイナーな問題ではないのである。

　そして、この決定に先立つ2003年4月においては、ブラウン財務大臣（当時）が予算演説において「イギリスの住宅ローンにおいて固定金利商品が一般的でないのはどうしてかおよびその改善策について」のレポートをロンドン大学（インペリアル・カレッジ）のデビッド・マイルズ教授に求めた。その問題意識としては固定金利の方が金融政策の影響が緩和されるし顧客の側の金利リスクが軽減される。さらには住宅ローンの証券化の進展のためには固定金利商品の方が好ましいといったこともあったのである。マイルズ教授は、ブラウン財務大臣の要望どおりに2003年12月に中間報告を、そして2004年3月に最終報告を発表した。その内容については第5章において詳しく検討し

ているが、同報告においてはイギリス住宅金融市場に重大な問題があるとの結論は下さなかった。そしてFSA等に長期固定金利住宅ローンが提供可能となるような環境整備等を勧告したにとどまったわけである。その後現在までイギリスにおいて固定金利住宅ローンの割合は増えてきてはいるが、そのほとんどは期間5年以内のものであり、長期固定金利住宅ローンは一般化してはいない。

しかしながら前述のとおりMBS市場は2006年には急拡大した。そして9月のノーザンロック危機前後からその発行額は急減少し、市場は低迷状態にある。発行額のかなりのシェアを占めていたノーザンロックがその販売不振により流動性危機に陥ったわけであるから、それは当然のことであろう。大口の市場性資金の調達には各モーゲージレンダーは苦慮することとなった。

ただしノーザンロック危機があり年末にかけて住宅ローン貸付額が月次ベースでみて減少したものの、2007年中の住宅ローンの貸付額は前年を上回る3,635億ポンドとなった。その後2008年中の住宅ローンは需要低下および金融機関の側の審査基準の厳格化もあり停滞気味に推移し、2,596億ポンドと前年比で大きく減少した。

## V. おわりに

以上、ノーザンロック危機と監督機関の対応、さらにはイギリス住宅金融市場の全般的状況等について検討してきたわけであるが、アメリカのサブプライムローン問題がMBS等の仕組債市場等の混乱（アメリカ外も含む）へと波及し、そのあおりを受けて必ずしもソルベンシー（支払能力）に問題があるとはいえなかった貯蓄金融機関（住宅金融組合）から転換した銀行（ノーザンロック）の流動性危機へと結びついたわけである。従来ドメスティックな性格を持っていた住宅金融もグローバリゼーションの影響を受けざるをえなくなったということであろうか。ノーザンロックが危機に陥ったのはやはり業容の無理な急拡大という金融機関危機に一般的な要因があった。ただしノーザンロックの場合新規分野への進出や資産の質の急激な悪化ということではなく、業容の急拡大を支える資金調達面が不安定さを抱えざるをえなく

なり、アメリカ発の市場の混乱に対応できなかったということであろう。

　今回のノーザンロック危機にたいしてイギリスの金融監督当局（財務省・FSA・BOE）は、当初の長期の資金供給に遅れがあったという批判はあろうが、危機の表面化後は連携して素早く対応したといってよいであろう。これは2000年金融サービス・市場法体制下において、重大な危機が発生したときに3機関がどのように対処するかという覚書の趣旨に則った対応である。これはノーザンロック危機がひとつの金融機関の破綻に留まらず全般的なシステム危機へと結びつきかねないと金融監督当局が認識していたからであろう。他の大手銀行、住宅金融組合に比べて少ないとはいえ70店舗以上を有し、ペイメントシステムの中核に位置する銀行の破綻を放置はできなかったのである。しかし、ノーザンロック危機から大手行への資本注入にまで至った危機の進展により、2000年金融サービス・市場法体制下の金融機関監督システムの不備が指摘された。2009年銀行法ではBOEに金融システムの安定化への関与が規定され、その他監督規制体制の見直しが議論されている。

　この他、ノーザンロック危機に関連して多くの問題点も明らかとなった。そのひとつは預金補償制度の位置づけである。イギリスの預金補償制度は、ペイオフのみの制度であり、補償額の上限も低く、しかも補償限度内であっても預金者に一部負担を求めるなど極めて限定的な制度として設計されてきていた。これは制度には大規模金融機関も拠出はするものの（賦課方式ではあるが）、破綻を想定しているのはごく小規模の預金ベースもほとんどないような金融機関であったからであった。しかしながら今回の危機において[9]、その体制がそれでよいのかという問題点が浮上することとなった。まず預金者の動揺を抑えることを意図してFSCSは補償限度内でも預金者に一部負担を求めるという制度を見直し、限度内は100％保護とした。

　また2007年10月には財務省・FSA・BOEは預金者保護に関するディスカッションペーパーを発表した[10]。ここにおいてはイギリスの預金補償制度について保護の水準が現行のままでよいか、支払いまでの期間が長すぎないか、あらかじめ基金を保有するような制度とすることは適当か等の多くの問題点が提起され、パブリック・コメントが求められた。これは今回のノーザンロ

ックの預金全額保護措置が一種の超法規的措置であることから、預金取扱金融機関の危機対応措置をより透明なものとする必要性が認識されたことの影響であると思われる。

この他、2006年5月に変更されたBOEの金融調節方式の原則が今回は破られたということも注目される。すなわち新たに導入された準備預金制度においては対象金融機関は準備額(平残)を自らが決定できるが、それが達成されない場合においてはペナルティ(政策金利)が課されることになっていた。さらにこのペナルティは上方に外れた場合(上下とも1%のアローアンス有り)においても政策金利によるペナルティが課されることとなっていた。したがって対象金融機関は超過準備を保有するインセンティブがない制度設計であったわけであるが、今回は1%のアローアンスを大きく拡大することにより超過準備保有を可能とした。これは今後の流動性(超過準備)供給が必要とされる際のモデルケースとなろう。[11]

またBOEのキング総裁は2007年10月9日に北アイルランドのベルファストで講演しノーザンロック危機について解説するとともに、そこからえられた教訓として、①銀行の自己資本だけでなく流動性が規制の中心とならねばならないこと、②早期是正措置が必要であること、③中央銀行は最後の貸手として優良資産であれば流動性が高くない資産を担保にとっても資金を貸し出すべき(ペナルティレートで)等を挙げた。これは今回危機についてBOEに種々の批判があったことを意識したものであろう。ノーザンロックは一時国有化されたが、この危機はイギリスの金融機関の規制・監督体制のあり方に大きな問題を提起することとなった。その改革の推移およびイギリスの住宅金融市場等の金融市場の動向が注目される。

注
1) 2006年5月のBOEの金融調節方式の変更について詳しくは、斉藤[2007b]を参照されたい。
2) 1980年代における銀行・住宅金融組合間の競争激化、住宅金融組合の業法改正等については斉藤[1994]を、1990年代の住宅金融組合の銀行転

換の動き等については斉藤［1997b］を参照されたい。
3）Stephens and Quilgars［2007］によれば2005年におけるサブプライムローンの延滞率は11.3％であり、通常の住宅ローンの2.9％よりもかなり高いものとなっている。また差押えについても同様で2004、05年でそれぞれ0.51％、0.05％となっている。
4）実際に2008年10月に、スタンディング・ファシリティに代えて政策金利±0.25％のオペレーショナル・スタンディング・ファシリティが導入された。
5）Bank of England［2007］p.10.
6）イギリスにおける住宅ローン業務のアンバンドリング化傾向およびモーゲージブローカー等について詳しくは、斉藤［2007a］を参照されたい。
7）FSCSには2005年1月14日以降、損害保険仲介が新たにサブスキームとして加わった。
8）ヨーロッパ大陸諸国においてはオランダが住宅ローン債権の証券化が進展している国である（倉橋［2007］）。
9）イギリスの金融サービス補償制度について詳しくは、斉藤［2002］、［2003］、［2006］を参照されたい。
10）HM Treasury, FSA and BOE［2007］.
11）なお、2009年3月にBOEは量的緩和政策の採用に伴ないリザーブ・ターゲットの設定自体を中止した。そして、全ての準備預金にたいし付利を行うこととした。

# 第5章　固定金利住宅ローンとマイルズ・レポート

## I．はじめに

　イギリス経済は21世紀に入ってしばらくは好調であり、そのことを反映してのことかイギリス住宅市場そして住宅金融市場が好調を持続していた。ただしその好調さゆえにバブルではとの懸念も存在していた。イギリスは1992年以来、いわゆる物価上昇率の前年比上昇率にターゲットレンジを設け、その実現に向けて中央銀行が政策運営を行うことを約束するインフレーション・ターゲティングを導入しているが、それはターゲットレンジ内で安定していた。具体的にはその導入以来小売物価指数（PRIX：住宅ローン金利を除くイギリス独自の指数）の前年比2.5％（上下1％）という目標値が設置されていた。2003年12月にブラウン財務大臣（当時）は、その目標値をEUの統一消費者物価指数であるHICPの前年比2％に変更する旨発表したが、それについても達成されていた。イギリスの物価上昇率は2000年以来、EU諸国内でも最も低く、結果としてポンドも強い状態が続いていた。戦後幾度となくポンド危機に襲われた国とは思われない状態であった。しかし、物価がターゲットレンジ内にあるにもかかわらず2003年11月以降、イギリスでは数度にわたり政策金利が引上げられてきている。その理由のひとつは住宅価格の上昇である。それにより一般物価水準がターゲットレンジから下に振れたとしても、住宅価格の上昇を抑えなければならないとのイングランド銀行（BOE）の意向が読み取ることができる。

　一方、イギリスにとっての大きな問題として欧州統一通貨ユーロへの参加問題があった。実はこれにおいてもイギリスの住宅金融は重要な問題となっている。イギリスは日本やアメリカ等と異なり住宅金融における公的介入（公的金融機関・公的保証）がほとんどないことがその特徴であった。そのひとつの理由として挙げられるのが住宅ローンのほとんどが変動金利であり金利リスクを顧客の側が負担してきたということであった。しかしこのことは

中央銀行の金利変更の影響がそのGDP対比の住宅ローン残高の割合が高いこともあり大きいということにつながる。ユーロへの参加は独自の金融政策がとれなくなることを意味しており、その意味でイギリス住宅金融の構造は注目されていたのであった。

この問題についてはブラウン財務大臣が2003年4月に行った予算演説において、ロンドン大学のマイルズ教授に調査・報告を求め、中間報告および最終報告が提出・公表された。本章においては以下でマイルズ報告の内容の分析を通してイギリスの住宅金融市場の特性等について検討することとしたい。

## II. 2000年代前半の住宅金融市場の動向

住宅価格については第3章において分析を行っているので、ごく簡単な記述にとどめることにするが、イギリスのそれは1980年代末に前年比で下落して以来しばらく低迷していたが1996年ごろから上昇に転じ2002年以降は3年連続で10％以上の上昇率となっていた。その要因のひとつとして挙げられているのが住宅供給が需要に比べて少ないのではないかということである。イギリス全土における住宅ストックは2,500万戸程度であるが、年間の住宅建設戸数は2000年代前半は12～13万戸であった。日本の感覚でいうならばいかにも少ない戸数であるが、これは戦後のイギリスにおいて通常のレベルである。戦後1950年代までにおいては住宅の量的な不足が問題であったが、その後は住宅ストックの絶対的な不足はあまり問題とはされてこなかった。イギリスにおいて住宅建設がもっとも活発であったのが1960年代後半であり1967、68年には住宅建設が40万戸を超えたが、イギリスにおいて年間住宅建設が40万戸を超えたのはこの2年間のみなのである。これ以外の時期は10～20万戸というのがイギリスにおいては通例であり、これは住宅の耐用年数が日本に比べて遥かに長いことがその大きな理由となっている。しかしながら近年のイギリスの世帯数の増加は住宅ストックの増加を上回っており、住宅の耐用年数が長いといっても、そろそろ建て替えが必要な住宅ストックも多いことから新設住宅の必要性はかつてよりは認識されるようにはなってきている。[1] ただし現実の住宅建設は多くはなかった。

## 第5章　固定金利住宅ローンとマイルズ・レポート

　このためイギリスにおける住宅売買市場とは中古住宅の売買市場がその主流となっているが、その住宅価格は上昇を続けた。住宅価格の高騰は特にロンドンやイングランド南東部において若年層の住宅取得を難しくしているとの指摘があった。若年の初回住宅購入者の購入物件の対年収比率や頭金の金額はかなりのものとなっており、これらの地域においては親からの援助も一般化してきているとの話も出てきていた。ただしイギリスにおける持家比率はヨーロッパの先進国中でももっとも高く（一般的には農業国において持家比率は高くなっている）近年では約70％となっている。この高い持家比率の理由としては1980年代以降公営住宅の売却が進められたことや民間借家よりも持家の方がコストが安いことが理由として挙げられる。そしてこの後者の持家のためのコストとなる住宅ローン金利が低水準であったことが住宅価格の上昇の最も大きな理由であるとの分析がイギリスでは一般的であった。

　イギリスにおける住宅取引の好調は金融的裏付けがあって可能となるものである。1990年代末以降イギリスにおける住宅ローンの貸付額は急増していた（図表5－1）。年間の貸付額（グロスベース）は1999年には初めて1,000億ポンドを超えたが、2003年には2,710億ポンドにまで増加（前年比23％増）してきている。ただし2003年は住宅流通市場は前年比で15％程度のマイナスとなっており、この住宅ローンの増加は住宅価格の高騰および借換が大量に発生したことの影響であった。実際、借換のための貸付額は2000年以降初回購入者への貸付額を上回ってはいたが、2003年においてはその4倍弱、住宅購入時の貸付全体と比較しても同程度の水準にまでなってきていた。

　この借換の増勢の理由としてまず挙げられるのが低金利および新しい住宅ローン商品の影響である。イギリスにおいては変動金利住宅ローンが一般的であり現在でもそうではあるが1990年代半ば以降、種々の新種の住宅ローン商品が登場してきている。そのなかには短期のものが多いが固定金利のものがあり、これらは通常の変動金利ローンよりも金利は低い。また変動金利ではありながら借入れ当初の貸付金利を種々の形態で優遇するものや金利キャップを付けるようなもの、さらには返済について非常にフレキシブルに行いうるようなタイプのものもある。低金利という環境下において金利感応度を

**図表5-1　住宅ローン（件数・貸出金額）**

（単位　件数　千件、

|  | 住宅購入時貸出 ||||||  借　換  || 増額貸出 ||
|---|---|---|---|---|---|---|---|---|---|---|
|  | 初回購入者 || 二回目以降 || 計 ||  ||  ||  |
|  | 件数 | 金額 | 件数 | 金額 | 件数 | 金額 | 件数 | 金額 | 件数 | 金額 |
| 1993 | 520 | 20.5 | 433 | 22.2 | 953 | 42.7 | 199 | 8.7 | 309 | 2.7 |
| 1994 | 531 | 21.4 | 427 | 23.7 | 959 | 45.1 | 225 | 10.4 | 265 | 2.4 |
| 1995 | 420 | 17.4 | 378 | 21.2 | 799 | 38.6 | 356 | 16.3 | 238 | 2.4 |
| 1996 | 465 | 20.2 | 495 | 28.7 | 960 | 48.9 | 412 | 20.1 | 253 | 2.7 |
| 1997 | 503 | 23.4 | 603 | 37.4 | 1,106 | 60.8 | 290 | 13.8 | 224 | 2.6 |
| 1998 | 527 | 26.8 | 566 | 36.7 | 1,093 | 63.5 | 442 | 22.9 | 246 | 3.0 |
| 1999 | 592 | 34.0 | 661 | 47.5 | 1,254 | 81.6 | 510 | 28.2 | 373 | 4.9 |
| 2000 | 498 | 30.1 | 623 | 49.2 | 1,122 | 79.4 | 558 | 34.1 | 380 | 6.4 |
| 2001 | 568 | 37.8 | 745 | 62.4 | 1,314 | 100.2 | 773 | 50.2 | 543 | 9.8 |
| 2002 | 527 | 42.4 | 858 | 75.9 | 1,385 | 118.2 | 1,104 | 80.6 | 688 | 13.1 |
| 2003 | 359 | 32.4 | 866 | 89.6 | 1,224 | 122.0 | 1,464 | 120.9 | 855 | 18.6 |

［出所］Tatch and Vass [2004] p.34.

高めた借入者は住宅ローンの借換を活発に行うようになってきており、これがグロスベースでみた住宅ローンの急増の大きな理由となってきていた。

　このほかでは主に個人が貸家経営のために住宅ローンを借りる動きがロンドン地区を中心に多くなっていた。住宅価格の高騰は貸家経営の収益率を低くするかもしれないが、価格上昇によるキャピタルゲインを狙っての行動が多くなってきていたということであろう。1998年において貸家のための住宅ローンは全体の1％程度であったが2004年の上半期においては6％にまでなっていた。[2]

　ところで住宅価格の急騰と住宅ローンの増加（借換を含めたグロスベース）という状況は、住宅市場、住宅金融市場の不安定化やその他の問題点を発生させてはいなかったのだろうか。図表5-2は住宅ローン（新規）の住宅価格比（LTV）の推移をみたものであるが住宅価格の上昇傾向ゆえにというべきか、にもかかわらずというべきかLTVは低下傾向にあった。このことは

第5章　固定金利住宅ローンとマイルズ・レポート

初回住宅購入者が頭金のために貯蓄が必要となるということにもなっていた。初回住宅購入者だけでみたLTVをみても低下している一方で、その平均預金額も大きくならざるをえない状況となってきているのである（図表5－3）。この主として若年層の住宅取得の困難化という問題は持家比率が70％にまでなってきているイギリスではあるが、問題点として認識されていた。もっともLTVの傾向的な低下というのはこの時点では貸手の側がそれほど無理な融資をしていなかったということにもなろう。実際、イギリスにおける住宅ローンの延滞率はこの時期においては低位安定の状態が続いていたのである。ただし初回住宅購入者について顕著ではあるが年収対比の住宅ローン残高の割合が1990年代末以降急速に上昇していたことが懸念材料としては認識されており、その意味では金利動向は注目されていたのである。

| 総貸出（グロスベース） ||
|---|---|
| 件数 | 金額 |
| 1,461 | 54.1 |
| 1,449 | 57.9 |
| 1,393 | 57.3 |
| 1,625 | 71.7 |
| 1,620 | 77.2 |
| 1,782 | 89.4 |
| 2,137 | 114.6 |
| 2,060 | 119.9 |
| 2,631 | 160.2 |
| 3,281 | 218.6 |
| 3,669 | 271.0 |

（金額　10万ポンド）

図表5－2　LTVの推移

[出所] Bank of England [2004] p.10.

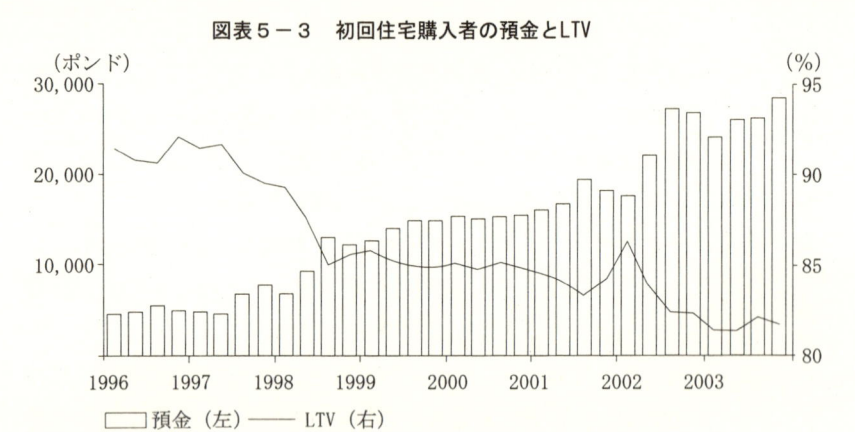

図表5-3　初回住宅購入者の預金とLTV

[出所] Tatch and Vass [2004] p.41.

## Ⅲ. マイルズ・レポート（中間報告による分析）

　2000年代前半においては好調であったイギリスの住宅金融であるが、前述のとおりこれがイギリスの欧州統一通貨ユーロへの参加問題においての重要な課題となっていた。2003年6月にイギリスはユーロへの参加の見送りを決定したわけであるが、その際に検討されたのは①景気循環の収斂、②資本市場、労働市場等の弾力性、③投資、④金融サービス、⑤成長・安定・雇用（経済的メリット）の5項目であった。とくに①の景気循環の収斂においては、住宅市場の問題が重視され、イギリスにおいては住宅価格の変動が大きいことは重要であり、また住宅ローンが変動金利が多いために金融政策の変更の影響が大きいことも重要であるとの認識が示された。住宅市場・住宅金融の問題はイギリス経済において決してマイナーな問題ではないのである。

　この決定に先立つ2003年4月においては、ブラウン財務大臣が予算演説において「イギリスの住宅ローンにおいて固定金利商品が一般的でないのはどうしてかおよびその改善策について」のレポートをロンドン大学（インペリアル・カレッジ）のデビッド・マイルズ教授に求めた。その問題意識としては固定金利の方が金融政策の影響が緩和されるし顧客の側の金利リスクが軽

第5章　固定金利住宅ローンとマイルズ・レポート

減される。さらには住宅ローンの証券化の進展のためには固定金利商品の方が好ましいといったこともあった。

　このブラウン財務大臣の要請を受けて、マイルズ教授は同年のプレ予算演説の1日前の12月9日に中間報告（The UK Mortgage Market: Taking a Longer-Term View: Interim Report）を提出・発表した。

　この中間報告は全123頁からなり、その構成は以下のとおりである。

はじめに　財務大臣への手紙
第1章　　調査の目的および範囲
第2章　　固定金利および変動金利住宅ローンの借り手の基本的特質
第3章　　消費者の行動
第4章　　イギリス住宅ローン市場における金利・手数料設定
第5章　　固定金利住宅ローンの資金調達および金利・手数料設定
第6章　　固定金利および変動金利住宅ローンのマクロ経済に与える影響
第7章　　結論

　まず中間報告では第1章において調査の目的および範囲を確定するためにも住宅ローンの現状を確認しているが、事実関係からみるとイギリスにおける住宅ローンの変動金利の割合は、国際比較をするならば非常に高いものとなっている（図表5-4）。アメリカは10年以上の固定金利の割合が圧倒的であり、これが証券化の進展には大きく影響している。また、フランスやドイツにおいても固定金利の割合が高く、図表5-4に示された諸国においてイギリスよりも変動金利の割合が高いのはEU加盟国ではないノルウェーのみである。またイギリスにおける住宅ローンの総体における各商品の割合（件数ベース）をみたのが図表5-5（最終報告の図表）であるが、固定金利は一応25％とはなっているものの、その大半は2年ないし3年物である（このような商品が本格的に登場してきたのは1990年代以降のことである）。これはイギリスにおいて住宅ローンの金利リスクは基本的に顧客が負担してきたこと、そのことにより住宅ローンが基本的に民間金融機関のみにより提供され、公的機関による直接の貸出や保証といったものが大規模に提供されてこなかっ

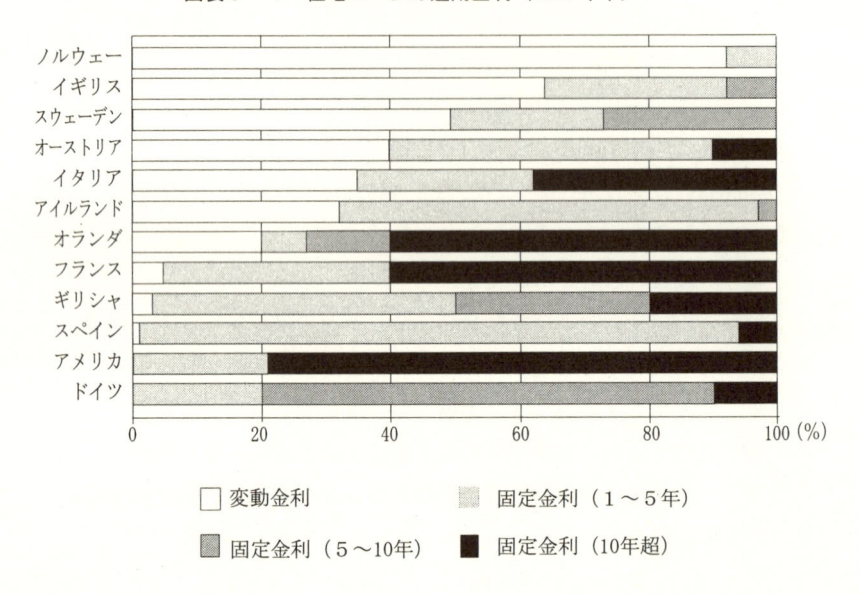

**図表5－4　住宅ローンの適用金利（1999年中）**

[棒グラフ：ノルウェー、イギリス、スウェーデン、オーストリア、イタリア、アイルランド、オランダ、フランス、ギリシャ、スペイン、アメリカ、ドイツ　凡例：変動金利／固定金利（1～5年）／固定金利（5～10年）／固定金利（10年超）]

［出所］Miles [2003] p.7.

たひとつの理由ではあろう。中間報告においては顧客がどのように住宅ローン商品の特質を評価し、そのための情報やアドバイスをどのように入手しているかがそこにおける大きなテーマのひとつであるとしている。

中間報告においては基本的にこのようなイギリスの住宅金融市場の状況に重大な問題があるとの認識は示していない。またイギリス家計のほとんどが25年固定の住宅ローンを借りるようになるべきであるとも思っていないとしている。もし十分な情報が消費者に与えられ、多様な商品がありその価格（金利）設定が透明で金融機関の資金調達面においても効率的にそれがなされているのであれば現状を問題とするにはあたらないとしている。

しかしながらイギリスの住宅金融市場に問題がないかといえばそうではない。中間報告においてはイギリスにおいて固定金利住宅ローンではなく変動金利住宅ローンを選択しているのはなぜかをアンケート調査に基づき分析し

第5章　固定金利住宅ローンとマイルズ・レポート

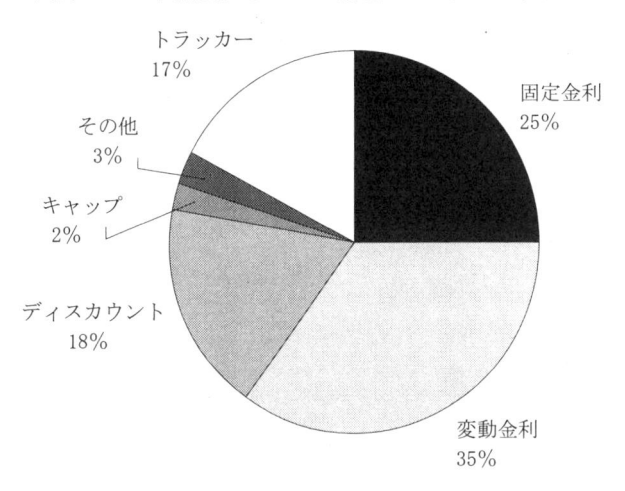

図表5－5　商品別住宅ローン（件数ベース、2003年末）

- トラッカー 17%
- その他 3%
- キャップ 2%
- ディスカウント 18%
- 変動金利 35%
- 固定金利 25%

［出所］Miles [2004] p.6.

ている。図表5－6がその結果であるが「最も低い金利」と答えた（複数選択可）消費者が全体の約3分の2であり「支払いのフレキシビリティ」や「金融機関の評判」といった項目を大きく引き離して第一位となっている。しかもこれは変動金利住宅ローンや短期の固定金利住宅ローンを選択するにあたっての基準であるから、それは当初の支払金利というよりは実際の支払金額が選択の基準となっているということである。このような住宅ローンの選択における基準が偏っていることはイギリスにおける大きな特徴であり問題であるとの認識を中間報告は示している。

　そしてイギリスの消費者は金融リテラシーの水準が非常に低く、その選択が変動金利のリスクおよび固定金利のリスクの相違を十分に理解してのものではないことも問題として指摘している。図表5－7は固定金利住宅ローンを選択する顧客の増えた時期と当初の金利差の相関をみたものであるが、見事に正の相関を示している。ここにおいてはほとんど将来の金利変動は考慮に入れられているようにはみえないのである。このような事態は、家計が将

図表5-6　住宅ローン商品選択上の基準（アンケート：複数回答）

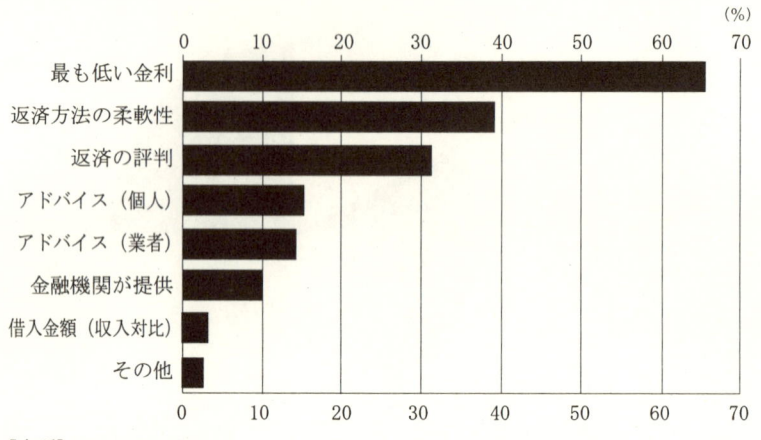

- 最も低い金利
- 返済方法の柔軟性
- 返済の評判
- アドバイス（個人）
- アドバイス（業者）
- 金融機関が提供
- 借入金額（収入対比）
- その他

［出所］Miles [2003] p.39.

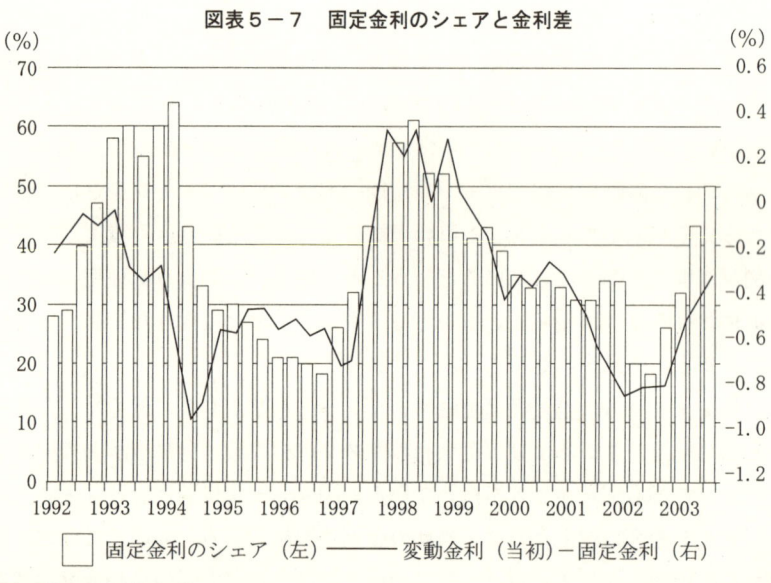

図表5-7　固定金利のシェアと金利差

□ 固定金利のシェア（左）　── 変動金利（当初）－固定金利（右）

［出所］Miles [2003] p.41.

第5章　固定金利住宅ローンとマイルズ・レポート

**図表 5 − 8　　各種住宅ローン金利（2004年2月）**

(単位 ％)

|  | 住宅ローン<br>金利（A） | LIBOR/<br>Swap（B） | (A)−(B) | 取扱手数<br>料（£） | 商品数 | うち金利<br>が(B)以下 | 最低金<br>利商品 |
|---|---|---|---|---|---|---|---|
| ディスカウント | 3.96 | 3.92 | 0.04 | 322 | 39 | 21 | 3.39 |
| トラッカー | 4.64 | 3.92 | 0.72 | 160 | 44 | 0 | 4.05 |
| 変動金利 | 5.58 | 3.92 | 1.66 | − | 79 | 0 | 4.30 |
| 固定(2年) | 4.97 | 4.77 | 0.20 | 325 | 43 | 19 | 4.24 |
| 固定(5年) | 5.34 | 5.01 | 0.33 | 327 | 41 | 8 | 4.80 |
| 固定(10年) | 5.65 | 5.11 | 0.54 | 357 | 13 | 0 | 5.19 |
| 固定(25年) | 5.89 | 5.14 | 0.75 | 397 | 2 | 0 | 5.78 |

［出所］Miles [2004] p.45.

来予測を望ましい水準では行っていないことから生じている。どのような情報が人々に与えられるべきか、それを理解する能力があるか、それを供給する側にインセンティブが生じるか等が今後の問題点であるとしている。

　さらに中間報告においてはこのような事態が発生している理由として、金融機関の側の金利（および手数料）設定行動を指摘している。図表5−8（最終報告の表）は2004年2月時点における各商品別の金利であるが、これをみてもわかるようにディスカウント・モーゲージ（変動金利ではあるが当初2年程度の金利を優遇するもの）や2年物固定金利の金利設定が消費者にとって相対的に有利なものとなっている。この時点ではこれらの商品には期限前償還手数料も通常は存在しない。これは変動金利（SVR）を選択している顧客の負担のもとでそれらの商品に低金利を適用している（部門間補助）ということであり、これは望ましいことではなく、不公平でもあるとしている。このような金利・手数料設定というのは1990年代以降の競争の過程で定着してきたものであるが、実はこれが前述の借換の増加の大きな理由ともなっている。金利が低く期限前償還手数料もないのであればディスカウント・モーゲージないし短期の固定金利を2ないし3年ごとに借換を行うのがとりあえずはもっとも消費者にとって利益が大きいこととなっている。このことは現在の金利・手数料設定の持続可能性を低めていると中間報告では分析している。

結局、このような事態は、家計が将来予測を望ましい水準では行っていないことから生じている。どのような情報が人々に与えられるべきか、それを理解する能力があるか、それを供給する側にインセンティブが生じるか等が今後の問題点であると中間報告では指摘している。
　他方、中間報告においては固定金利住宅ローンの供給側の問題点としては以下のものが指摘されている。
①ポンド建てのスワップ市場（10年以上）やスワップ・オプション市場（同）の流動性が十分ではない。
②借り手が固定金利住宅ローンを期限前償還する能力を反映するオプション付きのMBSの購入者は、期限前償還についてのデータが限られているため当該オプションの価値の評価が困難である。
③住宅金融組合は、固定金利住宅ローンの資金調達において最も有効である市場性資金の調達や住宅ローンの証券化について法令上の制限がある。
④住宅ローンのための資金調達において他の国において一般的な債券の発行がイギリスにおいては難しい。
⑤公表利益の変動を避けるためにどのように金利リスクをヘッジするかについての会計上のルールが貸し手にとって不明確である。
⑥貸し手は固定金利住宅ローンについての期限前償還手数料のある種のものについては徴収することが難しいかもしれないと考えている。
　以上のうちのいくつかは固定金利住宅ローン市場が小さいことによるものであるが、いくつかは実際の障害となっている。長期固定金利の住宅ローンを金融機関が提供するにあたっては、資金調達等についても対応が必要となる。現在イギリスの金融機関（銀行・住宅金融組合）の資金調達の中心はリテールの変動金利預金であり、その流動性は高い。したがって、この資金調達構造のまま金融機関が長期固定金利の住宅ローンを大量に提供することになれば非常に大きな金利リスクを抱えることになってしまう。金利リスク回避の手段としては、金利スワップの利用があるが、当然のことながらイギリスにおいてはそのような市場は育っていない。また長期の債券による資金調達も可能性としてはあるがごく一部の金融機関がわずかに行っているにすぎ

第5章　固定金利住宅ローンとマイルズ・レポート

ないし、証券化についてはイギリスはアメリカに次いでMBSが発行されている国ではあるものの、アメリカとの差は大きく住宅ローンのうち証券化されているのは10%以下である。以上のような金融機関の資金調達上の問題点を中間報告は指摘しているといえよう。

　結局のところ、長期固定金利のマーケットが大きくなることが望ましいと中間報告では結論づけている。それは住宅ローン市場がよりよく機能するからであり、マクロ経済に与える影響も好ましいものとなるからである。イギリスの住宅市場は変動が大きい。これはイギリスの家計が住宅購入を考えるにあたり、現在の変動金利住宅ローンのコストを主として注目することによっている。これは不安定性を生じやすく、金融政策の運営をも困難にするとしている。

　ただし、中間報告はこれらのことはイギリスの住宅金融システムに基本的な欠陥があるということではないとしている。しかし、欠陥が大きいものではないが、さらにそれを発展させることができないということではないともしている。そして、その方策については最終報告において示されるとしていたのであった。

## IV. マイルズ・レポート（最終報告による勧告）

　中間報告に関しては、種々の反応があったが業界団体の抵当貸付業協議会（CML：銀行・住宅金融組合等がメンバー）は12月9日にプレス・リリースを発表し、中間報告については基本的に歓迎する旨の意向を表明した。その内容は、①消費者はコストにたいしては敏感であるが、リスクに関しては敏感ではないことは前から理解していた。②クロス・サブシダイゼーションの問題は今後検討していきたい。③イギリスの住宅ローン市場は非常に競争的であり、金利設定等についても需要側の要因が大きい、等であった。

　その後、マイルズ教授は2004年3月16日に最終報告（The UK Mortgage Market: Taking a Longer-Term View: Final Report and Recommendations）をブラウン財務大臣に提出・発表した。この最終報告は、中間報告とほぼ同じ122頁からなり、その構成は以下のとおりである。

はじめに　財務大臣への手紙
第1章　　調査の目的および範囲
第2章　　理想的住宅ローン選択
第3章　　固定金利および変動金利住宅ローンのマクロ経済に与える影響
第4章　　顧客による理解の増進
第5章　　公正な金利・手数料設定
第6章　　名目支払金額の不確実性への他の防御手段
第7章　　コスト的にすぐれた長期貸出を可能とするために
第8章　　勧告および結論

　この最終報告においてもマイルズ教授は、イギリスの住宅ローン市場が非常に欠陥が多いものだとは思ってはいないとする一方で、市場がよりよく機能するためにはもう少し長期固定金利の住宅ローンの割合が多くてしかるべきとの見解を示している。
　最終報告においては、最終の第8章において20の勧告がまとめられている。その内容は大きくふたつに分けることができる。その第一は顧客が受け取る情報やアドバイスをよりよいものとすること、および金利・手数料設定をより公正で透明なものとするためのもの（勧告①～⑩）であり、第二は貸手の側がそのための資金調達を容易にできるようになるため、およびコスト面でより効率的にコスト管理ができるようになるためのもの（勧告⑪～⑳）である。さらに前者は、（1）借り手の住宅ローン商品ついての知識の増進および（2）住宅ローンにおける価格設定の公正性、後者については（3）名目支払金額の不確実性への対応策および（4）コスト面ですぐれた長期住宅ローンを可能とする方策にそれぞれ分かれている。
（1）借り手の住宅ローン商品ついての知識の増進
　イギリスにおいては2000年金融サービス・市場法が成立し、従来の自主規制に基づく規制体系から法律に基づく金融サービス業規制への大きな変更があった。この体制の下で従来の業界縦割り型の規制から統一的な規制への変革があり、金融サービス業全体を統一的に規制する機関としての金融サービ

## 第5章　固定金利住宅ローンとマイルズ・レポート

ス機構（FSA）が設立され、ここにほぼ全ての金融サービス業に関する規制権限が移された。最終報告においては、このFSAに住宅ローンに関連して消費者保護の観点からのディスクロージャー規制等を行うことを勧告している。

①FSAは、住宅ローンアドバイザーにたいして将来の金利変動がどのような住宅ローンの支払いに影響するかについての情報を顧客に提供するよう求めるべきである。

②金融サービス技能評議会（FSSC）は、住宅ローンアドバイザーに適切な試験を実施すべきである。その試験は金利の期間構造における期待の役割、金利のボラティリティ、その際の住宅ローンの支払額の変化等をカバーすべきである。

③FSAは、住宅ローンの販売前のディスクロージャー資料に金利変動リスクについての説明を載せることを要求すべきである（現在は過去の金利変動についてのみ）。

④FSAは住宅ローンについてのリーフレットをより顧客本位のものに改めるべきである。

⑤FSAの金融知識増進グループ（FCSG）は、住宅ローンのリスクについての借り手の理解を増進させることを重点項目のひとつに加えるべきである。

⑥FCSGは、金融知識増進のための予算を増加させるべきであり、そのうちのある部分については金融サービス業界から徴収することを考えるべきである。

勧告①および②については、近年その利用が増えている住宅ローンアドバイザーが顧客に住宅ローン商品の各々についてのリスクについてしっかりと説明し理解させことができるか否かが問題となる。その他の③から⑥の勧告については、中間報告で明らかになった顧客の住宅ローン商品選択の基準が当初の支払金額に異常にかたよっているということは、イギリスの消費者の金融リテラシーの水準が非常に低いからであるとの認識に基づくものであるといえよう。

（2）住宅ローンにおける価格設定の公正性

　住宅ローン商品の価格設定構造および提供商品の範囲は、住宅ローン市場の競争状態を反映している。しかし報告においては、多くの顧客が必要以上に当初の支払金額にこだわったり期限前償還手数料について不十分な知識しか持っていないことも影響していると考えている。最終報告では、FSAにたいして公正な価格設定を実現するための種々の方策を勧告している。

⑦FSAは、銀行等に全ての顧客にすべての住宅ローン商品を利用可能とすることを要求すべきである。

⑧FSAは、顧客のために住宅ローン借り換えのためのガイドを作成すべきである。

⑨FSAは、住宅ローンの条件の比較表をHPで公開すべきである。

⑩FSAは、銀行等に現在提供している全ての住宅ローン商品をリーフレットに掲載するよう要求すべきである。

　ここでの問題点のひとつとして報告が認識しているのが、一部の金融機関において第一次住宅取得者と借換顧客とを区別して取扱っているということである。顧客属性により提供金利が違うということは、それが必ずしも顧客のリスクを反映したものにはなっていないということになる。また、一部の金融機関においては同一金融機関内における商品変更を制限していることについても報告では問題視している。なぜならある顧客が最良のローンを借りるためには他の金融機関にそれを求めねばならず、それは高コストとなるからである。その意味で勧告⑦から⑩は既存顧客へのディスクロージャーを意識したものであり、借換への不公正なバリアーを取り除くことを意図したものといえる。

（3）名目支払金額の不確実性への対応策

　固定金利住宅ローンは、金利が上昇したとしても名目支払金額の不確実性はないというメリットがある。ただし固定金利住宅ローンの他にも、金利キャップやステップ償還（固定型）さらには部分固定金利住宅ローン等の名目支払金額の不確実性を減少させる方策があると最終報告は指摘し、とりわけ金利キャップを超過した部分の保証が住宅ローンとは別に保険商品として販

## 第5章　固定金利住宅ローンとマイルズ・レポート

売されるのであればよいとの観点からの勧告を行っている。それはこの種の保険商品における税制上・規制上の取扱い如何がその普及に大きく影響するからである。

⑪政府は変動金利の住宅ローンの残高までの金利キャップを超過する利息に対応する支払いについては税制上保険金の支払いと認識すべきである。この支払い（収入）については課税されるべきではない。金利キャップ型住宅ローンとの税制上の権衡のためには、この種の金利支払保証保険の保険料は保険料税の税率はゼロ％とすべきである。

⑫FSAはこの種の商品の販売についての規制上の取扱いは保険商品として行うべきである。

（4）コスト面ですぐれた長期住宅ローンを可能とする方策

　最終報告は、長期固定の住宅ローンを金融機関に可能とするための供給側の方策についても勧告を行っている。すなわちそれはそれに対応するための金融機関の資金調達等についての問題を解決するにはどうしたらよいかとの観点からのものである。それはドイツの金融機関のように長期の債券（カバードボンド）による資金調達を可能とするべきとのものが中心となっている。その際に問題視されているのはイギリスにおいてカバードボンドを発行するための法整備がなされていないこと等であった。

⑬FSAは、現在のイギリスの破産法制がカバードボンドを認めるかどうかの見解を表明すべきである。

⑭政府は、バーゼルⅡに基づくEU指令（CAD3）はイギリスにおいて特別のカバードボンド法制は必要ないと保証すべきである。

⑮FSAは、固定金利住宅ローンの販売前のディスクロージャーにおいて期限前償還の利益およびマーク・トゥ・マーケット方式の期限前償還手数料についての説明を行うように求めるべきである。また手数料の最高額についてのディスクロージャーについても要求すべきである。

⑯政府は、マーク・トゥ・マーケット方式の期限前償還手数料について税控除を認めるべきである。

⑰政府は、自身が金利派生商品の発行を行うことのコストおよび便益につい

て検討すべきである。
⑱FSAは、住宅ローン商品別のデフォールト・リスクの評価も含めた商品別のデータを収集すべきである。
⑲政府は、住宅金融組合の会員出資金の資金調達に占める比率の規制を現在の50%から25ないし30%へ引き下げることを検討すべきである（住宅金融組合の資金調達の大部分は現状会員出資金である）。
⑳政府は、国際会計基準（ISA）39号（現状、ノンリコース型の証券化については大口資金調達に含めている）が変更された場合においては、住宅金融組合の証券化による資金調達についてもこの規制における大口資金調達から除外することついても検討すべきである。

　繰り返しになるが、勧告⑬、⑭はドイツの貯蓄金融機関が典型的に行っているような抵当証券型の長期債券（カバードボンド）の発行についての制限を除去すべきとのものであり、⑰は政府自身が金利派生商品の発行を行うことの検討を求めた大胆なものである。⑮、⑯については、徴求すべき期限前償還手数料については顧客に負担させ、一方で税控除を認めるべきとの勧告である。⑲、⑳については相互組織形態の貯蓄金融機関である住宅金融組合に課せられている大口資金調達の制限を緩和することにより長期固定の住宅ローンが推進できるのではないかとの観点からのものである。

## V．おわりに

　以上でイギリス住宅金融市場の2000年代前半の状況およびマイルズ・レポート（中間報告および最終報告）の内容についてみたわけであるが、この時点においてはイギリス住宅金融市場に非常に重大な問題が発生しているわけではなかったし（住宅価格の高騰がロンドン周辺における若年層の住宅取得を難しくしてきているという点を除けば）、マイルズ・レポートにおいてもそこに重大な問題があるとの認識が示されているわけではなかった。また、最終報告の勧告をみてわかるとおり、その内容はそれほどドラスティックなものではない。業界団体である抵当貸付業協議会（CML）も同報告による勧告については基本線については受け入れる旨表明した。なお、最終報告の最後にお

## 第5章　固定金利住宅ローンとマイルズ・レポート

いては、イギリスの住宅金融市場の変化は急速度で進展する可能性があることが指摘されている。具体的には2003年に住宅ローンの借入れを行った顧客のうち16％以上が金融機関を変更しているし、同一金融機関内において借換を行ったケースもかなりあることを指摘している。また、住宅ローン商品においても1993年から2003年の間にエンドウメンド・モーゲージ（顧客は金利のみの返済を行い、元本については別途契約する養老保険の満期償還金により返済する方式の住宅ローン）の全体に占める割合は64％から4％にまで低下したとの指摘も行っている。[3] 一方、トラッカー・モーゲージ（基準金利に一定期間連動する方式の住宅ローン）は件数ベースでみて1999年末から2003年末の間にゼロ％に近い水準から20％近くにまでなっているし、固定金利住宅ローンにしても2002年末から2003年末の間に7％増加しているとの指摘も行っており、住宅金融市場における急激な変化の可能性を示唆していた。

　なお、FSAは2004年10月に住宅ローン業務行為規約（MCOB）を制定した。そこにおいては住宅ローンの販売前のディスクロージャーにおいて金利上昇の危険について記載すべき等のマイルズ・レポートの勧告を反映したと思われる点が存在する。ただ今後本当にイギリスの住宅ローンにおいて長期の固定金利の商品のシェアが上昇するかどうかはよくわからないといってよい。

　しかしながらマイルズ・レポート関連の問題は、どちらかといえばイギリスのユーロ参加という住宅金融市場にとっては外部的な要因から発生してきたものである。したがってこれは金融政策の遂行と大きくかかわっている。最終報告においては、最終章で、金融政策は家計が、透明で適当な価格設定が行われている住宅ローンの情報を十分にえて、そのリスクについて十分に理解した後に商品選択を行うのであればよりその遂行が容易になるだろうとしていた。そしてそのような環境の下では金融政策の遂行上の問題である住宅市場における過剰債務、債務のアフォーダビリティ、住宅価格の過度の変動等は小さくなるであろうとしていた。そしてこのことはイギリスがユーロに参加しようがすまいが望ましいことであるとしているのである。この段階においてはアメリカのサブプライムローン問題に端を発する金融危機がイギリスに波及し、それにより金融市場の大混乱が起きることなどは全く想像さ

れていなかったのであった。

注
1）この問題についてはブラウン財務大臣の要請によりイングランド銀行金融政策委員会のバーカ女史がレポートを提出し、住宅建設促進のための種々の勧告を行っている。その内容について詳しくは、Barker [2003] およびBarker [2004] を参照されたい。
2）Barker [2005] p.9.
3）これは、住宅ローン金利についての税額控除措置が縮小・廃止されたことおよび養老保険の満期償還金が住宅ローンの元本に及ばないケースが頻発したことの影響である。

# 第6章　住宅ローン担保証券（MBS）市場の展開

## Ⅰ．はじめに

　現代のグローバル化した金融市場では、証券化商品は国境を越えて巨額に取引されている。証券化商品のなかでも特に住宅ローン担保証券（MBS）は市場規模も大きく、MBS市場の状況が世界の金融市場に与える影響は多大である。

　世界で初めてMBSが発行されたのはアメリカであり、それは1970年であった。以後、MBSはアメリカやヨーロッパ諸国等の先進諸国を中心に世界各国で発行されるようになったが、アメリカに次いで世界第2位のMBS市場を有するイギリスにおいてMBSが発行されるようになったのは、1980年代の後半であった。ただしイギリスのMBS市場は、アメリカのように順調に拡大してきたわけではない。2度の拡大と縮小があり、そして2007年後半からのサブプライムローン問題の顕在化以降は大きく縮小し、その後も停滞が続いている。

　それではイギリスのMBS市場はどのように展開し、またその過程で起こった拡大と、縮小はどのようなものであったのだろうか。本章では、まずイギリスの住宅金融市場について概観し、イギリスでMBSが発行されるようになった経緯について検討する。その後に、イギリスのMBS市場の展開を明らかにしていきたい。

## Ⅱ．イギリス住宅金融市場の展開

### 1．1980年代以降の住宅金融市場の変化

　イギリスの住宅金融市場の展開について、本書第1、2章と重複する部分はあるがイギリスでMBSの発行が行われるようになった経緯を検討するという観点から簡単に概観したい。

　イギリスでは、1970年代までは住宅金融組合が住宅ローンをほぼ独占的に

提供していた。この時期のイギリスの金融市場は商業銀行が中心であったが、当時の商業銀行は真正手形主義的な経営姿勢をとっており、住宅ローン等の個人向け信用業務は主要業務と考えていなかった。そのため、住宅ローン貸出は商業銀行ではなく住宅金融組合が中心となって行っていた。

　この状況に大きな変化が起こったのは1980年代であった。1979年に保守党のサッチャーが、「小さな政府の実現」、「市場メカニズムの活用」等を公約に選挙に勝利すると、サッチャー政権はマネタリスト的な経済政策運営と金融制度改革の方針を打ち出し、1980年6月にコルセット規制を廃止し[1]、1981年には新金融調節方式を導入するなど金融規制緩和を行った。そして、この規制緩和を機に商業銀行は住宅金融市場へ本格的な参入を始め、さらにモーゲージカンパニー等の新規参入業者も現れた。こうして、1980年代には住宅金融組合による住宅金融市場の独占状態は崩れ、市場の競争は激化することとなった。

　そして、この市場競争の激化は住宅ローン商品にイノベーションを起こすことにもなった。1970年代までのように住宅金融組合が住宅金融市場をほぼ独占していた時期は、住宅金融組合間では地域ごとにある程度の棲み分けがなされていたため、同業者間の競争は厳しいものではなかった。それもあり、当時の住宅ローンは貸手の主導で行われ、そのため住宅ローン商品も顧客ニーズを十分に満たすレベルにまで発展していなかった。しかし、1980年代に市場の競争が激化して以降、住宅金融組合は他業態との競争にさらされることとなり、それにより顧客を銀行やモーゲージカンパニー等に奪われることを恐れた住宅金融組合は、顧客のニーズを満たす住宅ローン商品の開発を始め、これによって住宅ローン商品にはイノベーションが起こり商品は多様化した。

　また、1986年になりイギリスの金融システムに大きな変化が起こった。この年の改革で、ロンドン手形交換所のメンバーシステムが変更され、住宅金融組合大手のハリファックス、アビーナショナルがロンドン手形交換所に加盟することが認められたのである。これによりハリファックスとアビーナショナルは、それまで一部に限定されていたペイメント・サービスを、以後は

第6章　住宅ローン担保証券（MBS）市場の展開

十全に提供することが可能となった。この変化は、ロンドン手形交換所加盟銀行によるペイメント・クリアリング・システムの独占が解除されたということを意味するものであり、さらに、大手限定ではあるが住宅金融組合がイギリスの金融システムの中枢に進出することを公認されたという意味で大きな変更であった。さらに、同年に住宅金融組合法が改正され、住宅金融組合に住宅ローン融資以外の業務が認められ、同時に市場性資金の調達も制限付きながら認められた[2]。

　これらの業務拡大もさることながら、より重要なのは、住宅金融組合が株式会社へ転換すること、つまり銀行へ転換することが可能となったことであった。これに関して、当初は1989年にアビーナショナルが銀行へ転換しただけであったものの、その後の1994年にチェルトナム・アンド・グロウスターのロイズへの吸収合併発表や、ハリファックスとリーズの合併および将来的な銀行転換が発表されると、他の住宅金融組合も銀行への転換を選択し、1997年には住宅金融組合の銀行転換ブームが起こった。銀行へ転換することを選択した住宅金融組合が多かった理由には、銀行転換時に組合員に割り当てられる株式がインセンティブとなったとの指摘もある[3]。いずれにしても、1997年には大手の住宅金融組合のほとんどが銀行へ転換したのである。このような一連の変化は、個人向け信用業務において商業銀行と住宅金融組合の同質化が一段と進んだということも意味するものであった。

　なお、この時期には商業銀行業界の内部でも変化が起こった。当時のビッグフォー体制の一角であったミッドランドが1992年に香港上海銀行（HSBC）の傘下に入り、ナショナル・ウェストミンスターが2000年にロイヤル・バンク・オブ・スコットランド（RBS）傘下となった。また、ロイズは1995年に旧貯蓄金融機関のTSBと合併しロイズTSBとなり、スコットランド銀行は2001年にハリファックス（1997年に銀行転換）と合併してハリファックス・バンク・オブ・スコットランド（HBOS）となるなど、この時期は商業銀行業界の内部でも大きな変化が起こった時期でもあった。

　そしてイギリスの住宅金融市場では、1990年代になると住宅ローン取引方法の多様化傾向がみられるようにもなった。これは情報通信技術（IT）の発

達が主な要因で、具体的にはテレフォン・バンキングやインターネット・バンキング等が登場し、住宅ローン取引もそれらを通して行うことができるようになった。特にインターネットが一般化し、規制緩和によりインターネットを介した金融商品の販売・契約が可能となると、インターネット・バンキングは人気を博した。その先駆けであり、ヨーロッパ初のインターネット専業銀行であるEGGは、設立時はイギリス生命保険業界の最大手であるプルーデンシャルの子会社であったというブランド力を生かして順調に資金量と顧客数を伸ばし、後に住宅ローンも手掛けるようになった。EGGは2007年までにシティグループの傘下となったが、2008年上半期のデータではイギリス国内に2万7,000人の顧客を持つまでに拡大した。

　また、インターネット・バンキングやテレフォン・バンキングは、金融機関にとっては低いコストで運営ができ、そして借入者にとっては利便性が良いという面があった。そのため、これらは既存の金融機関においても積極的に取り入れられ、さらにこれを利用して他業界からも金融サービス業に参入した。具体的には、イギリスの大手保険会社のスタンダードライフや、スーパーマーケットチェーンのセインズベリーなどである。これらの企業は、既存の金融機関と提携するほか、子会社を設立するなどして金融サービスを開始し、主にインターネット・バンキングやテレフォン・バンキングを利用して住宅金融市場へ参入した。

　このように、1980年代以降のイギリス住宅金融市場においては、住宅金融組合と商業銀行の競争激化に加え、モーゲージカンパニー等の新規参入業者の登場や、1997年をピークとする大手の住宅金融組合の銀行転換ブーム、商業銀行業界の変化などが起こった。そして1990年代はIT技術の発達に伴い、住宅ローン取引方法も多様化するなどの変化もみられるようになった。そして、このような多様な業態の参入はアンバンドリングによって支えられていた。

## 2．イギリス住宅金融市場におけるアンバンドリング化の進展

　1980年代以降に大きく変化したイギリスの金融市場および住宅金融市場で

第 6 章　住宅ローン担保証券（MBS）市場の展開

あるが、1990年代後半から2000年以降に特にみられるようになった特徴的な変化がある。それは、住宅ローン取引のアンバンドリング化の進展である。

　従来のイギリスの住宅ローン取引では、契約から資金の貸付・貸付金の回収まで、同一の金融機関が一貫してサービスを行ってきた。ところが特に2000年以降になるとこの形態が崩れ、契約や債権保有等の各場面でそれぞれを専門とする業態が分業してサービスを行う傾向が強まった。このような傾向はアンバンドリング化の進展と考えられる。

　アンバンドリング化の進展は、特に窓口段階で顕著である。例えば2008年上半期に契約された住宅ローンは、全体の80%以上がモーゲージブローカーにより仲介されたものであった。[4] この窓口段階でのアンバンドリング化の進展は、1980年代以降に起こった住宅ローン商品の多様化が関係していると考えられる。すなわち、先にみたように1980年代以降の住宅金融市場では、規制緩和により住宅金融組合と商業銀行が同質化し、それに伴い住宅ローン商品は多様化した。住宅ローン商品の多様化は、住宅ローンの借入者にとっては選択肢が増えるという点においては有益であったが、その一方で借入者は金融リテラシーが必ずしも高くはないこともあり、住宅ローン商品や金融機関を選択する際に混乱を生じることにもなった。[5] ここに、住宅ローン取引の窓口段階において、借入者が商品を選択する際のアドバイス・仲介という需要が発生し、この需要を満たすことを主要な業務としてモーゲージブローカーが登場し、存在感を高めた。

　モーゲージブローカーは1990年代に入りその数を急速に増加させているが、その理由には、モーゲージブローカーが住宅ローンの借入者にとって便利な存在であったこと、商業銀行や住宅金融組合にとって自らの窓口機能をある程度代替することが可能であったこと等が挙げられる。前者については詳細を述べるまでもないが、後者については説明を加える。住宅ローンを取り扱っている金融機関に限らず、1980年代以降のイギリスの金融機関は支店数を削減する傾向を強めた。その理由は様々であろうが、経営効率の向上が意図されたことは間違いないであろう。イギリスに限らずグローバル化の進む金融市場では、金融機関間の競争は厳しくなっている。そのようななかで金融

機関が経営効率を向上させるためには、資金調達コスト・経営コストの削減等が重要になる。この結果のひとつとして支店数を削減する傾向が強まったのだが、支店数を削減しても住宅ローン契約件数の維持・拡大に寄与する可能性のあるモーゲージブローカーの利用は、金融機関にとって有効な手段のひとつであった。そのため、モーゲージブローカーは銀行や住宅金融組合により積極的に利用され、住宅金融市場でそのプレゼンスを急速に上昇させたのである。

このようなモーゲージブローカーの急速な増加に伴い、イギリスの金融監督当局においても監督体制の変化がみられた。イギリスでは、2000年金融サービス・市場法により、金融サービス業全体を規制・監督するものとして金融サービス機構（Financial Services Authority：FSA）が設立され、住宅ローンもFSAの規制・監督業務の対象とされた。ただし、FSAが設立されて以降も、住宅ローンは抵当貸付業協議会（Council of Mortgage Lenders：CML）により1997年に作成されたモーゲージコードによって自主規制が行われており、FSAも住宅ローンの規制・監督に関しては、この自主規制に事実上任せてきた。しかし、FSAは2004年10月31日以降、住宅ローンをモーゲージコードによらずに直接的に規制・監督することとし、この直接規制においては、金融機関ではない（融資業務を行わない）モーゲージブローカーもその対象とされた。その理由は、当然ながらモーゲージブローカーのプレゼンスの急速な上昇であった。

さらに、それまではFSA体制下の統一的な補償機構である金融サービス補償機構（Financial Services Compensation Scheme：FSCS）の補償対象に含まれていなかった「住宅ローンアレンジ・アドバイス・サブスキーム」が加えられた。この制度により補償されることとなったのは以下の場合である。
①モーゲージブローカーによるアドバイスが不適切であり、それにより顧客が損失をこうむった場合
②モーゲージブローカーが顧客から金銭を預かった状態で破綻した場合
　補償額は、30,000ポンドまでは全額保護、それを超える20,000ポンドまでの90％まで（上限48,000ポンド）が補償限度となっている[6]。この補償範囲が

第6章　住宅ローン担保証券（MBS）市場の展開

適切か否かは議論の余地はあるものの、いずれにしてもFSAの直接的な規制・監督対象、FSCSの補償対象にモーゲージブローカーが追加されたことは、イギリスの住宅金融市場においてモーゲージブローカーのプレゼンスが急速に上昇してきたことを確認するうえで注目に値することである。

そして、アンバンドリング化の進展に関連してさらに注目されることは、住宅ローン債権を証券化し、債権保有者を移転することのできるMBSの発行額の急速な増加である。詳しくは次節以降に述べるが、イギリスにおけるMBSの発行額は2000年以降急速に増加した。そして、2007年には住宅ローンのうち約10％がMBSとして証券化されるまでになった。また、このMBSの発行は資金調達の手段としても積極的に利用され、MBSの発行に資金調達のかなりの部分を依存する金融機関も出てきた。

以上みてきたように、1980年代以降に大きな変化があったイギリス住宅金融市場であるが、特に1990年代以降のイギリス住宅金融市場では、窓口段階におけるモーゲージブローカーのプレゼンスの急速な上昇や、2000年代以降の住宅ローン債権の証券化による債権保有者の移転等のアンバンドリング化の進展が起こった。これらは、今後のイギリスの住宅金融市場において、大きな流れに発展する可能性のあるものとして注目される変化である。

## Ⅲ．イギリスMBS市場

### 1．イギリスMBS市場の形成と第一次MBSブーム

イギリスにおけるMBSの発行額は2000年頃から急速に拡大し、アメリカに次いで世界第2位の規模にまで拡大した。ただし、イギリスのMBS市場はアメリカとは異なり順調な拡大を続けてきたわけではなかった。それでは、ここからはイギリスのMBS市場の形成から、その後に第一次ブームが終了するまでの展開を述べていきたい。

イギリスにおけるMBSの発行は、1987年5月にモーゲージカンパニーであるナショナル・ホーム・ローンズ・コーポレーション（National Home Loans Corporation：NHLC）が5,000万ポンドのMBSを発行したことに始まる（1985年に外国籍銀行によるMBSの発行はあったが、イギリス国籍の銀行によ

図表6−1 イギリスにおける1985年から1999年のMBS発行規模

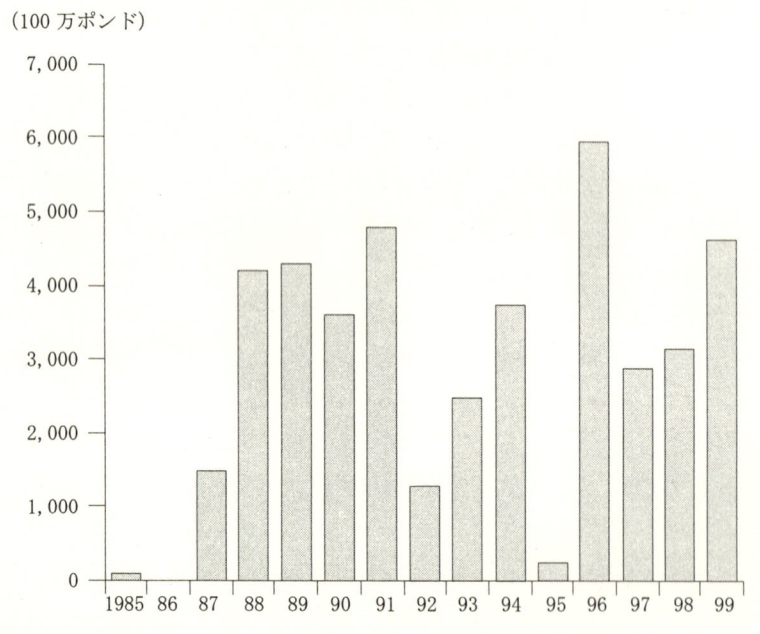

(100万ポンド)

[出所] Gardiner and Paterson [2000] p.57.

る発行はこれが最初)。それ以後、イギリスでは1980年代に設立されたモーゲージカンパニー5社 (National Home Loans Corporation, The Mortgage Corporation, Household Mortgage Corporation, Mortgage Funding Corporation, Chemical Bank Mortgage Corporation) が中心となって積極的なMBSの発行を行い、1987年から1988年の2年間で上記5社により12件 (14億7,500万ポンド) のMBSが発行された。ここに、第一次MBSブームが起こった (図表6−1)。

第一次MBSブームにおいてMBSの発行に積極的であったモーゲージカンパニーは、1986年の金融規制緩和を機に住宅金融市場に参入したノンバンクであった。その業態は、銀行借入により資金を調達し、主に個人向けに住宅ローン融資を行うというものであった。1987年のNHLCのバランスシートよ

第6章　住宅ローン担保証券（MBS）市場の展開

**図表6－2　1987年のNHLCのバランスシート**

（単位　100万ポンド）

| 資産 | 金額 | ％ | 負債 | 金額 | ％ |
|---|---|---|---|---|---|
| 住宅ローン | 993 | 99.2 | 短期負債 | | |
| 債券 | 4 | 0.4 | 　銀行借入 | 148 | 14.8 |
| 現金 | 2 | 0.2 | 　その他借入 | 208 | 20.8 |
| 固定資産 | 2 | 0.2 | 　その他負債 | 14 | 1.4 |
| | | | 銀行借入（1－2年） | 139 | 13.9 |
| | | | 銀行借入（2－5年） | 330 | 33.0 |
| | | | 中期債 | 62 | 6.2 |
| | | | 転換社債 | 36 | 3.6 |
| | | | 払込資本 | 48 | 4.8 |
| | | | 払込剰余金 | 11 | 1.1 |
| | | | 損益勘定 | 4 | 0.4 |
| 合計 | 1,001 | 100.0 | 合計 | 1,000 | 100.0 |

［出所］Boléat [1988] p.16.

り具体的にみるならば、資金調達の80％以上を銀行借入により行い、その99％以上を住宅ローンとして運用していたことが分かる（図表6－2）。また10％未満と少ないながらも、債券発行等による市場性資金の調達も行っていた。

　モーゲージカンパニーがこのような特殊なバランスシートの構造で経営および規模の拡大ができたのは、その経営コストが相対的に低かったからであると考えられる。すなわち、モーゲージカンパニーは支店網を広範に展開しておらず、店舗の運営費や人件費等のランニングコストが低かったのである。

　ただし、銀行借入や市場性資金の吸収による資金調達は、これを際限なく行うことは現実的に不可能であった。しかし、モーゲージカンパニーが新規の貸出を行うためには、資金調達は継続して行う必要もあったため、モーゲージカンパニーは新たな資金調達手段として、住宅ローンを証券化（MBSを発行）して投資家等へ販売することに積極的になったと考えられる。これは、当時のMBSの発行コストが高いにもかかわらず発行額を拡大していったことからも判断できよう[8]。

一方、このころ住宅金融市場の中心にいた住宅金融組合や銀行は、MBSの発行にたいして積極的ではなかった。その理由に、歴史的にイギリスの住宅ローンが変動金利を主流としていることが挙げられる。当時も住宅ローンのほぼ100％が変動金利であった（2009年時点においても長期固定金利ローンの割合は５％程度である[9]）ため、金利リスクは住宅金融組合や銀行ではなく住宅ローンの利用者が負っていた。そのため、住宅金融組合や銀行は、MBSを発行して金利リスクを移転する必要はなかったのである。また、この時期の住宅金融組合や銀行においては、リテール預金の吸収に大きなネックは存在していなかったため、MBSの発行は住宅金融組合や銀行にとって新たな資金調達の手段として重要視されることもなかった。さらに、前述のとおり1986年の住宅金融組合法で住宅金融組合に認められた市場性資金の調達比率は20％までと制限されていた。これも、住宅金融組合のMBSの発行額を制限するものであり、MBSの発行のモチベーションを弱めるものであった[10]。これらの理由から、住宅金融組合や銀行はMBSの発行にたいして積極的にはならなかったのである。

　なお、地方の住宅金融組合の一部では大口市場性資金と住宅ローンを結びつける動き（quasi-secondary mortgage）があったものの、大きな動きにはならなかった。

　ところが、イギリスのMBS市場は1990年代の初めになると急速に縮小することとなった。それは、1980年代末からイギリス経済がリセッション入りし、それに伴う住宅金融市場の低迷でMBSの発行主体であったモーゲージカンパニーの収益が悪化し、その多くが倒産するなど姿を消したためである。すなわち、リセッションにより住宅投資の低下や住宅価格の下落もありデフォルトとなる住宅ローンの比率が高まり、モーゲージカンパニーは不良債権を抱えることとなった。また、そのような状況の下でモーゲージカンパニーがMBSを発行しても販売は困難となり、MBSの発行による資金調達は不可能となった。そして調達資金のほとんどを住宅ローンとして運用し、流動性資産を十分に保有していなかったモーゲージカンパニーにおいては、流動性リスクが顕在化した。このようにしてモーゲージカンパニーは経営難に陥っ

た。特に1992年の住宅市場の低迷の影響は大きく、この時期のMBSの発行による資金調達コストについても、デフォルトリスクの高まりによりそれ以前と比べて割高となったと考えられる。このように1980年代末以降のイギリスでは、リセッションによりモーゲージカンパニーの経営状態は悪化し、ほとんどのモーゲージカンパニーが倒産することとなり、その結果1992年にはMBS市場は急速に縮小した（図表6－1）。そして、これにより第一次MBSブームは終了することとなった。

なお、この時期にMBSの発行が困難になった理由として、MBSそのものの信用の低さも指摘されている。すなわち、「MBSを積極的に発行している金融機関とは資金調達に苦労している金融機関である」というイメージを持たれていたという指摘である[11]。これは、1992年3月末までのMBSの発行総額の90%以上が信用力の劣る住宅金融専門会社（Centralized Mortgage Lenders）からの発行であったという裏づけもなされている。

以上のように、イギリスにおけるMBSの発行は、1980年代後半にモーゲージカンパニーによって開始されて以降、住宅市場の好調にも支えられて急速に拡大した。しかし、1980年代末からのイギリス経済のリセッションで住宅市場が低迷すると、MBSの発行の主体であったモーゲージカンパニーはその多くが姿を消し、1990年代の初めには第一次MBSブームは終了したのである。

## 2．第二次MBSブーム

1980年代後半に生成・発展し、1990年代の初めに停滞したイギリスのMBS市場であるが、1990年代の中頃にイギリス経済が持ち直すと住宅市場も回復を始め、それに支えられてMBS市場も再び拡大を始めた。そして第二次MBSブームが起こった。それでは、ここからは第二次MBSブームの展開について述べていきたい。

イギリス経済のリセッションが1993年にピークアウトすると、その後は緩やかに回復を始め、それに伴い住宅市場も再び拡大を始めた。住宅投資額は、1996年に上向きに転じて以降は順調に拡大を続け、住宅価格も1990年代前半

には平均6万ポンド程度であったが、ロンドンやイングランド南東部等の富裕地域を中心に上昇を続け、2000年に平均10万ポンドを超えた。そして住宅ローン残高も増加を続け、2000年に5,000億ポンドを超えて以降は急速に増加した。また住宅ローン延滞率やデフォルト率も急速に低下した。このようなイギリス経済およびイギリス住宅市場の回復と再拡大に支えられ、MBSの発行額も再び増加を始め、ここに第二次MBSブームが起こった。

　この第二次MBSブームにおいては、第一次MBSブームの状況とは大きく異なる点があった。それはこの時期の市場の拡大を支えたのが、モーゲージカンパニーではなく銀行であったという点である。なかでも積極的であったのはアビーナショナル（1989年銀行転換、現アビー）やノーザンロック（1997年銀行転換、2008年2月国有化）、ハリファックス（1997年銀行転換、2001年スコットランド銀行と合併しHBOS、2008年ロイズTSBにより買収）等で、以前は住宅金融組合でありMBSの発行に積極的になる動機が薄いと考えられていた銀行であった。この時期の銀行は、1980年代以降に国内外の金融機関との競争が激化したことや、スタンダードライフやセインズベリー等の他業態が金融業界に新規参入したこと、EGGなどのインターネット・バンキングを専門に行う金融機関の登場等の環境の変化で、それまでどおりリテール預金を順調に吸収することが困難になるケースも想定することとなった。そこで、既存の銀行においてもMBSの発行は新たな資金調達の手段として重要視されるようになり、MBSの発行は積極的に行われるようになった。

　さらに、この時期までにMBSそのものにたいする認識の変化もあった。すなわち第一次MBSブームの時期には、MBSは資金調達の手段が限定的で信用度も低い金融機関（すなわちモーゲージカンパニー）が発行するものであると認識されていたが、第二次MBSブームにおいては銀行が主体となってMBSを発行したことで、MBSの金融商品としての信用が高まり、各投資家にとって有力な投資対象として認識されたのである。特に、住宅金融組合の時代から長年にわたって住宅ローン融資の実績を積み重ねてきたアビーナショナルが、1998年に2億4,750万ポンドものMBSを発行して市場に参入したことは、MBS市場およびMBSにたいする認識を変化させるのに十分な出来

事であった。そしてこれ以降、多くの銀行がMBSの発行を行うこととなったのである。

このように、1990年代の初めには停滞していたイギリスのMBS市場であるが、1990年代の中頃にイギリス経済が回復をはじめると、それによる住宅市場の回復に支えられ、第二次MBSブームが起こった。さらにこの時期には、金融市場の環境の変化や、MBSそのものにたいする認識の変化があり、これもMBS市場の拡大を後押しする要因となった。そして、2000年以降もMBS市場は、サブプライムローン問題が発生する2007年前半までは急速な拡大を続けた。

## Ⅳ．イギリスMBS市場の2000年以降の動向

### 1．2000年以降のイギリスMBS市場

2000年以降のイギリスのMBS市場は、引き続き好調な住宅市場に支えられ、また銀行が資金調達の手段としてMBSを利用し始めたことから急速な拡大を続けた。

大手銀行によるMBSの発行額をみるならば、2000年には300億ドル（450億ポンド）未満であったが、2006年には2,000億ドル（4,000億ポンド）を超え、6年間で約9倍に拡大した（図表4－8）。また、2006年の発行額は2005年の2倍以上であり、この時期は特に際立って発行額が増加した。

ただし、個別の銀行において、MBSを発行する目的は資金調達の手段として以外にも様々に存在する。それらは必ずしも統一的なものではないが、倉橋［2007］によると次の4点に集約される。①主たる資金調達の手段、②資金調達の多様化の手段、③リスク移転の手段、④バランスシート・マネジメントの手段、である。ただし、大半の大手銀行の自己資本比率は十分であり、④を理由としたMBSの発行は中堅クラスの銀行・住宅金融組合に適したものであるとも指摘されている。[12]

ところでイギリスのMBS市場は他のヨーロッパ諸国と比べて規模が大きい。[13] その理由のひとつにイギリス法が慣習法体系であることが挙げられる。すなわち、イノベーティブな金融商品を開発・販売する際に新たに立法を必

要とする大陸法体系と異なり、慣習法はそのような際に新たな立法を必要としない。そのため、イギリス法はイノベーションが頻繁に起こる証券市場の発達には適合的な法体系なのである。

　ただし、同法体系のアメリカと比較するとイギリスのMBS市場はずっと小さい。その理由として、MBSが発行されるようになった当初は、イギリス政府等は証券化をリスクを拡散させるものだという批判的な立場を取り、MBSの発行にたいしても公的支援の枠組みを設けてこなかったことが挙げられる。逆にアメリカ政府等は、MBSの発行にたいして積極的に支援を行ってきた。具体的には、まず住宅ローンの組成段階から連邦住宅庁や連邦退役軍人庁などの支援があり、MBSの発行段階においては連邦住宅抵当公庫（Federal National Mortgage Association：Fannie Mae）や連邦住宅金融抵当金庫（Federal Home Loan Mortgage Corporation：Freddie Mac）、連邦政府抵当金庫（Government National Mortgage Association：Ginnie Mae）などの支援がある。イギリスとアメリカのMBS市場の規模の大きな差は、このような公的支援の有無によるところもあると考えられる。

　なおイギリスにおいてMBSを発行する際の代表的なストラクチャーを簡単に説明するならば、銀行・住宅金融組合等はモーゲージを自らの実質的な子会社である特別目的媒体（Special Purpose Vehicle：SPV）の一形態である特別目的会社（Special Purpose Company：SPC）[14]等へ譲渡し、SPCはモーゲージを証券化してMBSを発行し、投資家に売却するというものである。SPCはモーゲージを売却してえた資金を、元々のモーゲージの保有者であった銀行・住宅金融組合等へ代金を支払う。これにより銀行・住宅金融組合等においては、バランスシートの資産側にあったモーゲージが準備（現金）に置き換わり、これは銀行や住宅金融組合等においては資金調達となり、このようにして調達した資金で銀行や住宅金融組合等は新たな貸出を行うことが可能となるのである。[15]また、銀行や住宅金融組合等は債権をSPCへ譲渡した後はそれらをバランスシートから外すことが可能となり、自己資本比率の向上、および金利リスクや信用リスクの移転など財務体質の強化を図ることができるのである。なお、イギリスのSPCはケイマン諸島・チャネル諸島・マ

ン島等のタックスヘイブンに設立されていることが多く、親会社のモーゲージを証券化すること、倒産隔離（bankruptcy remoteness）を図ることを主要な目的として設立されている場合が多い。[16]

なお、住宅ローンの借入者においては、自らの債務が証券化されていても不利益をこうむることはほとんどない。銀行・住宅金融組合等は、モーゲージを売却した後もサービサーとしての役割を果たすため、借入者の手間が増えることもなく、そもそも自らの債務が証券化されていることに気付かない場合も多い。

ところで、MBSを含む資産担保証券（Asset Backed Securities : ABS）は、1986年金融サービス法体制下においては、SPCを用いたペイスルー型のスキームを採ることで同法の適用除外（公衆にたいする勧誘の禁止）とされていた。一方、銀行業にたいする健全性規制の観点から、BOEはBISの統一基準に付加するかたちで独自の自己資本比率基準を定めていた。[17] そしてこれを通じ、貸出債権の流動化・証券化にたいし踏み込んだ個別指導を行っていた。この体制は、2000年金融サービス・市場法体制下においてABSが規制対象の特定された投資物件に入る一方、従来BOEが行っていた銀行等への健全性規制については、ABSへの個別指導も含め、統一的な金融機関規制監督当局であるFSAに移管された。

## 2．サブプライムローン問題とイギリスMBS市場

2000年以降も急速に拡大を続け、特に2005年以降の拡大が顕著であったイギリスのMBS市場であるが、2007年後半にはアメリカに端を発するサブプライムローン問題の悪影響を受けて市場規模が急速に縮小した。そして、MBS発行を主な資金調達の手段としていた住宅金融大手のノーザンロックが2007年9月に流動性危機に陥り、翌2008年2月に国有化された。そして、準大手のアライアンス・アンド・レスターが2008年7月に経営難に陥り、スペインのサンタンデールに買収され、ブラッドフォード・アンド・ビングレーは2008年9月に流動性危機に陥り国有化され、その後に分割売却された。また、住宅金融最大手のHBOSは、イギリスのビックフォーの一角であるロ

イズTSBに救済合併された。ここからは、多くの情報が明らかになっているノーザンロック危機の分析を通じてサブプライムローン問題下におけるイギリスのMBS市場を分析していきたい。

　ノーザンロックは第4章でも記したとおり、イングランド北部のニューキャッスルに本拠を置く銀行で、前身は住宅金融組合であった。1997年に住宅金融組合の銀行転換ブームが起こったが、ノーザンロックもこのときに銀行へ転換した。ノーザンロックは、主にMBSの発行など市場性資金の吸収により資金を調達し、それを国内向け住宅ローンとして運用していた。危機に陥る前年の2006年末の住宅ローン融資残高はイギリス第5位（シェア7.2％）、年間融資額は同3位（同8.4％）であり（図表4－3）、イギリスの住宅金融市場においては大手であった。また、銀行へ転換した1997年の残高シェアが2.1％であったことを考えると、短期間で急速に規模を拡大させてきたことがわかる。

　それでは、ノーザンロックが危機に陥った時期の金融市場および危機発生の経緯はどのようなものであったのだろうか。2007年の世界の金融市場ではサブプライムローン問題による信用収縮が懸念されており、発行額が急増していたMBS等の仕組債についても、大口の買い手であった機関投資家等が保有を控えるようにもなっていた。イギリスでもこの時期までに住宅ローンの延滞・差押え率が上昇し、特にサブプライムローンのそれらの高さが認識[18]されるようになってきていた。このような状況下の8月9日にフランスの金融機関であるBNPパリバが傘下の3ファンドを、サブプライムローン関連商品における損失で、ファンドを凍結すると発表した。これに端を発する混乱は瞬く間に世界中へ波及し、世界各地の短期金融市場では金利の高騰や取引期間の急速な短期化、金融機関の選別傾向など信用収縮が起こった。

　8月14日、ノーザンロックは資金繰りが悪化し、流動性危機に陥る可能性をBOEに相談した。これを受けてFSAはノーザンロックの検査に入ったが、この時点ではノーザンロックは業務の継続に問題はないと判断されたため具体的な支援は行われなかった。しかし、9月10日になると、ノーザンロックは資金繰りが本格的に悪化し、BOEへ緊急支援を正式に要請した。この要

第6章　住宅ローン担保証券（MBS）市場の展開

請にたいし9月13日、イギリス政府はBOEによる緊急支援を承認し、翌9月14日に要請を受け入れる公式声明が出された。そしてこの日、ノーザンロックの支店前ではイギリスにおいて140年ぶりの取付けが発生した。

　ところで、このノーザンロック危機の発生以降、BOE等の各監督機関はどのように対応したのであろうか。ノーザンロック危機の発生以降、各監督機関は1997年に発表された「財務省・BOE・FSAの関係についての覚書」に沿った形でノーザンロックおよびイギリス金融市場への対応を行った。まず9月14日、FSAは「ノーザンロックは支払い能力に問題はないため業務継続が可能である」と発表し、事態の鎮静化を図った。しかし、取付けは鎮静化せず、9月17日にダーリング財務大臣はノーザンロックの預金（19日深夜0時までに預入されたもの）を全額保護するという超法規的措置を発表した。この発表により取付けは沈静化したものの、ノーザンロックの流動性危機が解決したわけではなく、ダーリング財務大臣は10月9日に預金の保護措置を拡大し、リテール預金については9月19日以降に預入されたものも全額保護するとした。さらに12月18日にもダーリング財務大臣はさらなる保護の拡張を発表した[19][20]。この時点で、BOEは約30億ポンド（ノーザンロック負債総額の約26％）の流動性支援を行った。これらの一連の保護措置によりノーザンロックが自力で立ち直ることが可能か、もしくは国有化を経て他の金融機関等に吸収されるかが注目されたが、結局2008年2月18日に政府はノーザンロックの一時国有化を発表した。ノーザンロックは2010年初時点でも国有化されており、今後の動向が注目されている。

　それでは、ノーザンロックが流動性危機に陥った原因を検討していきたい。なお検討するにあたり、ノーザンロックとほぼ同規模であり住宅金融組合最大手のネーションワイドなど他の金融機関、住宅金融組合と比較しながらノーザンロックの特徴を明らかにしていきたい。ノーザンロックは銀行に転換して以降、急速にその規模を拡大させてきたが、これはノーザンロックの特徴的な資金調達の方法により支えられたものであった。すなわち、ノーザンロックは銀行であるにもかかわらず、市場性資金の吸収を資金調達の柱に据えていたのである。特にMBSの発行による調達額が急速に増加しており

図表6−3 住宅ローン取扱金融機関の資産運用・調達比率

(単位 %)

| | 大口市場性資金調達比率 | 大口市場性資金調達比率（短期金融市場調達を除く） | 住宅金融組合法基準の市場性資金調達比率 | 流動性資産/預金および短期金融市場調達比率 | 短期金融市場運用/総調達比率 | リテール預金/総ローン比率 |
|---|---|---|---|---|---|---|
| HBOS | 51.6 | 43.6 | — | 19.4 | 372.5 | 57.5 |
| ノーザンロック | 71.6 | 68.1 | — | 22.7 | 54.1 | 31.2 |
| アライアンス・アンド・レスター | 54.1 | 40.8 | — | 9.9 | 270.1 | 61.2 |
| ブラッドフォード・アンド・ビングレー | 51.9 | 48.3 | — | 20.4 | 36.1 | 58.2 |
| ネーションワイド住宅金融組合 | 26.7 | 24.1 | 28.4 | 13.7 | 245.8 | 80.3 |
| ブリタニア住宅金融組合 | 40.4 | 37.7 | 38.0 | 45.2 | 34.8 | 85.2 |
| ヨークシャー住宅金融組合 | 21.1 | 20.6 | 30.4 | 25.5 | 43.2 | 97.1 |
| コベントリー住宅金融組合 | 15.9 | 15.0 | 28.5 | 19.3 | 47.5 | 97.3 |
| スキップトン住宅金融組合 | 20.3 | 18.5 | 35.2 | 18.5 | 56.2 | 96.7 |
| チェルシー住宅金融組合 | 18.1 | 17.5 | 25.3 | 22.2 | 12.5 | 100.7 |
| ウェストブロミッチ住宅金融組合 | 31.5 | 27.9 | 31.9 | 21.0 | 138.9 | 81.0 |
| プリンシパリティー住宅金融組合 | 12.8 | 12.1 | 22.1 | 19.5 | 23.8 | 100.1 |
| ニューキャッスル住宅金融組合 | 19.9 | 16.5 | 32.2 | 19.9 | 61.4 | 93.2 |

(注) 1) HBOS、ノーザンロック、ブラッドフォード・アンド・ビングレーは2007年6月末時点のデータ。
2) ネーションワイドは2006年末、ウェストブロミッチは2007年5月末時点のデータ。
3) 上記以外は2006年末時点のデータ。
4) 大口市場性資金調達には、顧客預金と顧客資産は含まれない。

[出所] Scott, Taylor and Birry [2007]

第 6 章　住宅ローン担保証券（MBS）市場の展開

（図表 4 − 7）、2006年では資金調達全体の41％、2007年では同39％を占めるまでに増加した[21]。さらに大口市場性資金の吸収やカバードボンドの発行も含めると、資金調達の約70％が市場性資金の吸収による調達で占められていた。一方、ネーションワイドにおけるそれの割合は26.7％でありノーザンロックよりもずっと低い。そして他の銀行や住宅金融組合と比較しても、ノーザンロックがいかに市場性資金に依存していたかがわかる（図表 6 − 3）。

　その一方で、商業銀行において本来的に重要とされてきたリテール預金の吸収による資金調達の割合は低く、2007年6月末時点で約30％である。ネーションワイドは2006年末時点で約80％であり、ノーザンロックよりもずっと高い。他の銀行や住宅金融組合と比較しても、ノーザンロックのリテール預金の吸収による資金調達の割合の低さは際立っていることがわかる。このようにみてくると、ノーザンロックは銀行であるが、その業態はモーゲージカンパニーに近いものであったということができる。

　ノーザンロックが市場性資金の吸収を資金調達の柱に据えていた理由として、まずノーザンロックが1997年に銀行転換するまでイングランド北部のニューキャッスルを中心に営業を行っていた住宅金融組合であったことが挙げられる。金融機関がイギリスでリテール預金残高を拡大させるには、ロンドンおよびイングランド南東部等の富裕地域で積極的な支店網を展開する必要がある。しかし、ノーザンロックはイングランド北部のニューキャッスルを本拠としていたため、1997年の銀行転換後に富裕地域に参入するには競争相手が多く、たとえ参入してもコストに見合った成果をえられるかは不確実であった。そのため、より確実な資金調達の手段として、市場性資金の吸収を積極的に行うようになったと考えられる。このことはノーザンロックが規模を急速に拡大した一方で支店数は72と少ないことからもわかる。イギリスの金融機関は全体的に支店を削減する傾向にはあるものの、ネーションワイドは415支店であることと比較すれば、ノーザンロックの支店数は明らかに少ないのである。

　ただし、このような市場性資金に依存した資金調達の方法は、住宅金融組合から転換した銀行に多くみられる傾向でもある。2006年末時点での住宅ロ

ーン残高がイギリスで9位（シェア3.5％）であったアライアンス・アンド・レスターは、資金調達総額の54.1％を市場性資金の吸収で行っていた。また、同10位（シェア2.9％）であったブラッドフォード・アンド・ビングレーも、資金調達総額の51.9％を市場性資金から調達していた。そして両行とも、ノーザンロックほどではないにせよ、リテール預金の吸収による資金調達の割合は高くない（図表6－4）。

ちなみに、アライアンス・アンド・レスターは資金調達コストの上昇が利益率を圧迫したことで経営難に陥り、2008年7月にスペインのサンタンデールに買収された。ブラッドフォード・アンド・ビングレーは2008年9月に流動性危機に陥り国有化された[22]。そして、2008年9月に実質的に経営破綻してロイズTSBに救済合併されたHBOSも、調達総額の50％以上が市場性資金からの調達であった。

ところで、ノーザンロックによるMBSの発行とは、事実上のノーザンロックのSPCであるGranite Master Issuer plc.（以下Granite）[23]を通じての発行であった。GraniteによるMBS発行のストラクチャーの概略は、以下のとおりである。

①ノーザンロックは優良な（証券化の際に高格付をえられる）モーゲージをGraniteに譲渡し、Graniteはモーゲージをプールする。

②Graniteはモーゲージプールをパッケージ化してMBSを発行し投資家に売却する。

③Graniteは投資家から受け取った資金をノーザンロックに支払う。

これにより、ノーザンロックは単体ベースではモーゲージをオフバランスとすることができ、代わりに準備（現金）が増加する。そしてそれによりノーザンロックの単体ベースでの自己資本比率が向上するのである。

ノーザンロックのMBS発行による資金調達とは、実際にはこのようなことが年間に数回繰り返されていたのであり、このようなストラクチャーにより2007年には総額約480億ポンドのMBSを発行した（図表6－4）。そしてこの時期まで機関投資家等の旺盛なMBSの保有意欲もあり、ノーザンロックはMBSの発行による資金調達を継続的に行うことが可能であった。

第6章 住宅ローン担保証券 (MBS) 市場の展開

図表6-4　ノーザンロック発行のMBS残高　　　（単位 100万ポンド）

| SPC | 発行日 | 裏付資産 | MBS発行額 |
|---|---|---|---|
| Residential: | | | |
| Granite Mortgages 01-1 plc. | 2001年3月26日 | 465.4 | 424.1 |
| Granite Mortgages 02-2 plc. | 2002年9月23日 | 1,140.7 | 1,068.6 |
| Granite Mortgages 03-1 plc. | 2003年1月27日 | 1,670.0 | 1,644.9 |
| Granite Mortgages 03-2 plc. | 2003年5月21日 | 1,019.9 | 962.7 |
| Granite Mortgages 03-3 plc. | 2003年9月24日 | 930.1 | 876.9 |
| Granite Mortgages 04-1 plc. | 2004年1月28日 | 1,569.6 | 1,485.8 |
| Granite Mortgages 04-2 plc. | 2004年5月26日 | 1,771.7 | 1,694.9 |
| Granite Mortgages 04-3 plc. | 2004年9月22日 | 2,040.3 | 1,962.1 |
| Granite Master Issuer plc. Series 05-1 | 2005年1月26日 | 2,847.6 | 2,795.1 |
| Granite Master Issuer plc. Series 05-2 | 2005年5月25日 | 2,470.5 | 2,413.6 |
| Granite Master Issuer plc. Series 05-3 | 2005年8月31日 | 492.3 | 503.8 |
| Granite Master Issuer plc. Series 05-4 | 2005年9月21日 | 2,445.9 | 2,383.3 |
| Granite Master Issuer plc. Series 06-1 | 2006年1月25日 | 4,486.7 | 4,423.8 |
| Granite Master Issuer plc. Series 06-2 | 2006年5月24日 | 2,469.5 | 2,460.4 |
| Granite Master Issuer plc. Series 06-3 | 2006年9月19日 | 4,761.9 | 4,761.5 |
| Granite Master Issuer plc. Series 06-4 | 2006年11月29日 | 2,822.9 | 2,787.3 |
| Granite Master Issuer plc. Series 07-1 | 2007年1月24日 | 5,658.6 | 5,607.0 |
| Granite Master Issuer plc. Series 07-2 | 2007年5月23日 | 4,589.9 | 4,570.8 |
| Granite Master Issuer plc. Series 07-3 | 2007年9月17日 | 5,170.5 | 5,074.1 |
| | | 48,824.0 | 47,900.7 |
| Granite Finance Trustees Limited.持分 | | 5,359.3 | — |
| ノーザンロックへの預金 | | (4624.8) | — |
| ノーザンロック保有分 (MBS) | | — | (5074.1) |
| 合計 | | 49,558.5 | 42,826.6 |

[出所] Northern Rock plc. [2007] p.73.

ところが、前述のようにサブプライムローン問題の悪影響を受けたイギリスで金融市場が混乱すると、MBSの主な買い手であった機関投資家等が保有を控えるようになり市場は低迷した（図表3－5参照）。これによりノーザンロックはMBSの発行による資金調達は困難となり、資金繰りに窮することとなった。また、このときノーザンロックは短期金融市場からの資金調達を試みるも、短期金利の高騰やノーザンロックのリスクプレミアムの代替指標であるクレジット・デフォルト・スワップ（CDS）のプレミアムの上昇で、これによる調達は事実上不可能となり、結局BOEへ流動性支援を要請せざるをえなくなったのである。

　このように、銀行による発行額の急激な増加により拡大を続けていた2000年代のイギリスMBS市場は、2007年に発生したアメリカのサブプライムローン問題の悪影響で停滞を余儀なくされた。また、このような状況下で、MBSの発行を資金調達の柱とし支払能力に問題がなかったノーザンロックが流動性危機に陥り、BOEの緊急支援を受けて国有化された。そして2007年8月にアライアンス・アンド・レスターが、さらに2008年9月にブラッドフォード・アンド・ビングレーがそれぞれ経営難に陥った。2007年8月には、HBOSがロイズTSBに救済合併された。これら一連の出来事は、MBSがその発行額の大きさと保有者の広がりによって、金融機関の資金調達手段の枠を超えて金融市場そのものに大きな影響を与えうる存在になったということを意味する出来事であった。

## V．おわりに

　以上、イギリスにおける住宅金融市場およびMBS市場の展開について検討してきた。

　イギリスの住宅金融市場は、1970年代までは住宅金融組合がほぼ独占していたが、1980年代になると商業銀行やモーゲージカンパニーが本格的に市場へ参入した。そしてモーゲージカンパニーはMBSの発行を開始し、第一次MBSブームが起こった。しかし1980年代末にイギリス経済がリセッション入りするとともに住宅市場は低迷し、その影響で1990年代の初めにはほとん

# 第6章 住宅ローン担保証券（MBS）市場の展開

どのモーゲージカンパニーは姿を消し、これにより第一次MBSブームは終了した。

しかし1990年代中頃にイギリス経済が立ち直ると、今度は銀行が積極的にMBSを発行し、第二次MBSブームが起こった。MBS市場の拡大スピードは2000年以降に急速になり、特に2005年以降は際立って拡大した。しかし、2007年にアメリカでサブプライムローン問題が発生すると、その影響によりイギリスのMBS市場も急速に縮小し、第二次MBSブームは終了し、先行きが不透明な状況となった。

第一次MBSブームと第二次MBSブームでは、大きく分けて以下のような相違点がみられる。

①MBS市場の拡大要因の相違

第一次MBSブームにおいては、モーゲージカンパニーが発行の主体であった。モーゲージカンパニーはリテール預金という資金調達手段を持たなかったことから、MBSを積極的に発行して資金調達を行った。これと当時のイギリス経済の好況および住宅市場の拡大、住宅価格の高い上昇率等が重なり、MBS市場は急速に拡大した。

一方、第二次MBSブームでは銀行が発行の主体であった。この時期の銀行にはリテール預金の吸収面でネックは生じておらず、MBSの発行は資金調達の手段としてだけ行ったのではなかった。すなわち、BISの自己資本比率規制をクリアするための手段、リスク資産を効率的に管理する手段、ALMの手段としてもMBSを重要視し、積極的に発行を行った。これと当時の住宅市場の拡大、住宅価格の高い上昇率、機関投資家等の旺盛なMBSの保有意欲などの要因が重なって、MBS市場は急速に拡大した。

②MBSブームの終了要因の相違

第一次MBSブームが終了したのは、主にイギリス国内の要因によるものであった。1980年代末にイギリス経済がリセッション入りし、住宅市場が低迷して住宅価格が下落した。そして住宅ローン返済の延滞率やデフォルト率が上昇したことで、モーゲージカンパニーは不良債権を抱えて経営難に陥り、ついには姿を消した。こうして発行の主体を失ったMBS市場は急速に縮小

し、第一次MBSブームは終了した。

　しかし、第二次MBSブームが終了したのはイギリス国外の要因によるものであった。アメリカで発生したサブプライムローン問題の影響がイギリスのMBS市場にも及び、混乱を生じさせ、それが原因で銀行がMBSの発行をできなくなった（発行しても買手がつかなくなり）。その結果、MBS市場は急速に縮小し、第二次MBSブームは終了した。

　なお、ここで注意すべきは、この時期のアメリカにおけるMBS市場の停滞とイギリスにおけるMBS市場の停滞とは、様相が異なるものであったということである。アメリカでは住宅価格の下落が引き金となってMBS市場の停滞が起こったが、イギリスではMBS市場が停滞しはじめた2007年第3四半期においても、住宅価格は前年同月比ではおよそ10％上昇しており、返済の延滞・差押え率も（上昇はしているものの）アメリカと比較するとずっと低率であった[24]。あくまで、イギリスのMBS市場の停滞の原因は、アメリカのMBS市場の停滞の影響を受けたために起こったものであった。

　以上のように、第一次および第二次のMBSブームは異なる要因で終了した。言い換えるならば、第一次MBSブームではイギリス国内の要因で経済および住宅市場が先に停滞し、その後にMBSの発行主体であったモーゲージカンパニーが経営難に陥り姿を消し、そしてMBS市場が縮小した。一方で、第二次MBSブームではアメリカのMBS市場の停滞による影響がまずイギリスのMBS市場を停滞させ、それを受けてMBSの発行を資金調達の柱にしていた銀行が流動性危機に陥ることとなったのである。このようなことは、グローバル化した現代の金融市場の下では、問題の所在がどの国にあっても他国の市場も影響を受けうるということを表している。

　また、第一次MBSブームと第二次MBSブームでは共通点もみられる。それは、両ブームでMBSを積極的に発行し、後に危機に陥った主体（モーゲージカンパニー、一部の銀行）が、市場性資金の吸収を資金調達の柱に据えていたということである。第一次MBSブームで積極的にMBSの発行を行ったモーゲージカンパニーは、そもそもノンバンクでありリテール預金の吸収はできなかった。そのため、資金調達は必然的に銀行借入や市場性資金の吸収等

## 第6章 住宅ローン担保証券（MBS）市場の展開

に限られていた。そして、第二次MBSブームにおいて積極的にMBSを発行し、その後に流動性危機に陥った銀行は、市場性資金の吸収を資金調達の柱に据えていた銀行であった。これらは結局、金融市場およびMBS市場の混乱が発生した際には十分な資金調達が不可能となり、結果として流動性危機に陥ることになった。このようなことは、金融機関における流動性管理の重要性を再認識するきっかけになったであろう。

2010年初時点においても、MBSなどの証券化商品市場を含め世界の金融市場は停滞を脱し切れずにいる。そしてイギリスのMBS市場も、同様に停滞を脱したとは言えない状況にある。証券化商品市場の状況は金融市場全体にたいして大きな影響力を持つものであり、それゆえ証券化商品市場の安定は非常に重要なことである。イギリスの住宅金融市場およびMBS市場について、今後が注目される。

注
1）BOEが銀行の利付適格債務の増加率について、基準期間の平均残高にたいするガイドラインを設定し、超過分に関しては一定の特別預金を無利子でBOEに預けさせるという制度。
2）1986年の住宅金融組合法の改正で住宅金融組合に認められた市場性資金の調達比率は20％が上限とされた。また、この改正で外国為替業務や保険商品の販売、株式やユニット・トラストなどのブローカレッジ、不動産仲介業務も認められた。
3）詳しくは斉藤［2007b］を参照されたい。
4）Council of Mortgage Lendersより。
5）詳しくは斉藤［2007b］を参照されたい。
6）詳しくは斉藤［2007b］を参照されたい。
7）Boléat［1980］p.22.より。
8）Boléat［1980］p.31.より。
9）倉橋［2007］88頁、表1より。
10）2009年時点で住宅金融組合に認められている市場性資金の調達比率の上限は50％である。ただし、実際の調達比率は30％を若干上回る程度であ

る。
11) 海外住宅金融研究会［2000］243頁より。
12) 倉橋［2007］はDatamonitor［2005］を参考としている。
13) ヨーロッパで最も証券化が進んでいる国はオランダであるが、市場規模はイギリスの方がはるかに大きい。
14) SPVのなかでも法人格を有するものを指す。
15) ただし、実質支配力基準によりSPCも連結対象と判断されれば、親会社のバランスシートではオンバランスとなる。
16) 親会社の倒産の影響を受けて、SPCの保有する債権や資産の所有権が否認され、差押えられることを回避する手段。特に投資家保護の観点から重要である。
17) 詳しくは髙橋［1998］を参照されたい。
18) イギリスでは「ノンプライムモーゲージ」と呼ばれることも多い。
19) この時点ではカバードボンド、Graniteで証券化された債権、劣後債やハイブリッドの自己資本的性格を持つ債権等については保護対象から除外されていた。また、新規のノーザンロックへの預金については他銀行、住宅金融組合との競争上の権衡の観点から除外されていた。
20) 具体的な内容は以下のとおり。
　①すべての無担保および非劣後のホールセールの預金および借入
　②すべての無担保デリバティブ取引にかかわる支払い債務
　③すべての有担保デリバティブ取引およびホールセール借入（カバードボンド含む）については担保を超える支払い債務
　④すべてのGranite証券化プログラムに基づくモーゲージ買戻しに関連する支払い
21) 数字はNorthern Rock plc.［2008］p.37.より。また、2007年の上半期においてノーザンロックは107億ポンドのMBSを発行しており、これは同時期のイギリスのRMBSの17％にも上る額であった。
22) リテール部門は、サンタンデール傘下で、元々はイギリスの住宅金融組合であったアビーに移管された。
23) ノーザンロックはジャージー島にGranite Finance Holdings Ltd.を設立した。そしてその傘下にチャリタブル・ファンドとしてGranite Master Issuer plc.を設立し、ノーザンロックのMBSは、実際にはここで発行された。このようなスキームにより、ノーザンロックはモーゲー

## 第6章 住宅ローン担保証券（MBS）市場の展開

ジを完全にオフバランスにすることができた。ただし、このようなスキームは米英では一般的なものである。
24) ネーションワイドの住宅価格指数では9.6％（前年同月比、以下同じ）、HBOSの住宅価格指数では6.7％、コミュニティー・地方自治省の住宅価格指数では11.3％の上昇とされていた。

# 第7章　住宅ローン利子所得補助制度（ISMI）と住宅ローン返済保証保険（MPPI）

## I．はじめに

　2000年以降のイギリス経済は、GDPの高い上昇率や失業率の低下などを背景に順調に成長を続け、一層の成長を予感させてきていた。また順調な経済成長は、住宅価格や住宅ローン貸出残高を急速に上昇させ、一方で住宅ローン返済に関する大きな問題も発生せず、延滞・差押え率などはむしろ他の先進諸国と比べて低率であった。ところが2005年以降、延滞・差押え率の増加が顕著になってきており、特に2006年以降の増加率が著しい。

　イギリスには、住宅ローン返済が困難に陥ったローン借入者をサポートするためのふたつの枠組みがある。ひとつは住宅ローン利子所得補助制度（Income Support for Mortgage Interest：ISMI）、もうひとつは住宅ローン返済保証保険（Mortgage Payment Protection Insurance：MPPI）である。このふたつの枠組みは、これまでに何度か改正されながら、住宅ローン借入者の保護に利用されてきた。そしてサブプライムローン問題の顕在化以降のイギリス住宅金融市場においても、その役割を十分に果たすことが求められている（2008年後半以降の動向については第3章を参照）。

　本章では、まず1980年代以降の住宅ローン返済問題の発生状況をまとめ、その後に住宅ローン利子所得補助制度と住宅ローン返済保証保険の概要とその展開過程について述べ、今後についての検討を加えたい。

## II．イギリスにおける住宅ローン返済問題

### 1．1980年代から1990年代までの住宅ローン返済問題

　イギリスの住宅ローン返済に関連する問題の発生状況は、当然ながら国内景気の影響を大きく受けてきた。すなわち好況期には住宅ローン返済の延滞・差押え率は低く、不況期には高く推移してきた。具体的にみていくと、1980年代中頃までの好況期には、延滞率（6か月-12か月）は1980年で0.25％で

図表7-1　住宅ローン延滞・差押え率推移

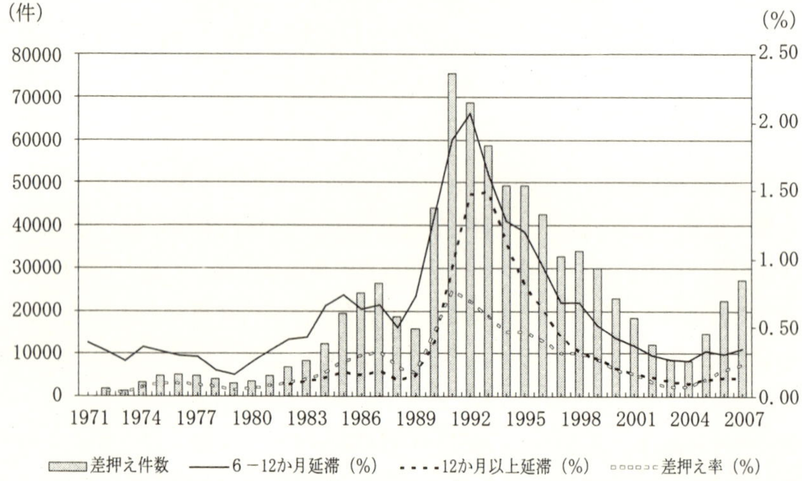

[出所] Council of Mortgage Lenders.

あったが、1988年は0.5％となり上昇はしたものの低率であった（図表7-1）。また、差押え率に関しても1980年の0.06％から1988年の0.22％と上昇はしたものの低率であった。

　しかし、1980年代後半から1990年代前半にかけてイギリス経済が景気後退局面に入ると様相は一変した。1980年代末からの不況は、1988年に金利の引上げなどの金融引締めが行われたことによるものであるが、これを境に住宅ローン金利は上昇し、そして延滞・差押え率は急上昇した。延滞率は1992年には2.07％、差押え率も1991年には0.77％に急上昇し、これを1980年と比べると延滞率は8倍強、差押え率は12倍強となったことがわかる。そして、最悪期であった1991年の差押え件数は約7万5,500件となり、過去最悪の数字を記録した。

　このように状況が悪化した理由のひとつに、イギリスの住宅ローン金利が変動金利が主流であることが挙げられる。変動金利住宅ローンが主流のイギリスでは、景気後退による悪循環のしわ寄せは最終的に住宅ローン借入者に

第7章　住宅ローン利子所得補助制度と住宅ローン返済保証保険

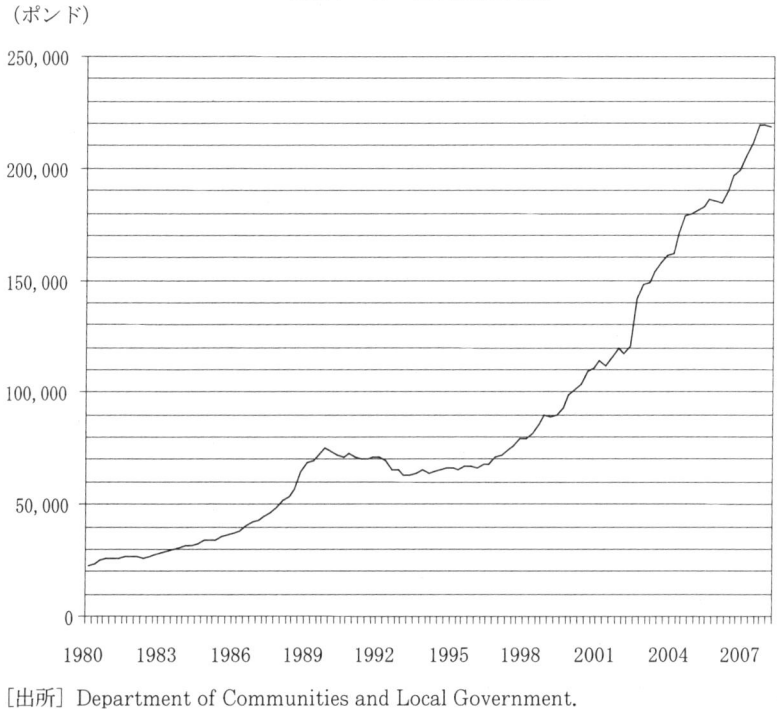

図表7－2　住宅価格の推移

（ポンド）

［出所］Department of Communities and Local Government.

辿り着き、延滞・差押え率の上昇を引き起こす。実際、1980年代末から1990年代前半の住宅価格は下落しており（図表7－2）、それにより住宅ローン残高よりも住宅価格が低いという担保割れ（ネガティブ・エクイティ）も発生した。そして1989年頃にロンドンで住宅を購入した人の30％以上がネガティブ・エクイティとなった。[1] このように、1980年代から1990年代は、1980年代中頃までの好況期には延滞・差押え率は低率であったが、1980年代末以降の景気後退に伴い住宅販売市場および住宅金融市場が低迷し、延滞・差押え率の上昇も顕著となったのである。

　しかし、1980年代末期からのイギリス経済の不況が1993年にピークアウトすると、それに伴い延滞・差押え率も低下をはじめ、そして国内景気が再拡

大期に入った1996年以降はさらに低下した。その結果、2000年代に入るころには不況入り前の水準にまで低下し、その後も好調な住宅市場を背景に延滞・差押え率は低下を続けた。

## 2. 2000年以降の住宅ローン返済の延滞・差押え状況

ここまでみてきたように、イギリス経済が不況に陥っていた1980年代後半から1990年代初頭にかけては、住宅ローン返済の延滞・差押え率は急上昇したが、2000年代に入るころには1980年代中頃の水準まで低下し、その後は安定的に推移してきた。

しかし、2005年以降は再び延滞・差押え率は上昇傾向にある。延滞率（6か月－12か月）は2004年の0.26％から2007年は0.35％と上昇し、同様に差押え率も0.07％から0.23％と上昇した。また、差押え件数は2004年の約8,200件から2007年には約2万7,100件にまで増加した。そしてこの傾向は2008年以降も継続しており、低金利であった2003年前後に組成された短期固定金利型住宅ローンの金利が再設定された2008年末以降は一段と上昇した。

しかし、1990年代初めと比較すれば、2008年時点でも延滞・差押え率はまだ低い水準にあり、問題とされる水準ではなかった。そのため、2008年末以降に見込まれているさらなる悪化も、2009年末頃には落ち着くと楽観視されていた[2]。たしかに、2005年以降の延滞・差押え率の上昇は、イギリスにおいてもサブプライムローン[3]の貸出残高が増加したことも一因にあると考えられていた。しかし、イギリスにおけるサブプライムローンの貸出残高およびその件数はアメリカと比較すればかなり少ないため、サブプライムローンの延滞・差押え率が極めて高く上昇したアメリカとは異なり、イギリスの住宅ローン返済問題との関連は限定的であった。また住宅ローン金利も低下傾向になっていた（図表7－3）。それゆえ延滞・差押え率が一層上昇しても、各金融機関の努力と社会保障や民間住宅ローン保険の枠組みのなかで対応できる範囲に収まると考えられていた。

ただし、現実的には2008年時点で楽観的であった先行き予想とは異なり、2009年以降は予想を超えて住宅ローン返済が困難に陥る借入者は増加した。

第 7 章　住宅ローン利子所得補助制度と住宅ローン返済保証保険

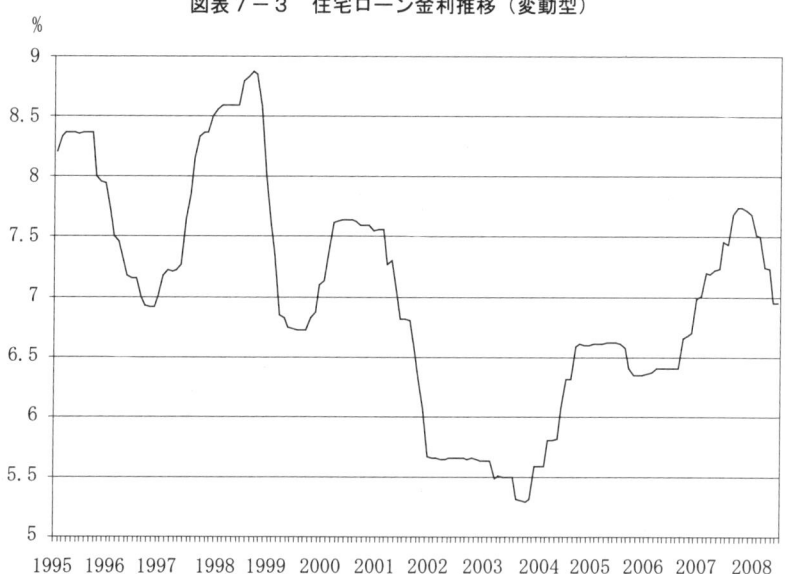

図表 7 − 3　住宅ローン金利推移（変動型）

［出所］Bank of England.

そのため政府等の監督機関は、第 3 章で詳細に述べたような様々な面からの対策を打ち出すこととなった。

## Ⅲ．イギリスにおける住宅ローン借入者保護について

　ここまで、1980年代から2000年以降のイギリスにおける住宅ローン返済に関する問題点について述べてきた。ここからは、イギリスにおける住宅ローン借入者の保護の枠組みについて述べたい。
　住宅の購入は、個人生活における人生最大の購買活動である場合が多い。イギリスにおける住宅購入といえば、住宅の新規建築よりも中古住宅を購入してそれを修繕して住むことが多いが、いずれにしても個人貯蓄で住宅購入費用を全額賄うことは難しい。そのため、多くの場合は住宅ローンを組むことになる。しかし、住宅ローン契約時の所得が将来にわたって継続的にえられる保証は無く、場合によっては住宅ローン借入者はローン返済が困難な状

況に陥る場合もある。イギリスではそのような場合に備え、社会保障の一環としての「住宅ローン利子所得補助制度（ISMI）」と、住宅ローン契約者自らの備えとして民間保険の「住宅ローン返済保証保険（MPPI）」がある。これらの制度はイギリスにおける住宅ローン契約者の保護の枠組みとして長年利用されてきており、1980年代以降はイギリス政府の財政政策と相まってその重要性が増した。ここからは、それぞれの枠組みについてみていきたい。

### 1. 住宅ローン利子所得補助制度（ISMI）

　イギリスでは、事故や病気・失業などにより所得が喪失、または減少した場合の社会保障制度の一環として、所得補助制度（Income Support）が設けられている。所得補助制度は、国民保険と所得補助・世帯給付・その他給付からなるが、このなかの所得補助の具体策のひとつに、住宅ローン利子所得補助制度（Income Support for Mortgage Interest：ISMI）が設けられている。ISMIの受給資格は、自家所有者であり住宅ローン返済を行っている者で、所得補助および求職期間補助（Job Seeker's Allowance：JSA）を受けている者に与えられている。ISMIは、制度の発足以降、イギリスの国内状況に応じて幾度となく変更されて現状の枠組みに至ったが、その枠組みの概要を海外住宅金融研究会［2002］によりみていくと以下の通りとなる。[4]

①受給対象者
　　受給対象者は、60歳以上の年金世帯・有子世帯（16歳未満の子を持つ親）・病気または就業不能者・介護者（介護のために働けない者）などで、生活のための必要費用を下回る者である。ただし、週当たり労働時間が16時間以上または配偶者の労働時間が24時間以上の場合と、本人が8,000ポンド以上の資産を有している者は除外される。また、3,000ポンドから8,000ポンドの資産を保有している場合は、3,000ポンドを超える250ポンドごとに週当たり1ポンドの収入があるとみなされる。[5]

②対象となる住宅ローン
　　住宅の新築・購入ローンのみならず、重要部分の改良・改修にかかるローンも含まれる。

第7章 住宅ローン利子所得補助制度と住宅ローン返済保証保険

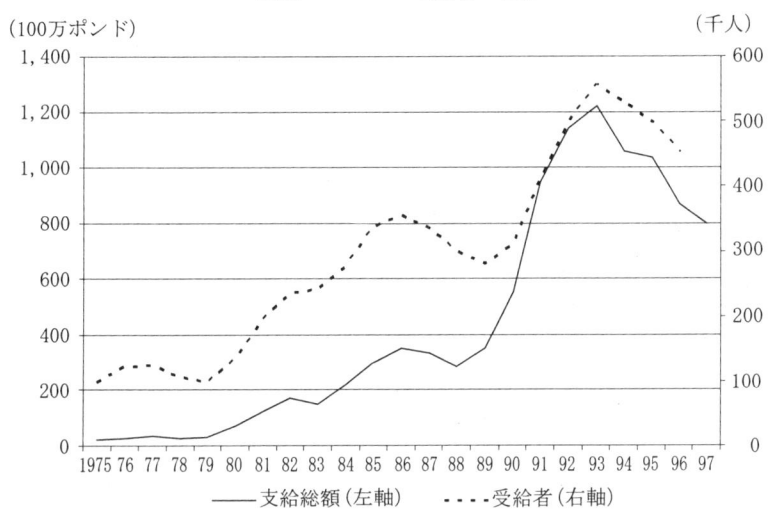

図表7－4 ISMI利用者の推移

[出所] Department for Work and Pensions.

③借入額の上限

　給付の対象となる借入額は、10万ポンドが上限である。

④給付金の支払い

　給付金は、金融機関へ直接支払われる[6]。また、金利は実際の金利に拘わらず、標準金利（Standard Interest Rate）で計算された利息が支給される。なお、年金世帯は新たに雇用されることは考え難いため、申請後直ちに給付金が全額支給されるが、それ以外であれば当初39週間の待機期間[7]が設けられ、その間は新たな雇用機会を獲得する努力が求められている。

　それではこのISMIは、これまでどの程度利用されてきたのであろうか。1970年代までのイギリスでは住宅ローン返済の延滞・差押え率は非常に低く、またISMI利用者も少なかった（図表7－4）。1970年代を通じてISMIが最も利用された1977年においても、利用者数は約12万4,000人、利用総額は約3,300万ポンドであった。ところが、1980年代に入ると住宅ローン延滞・差押え率の上昇とともにISMI利用者・利用総額は上昇し、1980年時点で利用

183

者数は約13万4,000人、利用総額は約7,100万ポンドに達した。1980年代で最多となった1986年には、利用総額約3億5,100万ポンド、利用者数約35万6,000人となった。

このISMI利用急増の理由に、1979年に政権の座についたサッチャーが公約に掲げていた、公営住宅払下げ促進政策が挙げられる。サッチャー政権は「小さな政府の実現」、「市場メカニズムの活用」をスローガンに、それまでのケインジアン的政策運営からの脱却を行ったが、公営住宅払下げ促進政策はそういったサッチャー政権の政治的ポリシーの一環として積極的に推し進められた。また公営住宅払下げによりもたらされる財政収入が、財政的に厳しかった地方の立て直しに貢献するであろうとの考えもあった。そして、サッチャー政権は1980年住宅法で公営住宅を払下げるための具体的なプランを示し、一定条件を満たした公営住宅居住者にたいして公営住宅購入の権利(Right-to-Buy) を与えた。

この政策は、公営住宅の管理・運営費の減少による財政負担の削減においては一定の効果はあったものの、その一方で本来なら自家保有が不可能なはずの貧困層にも自家保有意欲を増進させることにもつながった。1980年代はこのような層にも牽引されて住宅ブームが起き、その一方でこのような層はISMIの利用者ともなった。

1980年代後半は一時的にISMI利用者・利用総額は低下したが、1980年代末以降は再びISMI利用者・利用総額は急上昇した。これは、この時期にイギリス経済がリセッション入りしたことがその主な原因である。すなわち1980年代にバブルの様相を呈していた住宅市場は、イギリス経済の拡大に一定の貢献をしたものの、その結果として高インフレと経常収支の悪化を生むこととなった。そのためBOEはバブル抑制を目的として1988年以降に金融引締めを行ったのであるが、これがバブルをオーバーキルすることとなりイギリス経済はリセッション入りすることとなったのである。そしてこのリセッションは失業者や所得減少者を増加させることとなり、それにより住宅ローン借入者において返済困難を発生させた。このようにして、この時期のISMI利用者・利用総額は急激に上昇したのである。

第7章　住宅ローン利子所得補助制度と住宅ローン返済保証保険

　さらに、1980年代の住宅バブル期に増加していた一人当たり借入額と、1990年代の金利上昇(金利負担上昇)は、住宅ローン返済額の増加を引き起こした。これにより1993年のISMI利用者は約55万6,000人(12億2,200万ポンド)と過去最多になった。

　ところで、社会保障の一環であるISMIの利用者増加は、結果として財政支出の増加を意味する。このような状況にISMI改革の必要性を認識した政府は、この後本格的な制度改革に踏み出した。現実的には1987年から徐々に改革は行われており、ISMI受給資格者の厳格化や住宅ローン借入額の上限設定および上限引下げなどの調整が行われていた。そして、1995年6月に環境省およびウェールズ庁(当時)はこれまでとは違う本格的なISMI改革に着手した。そして同省は、「社会保障大臣は所得補助給付削減を提案した。長期間の資金手当てについて自家保有者に自己責任と一時的困難への備えを求めるのは当然である。現状の所得補助は金融機関にたいしては有効な救済手段となっているが、今回社会保障大臣が提案したものは政府が担ってきた責務の一部を債務者、金融機関および保険会社にシフトさせるとのものである。私たちの提案は民間保険市場の広範な発展を促進し、より賢明な借入や貸出を促進するものであり、長期的には借手にとってより良いセーフティーネットが提供されるべきである」と公式に発表し、同年10月にそれまでの微調整とは意味合いの違うISMIの抜本的改革を実行した。具体的には以下の変更および条件追加が注目される。

①1995年10月2日以降に住宅ローンの借入れを行った者は、ISMIの申請後39週間はそれを受給できない。

②1995年2月以前に住宅ローンの借入れを行った者は、ISMIの申請後8週間はそれを受給することはできず、続く18週間については半額しか受給することはできない(それ以降は全額支給)。

③申請者が60歳以上である場合は、申請直後から全額の受給が可能。

④ISMI支給に関しては、実際の住宅ローン金利ではなく標準金利(Standard Interest Rate)を設定して支払が行われる。

　この改革で最も注目すべきは、支給に関して申請後39週間の待機期間を設

けたことである。これにより申請者は、待機期間中の給付は期待できず、あらかじめ民間保険に加入して備えるか貯蓄を取り崩すかして住宅ローンの返済を行わなければならなくなった。なお、この待機期間設定は、実はあらかじめ民間保険への加入を促進し、民間保険に社会保障機能を代替させることを念頭に置いたものであった。そして民間保険による代替とは、具体的には後に詳しく述べる「住宅ローン返済保証保険(MPPI)」を強化することによって行う計画であった。

　ちなみに、この改革の表向きの目標には市場競争の問題とモラルハザードの問題の解決が挙げられた。すなわち市場競争の問題とは、ISMIは保険企業の市場競争を阻害している、ISMIの適用範囲は保険会社の参入が可能であるが、ISMIの存在が市場競争を阻害している、といったものである。またモラルハザードの問題とは、ISMIが住宅ローンにおけるリスク意識の低下を助長し、住宅ローン提供者は高リスクの顧客であっても積極的に融資を行い、住宅ローン借入者側も解雇などの収入減などが見込まれる時期においても駆け込み的なローン借入れに走る、といったものである。これら表向きの目標も、現実の問題と照らし合わせれば説得力は十分であったこともあり、改革は滞りなく進んだ。また社会保障制度そのものの問題としてISMI排除[12]の問題解決の意図もあり、その意味でも1995年の改革は大きな意味を持つものであった。

　以上のようにイギリスのISMIは展開してきた。そして今後も、イギリス国民の住宅ローン返済が困難に陥った際のセーフティーネットとして一定の役割を果たすことが期待されている。実際、2008年後半に深刻化した世界金融危機の下でこの制度は大きく拡大されたことからも、この制度への期待が感じられる。

　なお社会保障の一環としてではなく、イギリス国民の持家比率上昇など政策的な意図での住宅ローン利子の補助政策は以前から行われていた。1967年の住宅補助金法で選択抵当貸付制度 (Option Mortgage Scheme : OMS)[13]が導入されて住宅ローン利子への所得補助がイギリスでも一般的になり、1984年にはこれに代わりモーゲージ金利源泉税控除方式 (Mortgage Interest

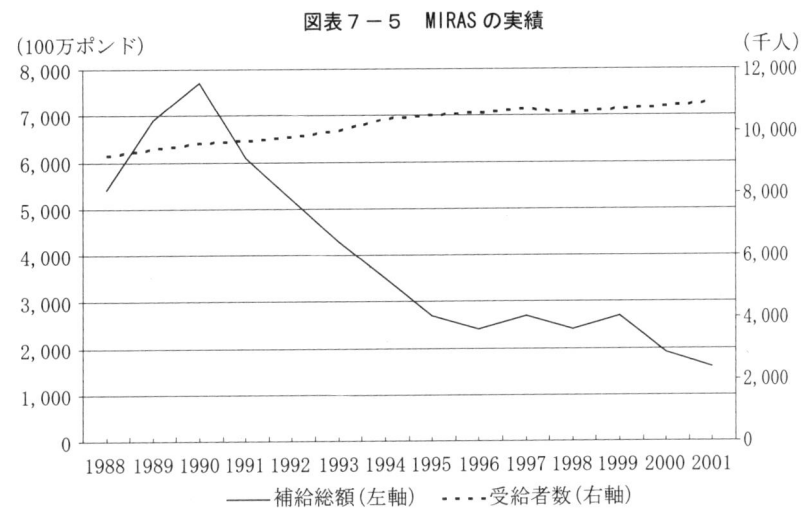

第7章　住宅ローン利子所得補助制度と住宅ローン返済保証保険

**図表7-5　MIRAS の実績**

(100万ポンド)　　　　　　　　　　　　　　　　　　(千人)

```
1988 1989 1990 1991 1992 1993 1994 1995 1996 1997 1998 1999 2000 2001
```
―― 補給総額(左軸)　‥‥ 受給者数(右軸)

[出所] HM Revenue and Customs.

Relief at Source:MIRAS) が登場した。MIRASは、住宅ローン借入者の所得税率に応じて支払利子はあらかじめ所得税額が控除され、その控除分を国が金融機関にまとめて支払う形式をとっていた。つまり、MIRASは税額控除という形ではあったが、控除された利子分を国が支払うという意味で実質的な住宅ローン利子への所得補助であった。しかし、1980年代以降の住宅市場の拡大がMIRASへの政府支出を大規模化させ、次第に財政を圧迫することになった（図表7-5）。そのため、MIRASは段階的に縮小され、2000年4月に完全に廃止された。

## 2．住宅ローン返済保証保険 (MPPI)

イギリスには各種ローン返済に関する民間保険の枠組みとして、イギリス保険協会 (Association of British Insurers：ABI)、イギリス銀行協会 (British Bankers' Association：BBA)、抵当貸付業協議会 (Council of Mortgage Lenders：CML)、金融・リース業協会 (Finance & Leasing Association：FLA)、信用保険協会 (Association of Creditor Insurers：ACI) により合同で整備

図表7－6　MPPI購入チャネル

(%)

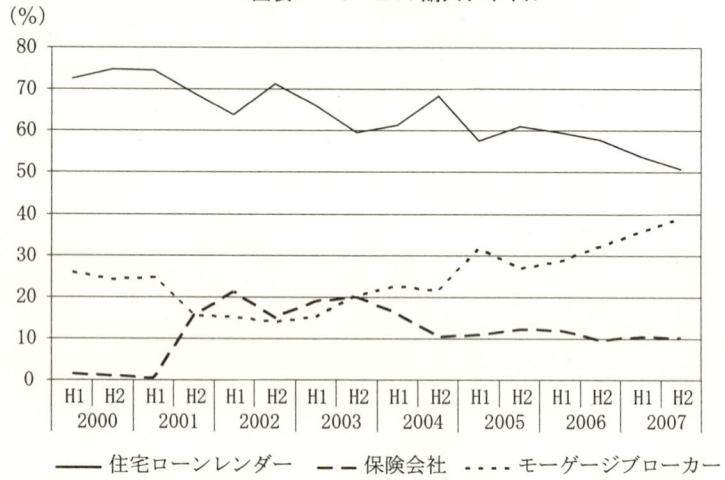

H1 H2 | H1 H2 | H1 H2 | H1 H2 | H1 H2 | H1 H2 | H1 H2 | H1 H2
2000　　2001　　2002　　2003　　2004　　2005　　2006　　2007

―――― 住宅ローンレンダー　― ― 保険会社　‥‥ モーゲージブローカー

［出所］Council of Mortgage Lenders.

された、返済保証保険（Payment Protection Insurance：PPI）がある。これは、各種ローン返済を行っている者が、事故や病気、失業などにより、所得が喪失または減少してローン返済が困難になった場合に備える民間ベースの保険であるが、その枠組みのひとつに住宅ローン返済にたいする保険である住宅ローン返済保証保険（Mortgage Payment Protection Insurance：MPPI）がある。

　MPPIは、住宅ローン契約時に住宅ローンレンダーにより販売される場合が多い。またインターネットで自ら選択し契約することもできる。いずれにしても、住宅ローン借入者は契約をするかしないかも含めて、自由にMPPIを選択し契約することができる（図表7－6）。MPPIの主な枠組みの概要は、ABIによれば以下の通りである[14]。

①MPPIの保険対象は、金利支払と元本返済である。
②MPPIの保険金が支払われる期間は12か月が基本であり、場合によっては24か月に延長される場合もある。ただし、支払期間内であっても、10万ポンドの支払い限度額に達した時点で支払いは終了となる。

## 第7章　住宅ローン利子所得補助制度と住宅ローン返済保証保険

③配偶者の労働時間が週16時間以下であっても、どちらか一方がジョイントモーゲージ契約者である場合には適用外。
④8,000ポンド以上の貯蓄のある者には適用外。
⑤失業後9か月以上たっていない者には適用外。
⑥返済金利部分と元本以外の投資商品購入額や保険料には適用外。
⑦住宅ローン総額の最初の10万ポンドには適用外。

　このようなMPPIは、住宅ローン借入者の民間返済保険として一定の役割を果たしてきたが、1990年代以前までは住宅ローン借入者保護の枠組みとしては公的社会保障制度のISMIが主流であった。しかしISMIにも解決が困難な問題があり、さらにISMIへの政府支出が財政にとって大きな負担であったことから、前述のとおり1995年にISMI改革が行われた。このときISMI受給申請から39週間の待機期間が設けられたが、この待機期間中の備えとして念頭に置かれていたのがMPPIであった。政府はISMIを制限する一方、民間ベースの住宅ローン返済保証保険の促進を図ったのである。これにより、ISMI待機期間中の者にはMPPIで対応し、それ以降は必要に応じてセーフティーネットとしてのISMIで保護するという体制をひいたのである。

　このMPPIは、実は1970年代から提供されていた。しかし重要性を増すこととなった1995年時点ではそれほど多くの契約者がいた訳ではなく、むしろこの時点では社会保障を補完する民間保険機能としては多くの問題が指摘されていた。その主なものは以下のとおりである。

①保険契約にあたってはハイリスクの住宅ローン借入者は排除されていた。
②住宅ローンの返済は長期間にわたるが、MPPIでは原則12か月しかカバーされない。
③保険料が高いうえ、保険請求後の保険金支払いを拒否されるケースが多かった。

　これらの問題点は、この時点でのMPPIはISMIの代替制度としては不十分であることを意味していた。そのため、この問題を解決し、MPPIに関係する者にとってより効率的な制度設計を目指し、政府・CML・ABIの三者は1998年2月に合同で新たなMPPIを発表し[15]、さらに1999年7月、MPPI最

図表7-7　MPPI契約可能性の向上

| 住宅ローン利用者の属性 | MPPI適格 1996年 | MPPI適格 2000年 | MPPI条件付き適格 1996年 | MPPI条件付き適格 2000年 | MPPI不適格 1996年 | MPPI不適格 2000年 |
|---|---|---|---|---|---|---|
| 自営業者 | 21 | 47 | 43 | 45 | 4 | 3 |
| 就労期間が不連続 | 0 | 26 | 21 | 45 | 18 | 21 |
| 健康状態に問題がある | 4 | 14 | 50 | 64 | 14 | 15 |
| 非正規雇用者 | 7 | − | 46 | − | 14 | − |
| うち期間契約労働者 | − | 18 | − | 74 | − | 3 |
| うちパートタイマー等 | − | 8 | − | 40 | − | 47 |
| 55歳以上 | − | 77 | − | 18 | − | 0 |

(注) 住宅金融組合・銀行などへアンケート調査を行った結果である。
[出所] Kemp and Pryce [2002] p.12.

低基準 (Minimum Standards for Mortgage Payment Protection Insurance) が発表された。このMPPI最低基準は種々の基準からなるが、これまでの問題点を解決する意味で重要であったのは以下の点である。
①MPPI契約が可能な層を自営業者や契約労働者に拡大した。
②MPPI契約内容変更に最低6か月の周知期間を設定した。
③MPPIの契約名義人が病気である際の保険契約拒否規定を限定した。
④保険金申請から支払いまでの期間を60日に短縮した。
⑤失業を理由とする保険金申請が可能となる期間を短縮した。
　この新基準が設定されて以降、これまで排除されていたハイリスクの住宅ローン借入者のMPPI契約可能率は急上昇した（図表7-7）。
　また、この新基準設定以降、MPPI契約率は上昇した。Kemp and Pryce [2002] によれば1998-1999年のMPPI契約率は17％であったが、1999年の新基準の発表以後上昇し、2001年上半期は32％で、全住宅ローンの21％、契約失効率は11％となった。なお、MPPI適用者のうち、事故・病気・失業のすべてをカバーするものは85％、けが・病気のみは4％、失業のみは15％であった。さらに、2001年末のMPPIの契約件数は250万件、カバー率は22.5％

## 第7章　住宅ローン利子所得補助制度と住宅ローン返済保証保険

にまで上昇した。

　そして、MPPIのコストに関しては、同調査によれば、事故・病気・失業のすべてをカバーするものの保険料は（月額、100ポンドのローン支払いにたいし）平均5.5ポンド、事故・病気のみのカバーは同2.94ポンド、失業のみは同3.00ポンドであった。これは以前に比べて低下したが、むしろハイリスクの住宅ローン借入者にもMPPIの契約を可能としたことを考慮すれば、大幅なコストダウンであったことがわかる。なお、住宅金融組合経由で契約するMPPIと銀行経由で契約するそれとでは、銀行経由の方が若干割高であった。ちなみに、MPPIの保険料はハイリスク利用者が割高になることはない。また同調査において、保険金支払い率は全契約数の1.8％、事故・病気は54％、失業は46％であった。支払申請受理率は88％、平均の保険金受領期間は、けが・病気を事由とするものは208日、失業は161日であった。

　このように、1999年に新基準が発表された後のMPPIは、住宅金融市場の拡大を背景に契約者が増加していった。そして新規住宅ローン貸出におけるMPPIの契約率は2003年には36％にまで達した（図表7－8）。

　また、MPPIの利用は事故・病気・失業のすべての要因をカバーする保険の利用が最も多い（図表7－9）。そして事故および病気、失業のみをカバーする保険の利用が同程度である。ただし、2004年以降においては事故および病気の利用が、失業のみの利用を上回った。これはイギリスの失業率の低下に伴うものであり、事故や病気の増加と結びつくものではないと考えられる。また、2003年以降においては住宅ローン市場の拡大に反してMPPIの契約率が低下している。2007年下半期には18％と、2003年の半分程度になった。これは、MPPIが住宅ローン借入者にとって魅力的ではなくなってきたというよりは、順調な経済を背景に住宅ローン返済が困難に陥る住宅ローン借入者が少なくなったことを反映しているものと考えられる。2005年以降上昇傾向にある住宅ローン延滞・差押え率であるが、それでも2007年末時点では1％以下と低率であった。このようななかで、住宅ローン借入者においては住宅ローン返済について保険を掛ける意欲が低下していたのであろう。

図表7－8　MPPI加入率推移（1999年－2006年）

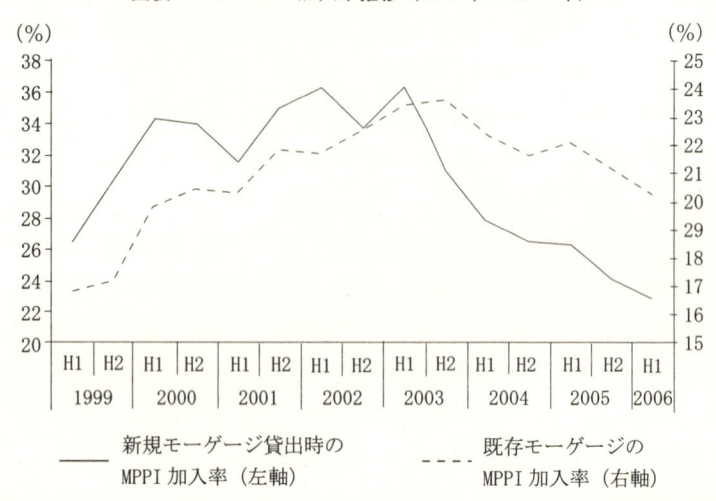

───　新規モーゲージ貸出時の　　　----　既存モーゲージの
　　　MPPI加入率（左軸）　　　　　　　　MPPI加入率（右軸）

［出所］Council of Mortgage Lenders.

図表7－9　MPPI利用要因

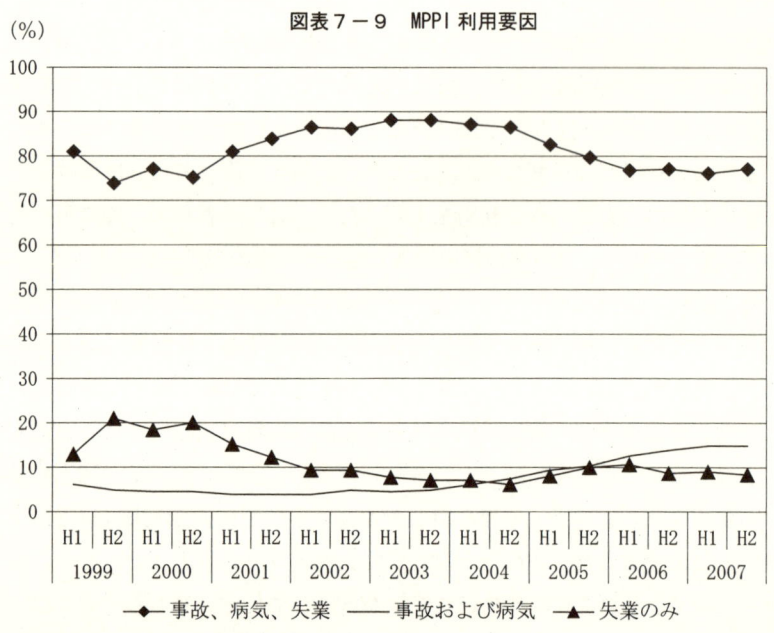

──◆──　事故、病気、失業　　──　事故および病気　　──▲──　失業のみ

［出所］Council of Mortgage Lenders.

第7章　住宅ローン利子所得補助制度と住宅ローン返済保証保険

## Ⅳ. おわりに

　ここまで、イギリスにおける住宅ローン返済に関する問題点について述べ、その後に住宅ローン借入者の保護の枠組みについてみてきた。最後に、これまで述べてきた内容をまとめ、今後の展望について述べることとしたい。

　イギリスにおける住宅ローン返済に関して、1970年代までは大きな問題点は発生してこなかったが、1980年代に入ると延滞・差押え率の上昇という問題が発生した。これは、サッチャー政権の公営住宅の払下げ政策が、それまで自家保有が不可能であった層への自家保有意欲を高めることとなり、そのような層への住宅ローン貸出が焦げ付いた事も要因となって発生した面もあった。その結果、1980年代のISMIの利用者は増大した。

　また、1980年代は住宅ブームがバブル化したが、これに対応することも目的とした金融引締めが、結果としてイギリス経済をリセッションに陥らせることとなり、延滞・差押え率は上昇してISMIへの財政負担も増大した。この負担増を抑えるため、政府は民間による機能代替を意図して1995年にISMIの改革を行うとともに、既存の民間保険であるMPPIの強化を行った。現時点では、このMPPIで住宅ローン借入者は自ら事前に備え、その先のセーフティーネットとしてISMIを設けることで、住宅ローン返済困難が長期化した者の保護に備える形となっている。

　2000年以降のイギリス経済は順調で、住宅市場および住宅金融市場も順調に拡大を続けてきた。しかし、2007年以降はサブプライムローン問題の顕在化の影響もあり経済は減速し、それに伴う住宅市場および住宅金融市場の停滞で住宅ローン返済の延滞・差押え率の上昇などネガティブな状況が拡大した。金融危機が深刻化するなかで、ISMIはその機能を拡大されるなどし、これまでのところ住宅ローン借入者の保護の枠組みとして一定の役割を果たしている。ただし、2010年以降も経済の停滞が予想されているイギリスにおいては、住宅ローン返済延滞・差押え率のさらなる上昇も考えられる。そうなった場合、現時点の住宅ローン借入者保護の枠組みが十分なものであるかは今のところ不明であり、今後が注目される。

注
1）海外住宅金融研究会［2000］233頁。
2）Cunningham and Samter［2007］p.10.
3）イギリスにおいてはノンプライムモーゲージという場合もある。
4）海外住宅金融研究会［2002］208-209頁。
5）貯蓄・投資資産・高齢親族居住の自宅外の不動産。ただし、高齢の家族が住んでいる住宅などは除外となる。
6）目的外使用防止の観点からこのようにされている。
7）60歳以上の年金受給者は、待機期間の適用はなく申請後直ちに支給される。
8）イギリスにおいては変動金利が主流であるため既存の住宅ローンにおいても金利上昇が起こりうる。
9）具体的には以下のとおりである。
　①1987年4月：支給開始から最初の16週は受給可能金利分の半額のみ（60歳以上は除く）
　②1992年4月：申請資格者の週当たり就業時間を24時間から16時間へ短縮
　③1992年7月：給付先を受給者ではなく金融機関へ変更
　④1993年8月：住宅ローン借入額の上限が15万ポンドに設定
　⑤1994年4月：住宅ローン借入額の上限が12.5万ポンドへ引下げ
　⑥1995年8月：住宅ローン借入額の上限を10万ポンドへ引下げ
10）海外住宅金融研究会［2002］250頁より。なお、原文はDepartment of the Environment and Welsh Office［1995］であり、訳文については一部変更している。
11）上位20社の住宅金融組合の平均金利が標準金利とされた。ただし、実際の住宅ローン金利が5％以下であれば実際の金利が用いられ、標準金利は実際の金利が5％超となった時点で適用された。
12）ISMIの適用条件はこの時点でも緩くはなく、利用できない住宅ローン借入者も多数存在していた。
13）住宅ローンの借手は、支払利子の税額控除か利子補給のどちらかを選択できるというもの。

第 7 章　住宅ローン利子所得補助制度と住宅ローン返済保証保険

14) Association of British Insurersホームページより。
15) 支払い条件の緩和や支払期間の変更が行われた。このとき、支払期間は最低でも12か月以上とされた。

# 第8章　住宅金融組合とその相互組織性
―住宅信用の原理を求めて―

## I．はじめに

　イギリス住宅金融組合は、200年以上の歴史をもち1970年代までは住宅金融の独占的供給者であった。1980年代に入り商業銀行が住宅金融業務に参入することによりリテール・バンキングにおける両者の競争は激化し、この動きは結局住宅金融組合の基本法である住宅金融組合法の改正（1986年法）へと結びついた。

　同法においては、発生以来組織形態としては相互組織形態をとってきた住宅金融組合の株式会社（銀行）への転換規定が盛り込まれ、実際に1989年に業界第2位（当時）のアビーナショナルが銀行に転換した。その後しばらくは銀行転換の動きはなかったが1990年代半ば以降に銀行転換の動きは急速に強まり、1997年にはハリファックス等の大手の住宅金融組合が続々と銀行に転換し、住宅金融組合の資金量・貸出は急激に縮小した。

　このような情勢を受けて住宅金融組合の業界団体である住宅金融組合協会（BSA）は、学界の協力をえて金融機関における相互組織性についての研究を行い、相互組織形態での生き残りを検討した。本章においては、イギリスにおける金融機関の相互組織性についての議論を紹介しつつ住宅信用の原理についての試論を展開することを課題とする。その前にまずイギリス住宅金融組合の法制や、発展過程の実態等について第1章の記述と重なることからごく簡単にかつ視点を若干変えて検討することとしたい。

## II．住宅金融組合の法制

### 1．住宅金融組合の生成・発展と業法の成立

　住宅金融組合の発生は18世紀の後半（最初の組合は1775年に設立された）であり、当時の住宅金融組合は住宅を購入ないしは建築したいと希望する熟練労働者等があつまり共同出資ののちに抽選等の形態で順次住宅の購入ないし

建築を行うメンバーを決定し、メンバー全員が住宅を取得した時点で当該組合は解散するという時限組合であった。

　この時期の住宅金融組合の活動は、労働者の病気等の際の相互扶助組織である友愛組合の活動とも重なり合っており、それは一種のフィランソロピー組織であった。この時期に種々のフィランソロピー組織が形成されたのは、当然のことながら当時の経済・社会情勢が反映している。この時期はエンクロージャーが広範に進展した時期であり、旧来的な共同体社会が崩壊した時期であった。この共同体社会には種々の相互扶助機構が存在したが新たに形成された都市社会には共同体社会にあった相互扶助機構は一般的ではなかった。そもそも資本主義社会の基本は弱肉強食であり、互恵的な原理ではない。しかし資本主義社会においても何らかの相互扶助機構が要請され、種々の組織がこの時期に形成されたものと思われる。

　この時期の住宅金融組合は、住宅無尽と呼ぶのが適当であるような組織であろうが、1825年時点において全国で250以上の住宅金融組合が存在したとの記録が残されている。

　ところで、イギリスのシティは一種の独立国ともいうべき存在であり、そこにおいては慣習および自主規制・紳士協定といったものが業者の行動を規制していた。したがって、近代銀行制度が歴史的に最も早く発達したイギリスにおいて銀行法が成立するのはなんと1979年のことなのである。これは1970年代前半におけるセカンダリー・バンキング・クライシスやイギリスが1973年に欧州共同体に加盟したことの影響でもあった。また、1980年代になりようやく不祥事を契機として1986年金融サービス法が成立したが、ここにおける規制体系の基本は自主規制に基づく規制であった。これが法律に基づく規制へと転換するのは14年後の2000年金融サービス・市場法によることとなるのであった。

　このようなシティにおける法制はかなり特殊なものである。世界的にみるならば、一般的にいって収益性が見込まれ、設立に関する規制が緩やかであるならば当該金融機関は続々と設立される。当然のことながらこうして多数設立される金融機関のうちには不良なものも数多く存在することとなる。こ

## 第8章　住宅金融組合とその相互組織性

のような状況において規制当局は当該金融機関に関する業法を制定するのが一般的である。この業法には、不良なものを取り締まると同時に業法により認可された金融機関についてはこれをオーソライズするという機能が重要である。

イギリスにおいても、シティの住人ではなくフィランソロピー機関としての出自である住宅金融組合の初めての業法は1836年に制定された。ちなみに同じ貯蓄金融機関である信託貯蓄銀行（最初のそれは1810年に設立された）は、1818年に最初の業法が制定されている。

この最初の業法成立後の1840年代に住宅金融組合は新たな展開をみせることとなる。日本においても無尽会社が相互銀行から銀行へと発展していったように、資金調達と資金運用が密接に関わりをもつ組織から両者が分離するような組織へと住宅金融組合もまた発展していったのであった。これが永続組合であり、メンバー（出資会員）から資金（主として出資金）を集めこれをメンバー（融資会員）へと貸出すという金融機関へと住宅金融組合は発展していったのであった。

イギリスの個人持家比率は第一次世界大戦前でわずかに10%程度であったわけであるから、19世紀におけるそれはさらに低いものであった。したがって住宅の建設ないし購入がメンバーとなる条件であるならば、住宅金融組合の発展は望めなかった。しかし、融資会員と出資会員の分離は住宅金融組合を発展させ、1860年にはロンドンで750以上の、地方には約2,000の組合が存在したとされている。

1850年代および60年代には住宅金融組合の印紙税の免除特権等をめぐる財務省と組合の対立があり、これをきっかけに1869年には業界団体として住宅金融組合保護協会が設立された。1870年には友愛組合に関する王立委員会が設立され、そこで住宅金融組合についての議論が行われている。ここで注目されるのは、当時においても相互組織としての住宅金融組合の性格が会社組織の法人と何ら変わらないものとなっており、ゆえに監督体制および税制上の特権のみなおしが必要ではないかといった議論がなされたことである。この王立委員会の報告書をもとに1836年法は改正され1874年住宅金融組合法が

成立した。この1874年法は監督官の権限および組合の業務範囲等について規定しており、その基本的枠組みは近年まで維持されてきた。当然のことながら、住宅金融組合は組織形態としては相互組織として規定されてきた。

## 2. 1986年住宅金融組合法

　この住宅金融組合の法制の基本的枠組みが大きく変更されたのは1980年代のことであった。その背景はリテール・バンキング業務における住宅金融組合と商業銀行との競争の激化であった。1980年代に商業銀行は住宅信用業務に本格参入し、一方、個人資金の吸収面においても両者は新商品の開発等をも行い激しく競争した。こうしたなかで住宅金融組合の監督体制の整備および業務拡大等が求められ、1986年住宅金融組合法が成立した。その内容については第１章にあるとおりであるが、以下では合併および転換に関する規定についてみることとする。

　まず合併については、借入人の投票において50％以上の賛成を獲得して、かつ出資者の投票において75％の賛成を獲得しなければならない。ただし、合併する組合の一方の資産規模が１億ポンド以下で、他方の組合との資産規模の差が８倍以上ある場合においては、資産規模の小さい組合の出資者の少なくとも20％以上の賛成投票を獲得しなければならないこととされている。

　この合併の規定よりも住宅金融組合の歴史においてはるかに大きな変化となったのは、相互組織としての住宅金融組合に株式会社（銀行）への転換を可能とする規定が置かれたことであった。1986年法には、住宅金融組合の営業を他の（株式）会社へ譲渡できる規定が住宅金融組合の法制上はじめて盛り込まれた。

　営業譲渡のために特別に設立された会社にたいして譲渡される場合においては、借入人の投票において50％以上の賛成を獲得し、かつ出資者の投票において75％以上の賛成を獲得しなければならない。ただしこの投票には出資者の20％（現在では50％）が参加していなければならない。

　既存の会社にたいして営業が譲渡される場合、すなわち買収される場合には、この条件はさらに厳しくなり、全（適格）出資者の50％以上の賛成ない

しは賛成投票を行った出資者の出資金が全出資金の90％以上の残高を有する場合が追加的に要求されることとなった。

この規定により株式会社に転換した場合、当該会社はもはや住宅金融組合ではない。住宅金融組合はあくまで組織形態としては相互組織なのである。この点は、株式会社形態のものが近年増加しているアメリカの貯蓄金融機関（貯蓄貸付組合および貯蓄銀行）との相違であろう。

### 3. 1997年住宅金融組合法

1990年代においてイギリス金融サービス業は大きく変化したが、住宅金融組合業界もまた前述のとおり大きく変化した。大きな変化に対応して監督機関である住宅金融組合委員会や財務省は可能な措置をとったものの、それには限界もあり、結局、法改正がなされることとなり1997年住宅金融組合法が成立した。ただしここにおいても住宅金融組合の組織形態は相互組織であることについての変更はなされてはいない。

1997年法の転換関連以外の主な改正点は以下のとおりである。

①1986年法までの業務規制的な発想をやめ、バランスシート規制的な考えを導入し、その業務に関する自由度を増すこととする。具体的には、営業資産（総資産から固定資産、流動資産、長期保険資金を除いたもの）の75％は居住用不動産担保のものでなければならない（この比率については60％まで引下げ可能）とのものであり、25％分については自由な運用を可能とした。

②資金調達については、50％以上は個人会員（出資者）から出資金の形態で調達しなければならない。また、個人の預金については規制され、法人から出資金を受け入れることも規制された。

③全般的には業務は自由化されたが、証券等のマーケット・メーカー業務、商品・通貨のディーリング、ヘッジ目的以外のデリバティブ業務等については規制された。

④住宅金融組合委員会の規制権限の強化（その後、金融サービス業の規制機関の統合により同委員会は新規制機関の金融サービス機構［FSA］へ統合された）。

住宅金融組合の転換に関しては、いくつかの技術的な改正がなされたが、

1986年法にあった営業譲渡をそのために特別に設立された会社にたいして行った場合、5年間は買収されることはないという規定が改正されたのが注目される。この5年間の保護規定については、当該会社ないしはその子会社が、その期間中に他の金融機関の買収等を行った場合および出資者（75％以上の出資金を保有する）が当該規定の解除賛成の投票を行った場合には、解除されることとなった。これは、1990年代において住宅金融組合業界に生じた事態を反映した規定であるが、次には住宅金融組合業界の長期のトレンドおよび近年に生じた事態について検討することとする。[1]

## Ⅲ. 住宅金融組合業界の実態

相互組織としての住宅金融組合は、20世紀において絶えざる合併により大型化し、この過程で上位組合への集中傾向が顕著となった。アビーナショナルの転換までの組合数および上位組合への集中傾向を図表8－1でみるならば、その傾向は歴然としている。1934年までは1,000を超えていた住宅金融組合数は、1950年の段階ではまだ800台であった。しかし、その後組合数の減少は急テンポで進展し、1984年の時点でついに200を割り込むことになった。これはリテール・バンキング業務における競争圧力が増加する過程で、相互組織であるために資本調達手段が限られている住宅金融組合が、資本増強を目指して合併による大型化を選択したと解釈できるであろう。

また、この間の上位組合への集中傾向も顕著なものがあり、1930年代から1960年代までは上位5組合の資産の全体に占める割合は30〜40％台であったが、1970年代以降急上昇し1987年には60％を超えるまでになった。上位20組合への集中度をみるならばかつての60％台から1988年には90％を超えているのである。

このように大型化した住宅金融組合からは、相互組織の特殊性を強く主張されることは少なくなっていった。また、かつては存在したであろう地域密着性等を住宅金融組合に求めるには無理な組織となっていった。

事実、1992年時点において住宅金融組合協会の専務理事であったマーク・ボレー氏は、「住宅金融組合と商業銀行は競合関係にあり、住宅金融組合は

第8章　住宅金融組合とその相互組織性

**図表8－1　組合数および上位集中度**

(単位　集中度は%)

| | 組合数 | 上位5組合 | 上位10組合 | 上位20組合 |
|---|---|---|---|---|
| 1900 | 2,286 | | | |
| 1910 | 1,723 | | | |
| 1920 | 1,271 | | | |
| 1930 | 1,026 | 39.1 | 53.4 | 65.0 |
| 1934 | 1,007 | 40.6 | 53.1 | 64.0 |
| 1935 | 999 | 40.1 | 52.4 | 62.8 |
| 1940 | 952 | 38.0 | 50.3 | 60.7 |
| 1945 | 890 | 41.2 | 52.5 | 63.4 |
| 1950 | 819 | 37.3 | 48.9 | 62.5 |
| 1955 | 783 | 40.5 | 51.9 | 64.4 |
| 1960 | 726 | 45.3 | 56.9 | 68.6 |
| 1965 | 605 | 47.1 | 61.3 | 73.7 |
| 1970 | 481 | 50.1 | 64.3 | 77.4 |
| 1975 | 382 | 52.9 | 68.2 | 82.3 |
| 1980 | 273 | 55.4 | 71.0 | 84.3 |
| 1981 | 253 | 55.1 | 70.7 | 84.8 |
| 1982 | 227 | 55.7 | 73.0 | 86.3 |
| 1983 | 206 | 55.7 | 73.2 | 87.0 |
| 1984 | 190 | 56.3 | 73.6 | 87.7 |
| 1985 | 167 | 56.6 | 76.4 | 88.6 |
| 1986 | 151 | 56.9 | 76.4 | 89.2 |
| 1987 | 138 | 60.8 | 79.3 | 89.9 |

注）　集中度は総資産ベース。
[出所] Building Societies Association [1990] pp.83-92.より作成。

顧客を集め、確保することに努めてきたが、資産のない顧客は優良ではない、とみなすことは商業銀行と同様である。(中略)両者には、もはや大きな差はないのである。」(住宅金融普及協会［1992］22頁)と発言しており、相互組織としての特殊性を否定する発言を行っているが、これは大手の住宅金融組合の意見を代弁しているとみなしてよいと思われる。

たしかに、1970年代まで住宅金融組合に与えられていた税制上の優遇措置は1980年代には廃止されるか、商業銀行と同様の制度となるかとなっており、相互組織であることのメリットはなくなりつつあったのである。たとえば1970年代における代表的な税制優遇措置としては単一税率制度を挙げることができる。これは、出資金・預金についてはまず住宅金融組合が基本税率（通常は最も低い所得税率）で源泉徴収し、その後税当局にたいしては税当局との間で同意される単一税率で納入するという制度である。この単一税率は出資者・預金者のサンプル調査により決定されるが、そのなかに所得が課税最低限度に達しない低所得者がいることから基本税率より低いものとなる。したがって、住宅金融組合はこの差額分を自ら取得することが可能となり、そこから逆に高金利の出資金等の提供等が可能であると商業銀行の側は主張していた。

　このほか住宅金融組合は1973年以降、法人税率の優遇も受けていた。これは配当二重課税回避のためにインピュテーション方式が導入された際に、相互組織としての住宅金融組合は通常の意味での配当を支払っていないことから、法人税負担が高くなってしまうことを配慮した制度であり、必ずしも優遇といってよいかは疑問もあるが、商業銀行の側は優遇措置として攻撃していた。

　これらに保有国債関連の優遇措置も含めた住宅金融組合関連の税制優遇措置は、1980年のウィルソン委員会報告による勧告も影響して、1980年代には廃止されるか、商業銀行と同様の制度となったのである。

　このような環境のもとで1986年住宅金融組合法は成立し、組合の業務の多様化が可能となると同時に、相互組織から株式会社への転換規定が盛り込まれたのであった。この1986年法の転換規定を利用した第1号が、1989年のアビーナショナルの株式会社（銀行）転換であった。当時業界第2位であったアビーナショナルの銀行転換は住宅金融組合業界に大きな影響を与えた。上位組合への集中度が高まっていた当時のアビーナショナルのシェアは16%程度であり、単に住宅金融組合の業界団体である住宅金融組合協会（BSA）を脱退するのであればその影響が大きすぎることから、アビーナショナルの転

換直後の1989年8月に、住宅金融組合が中心となりファイナンスハウス、保険会社の一部等の参加をえて、抵当貸付業協議会（CML）が設立され、アビーナショナルは同協議会のメンバーとなった。

　ここで住宅金融組合と商業銀行が理論的にどのように異なるかについて考えてみることとしたい。住宅金融組合は、機能的に分類するならば純粋金融仲介機関ということとなる。これは商業銀行とは異なり、いわゆる貸出を預金設定により行う信用創造機能は有しないということである。事実、かつての住宅金融組合は、住宅ローンを提供するに際して商業銀行の小切手（組合が銀行に保有する預金口座を引当に振り出したもの）を顧客に渡すか顧客の商業銀行の当座預金口座に振り込むというかたちをとっていた。

　かつて中央銀行家であったジェラルド・コリガンはミネアポリス連銀総裁時代の1982年に書いた「銀行は特別な存在か？」（Corrigan［1982］）において、銀行が特別な存在である理由として、①決済勘定（当座預金等）の提供主体、②他の経済主体にたいする流動性の最終的供給源、③金融政策の伝播経路、という3点を挙げた。このうちの2番目については、銀行のみが貸出によりマネー（通貨）を増加させうるということであり、この機能は1番目の決済勘定を提供できるということに支えられているのである。そして中央銀行としては、このマネーを増加させうる銀行との取引により金融政策を遂行するのである。

　これにたいして住宅金融組合等の貯蓄金融機関の伝統的形態や生命保険会社は、銀行の創造したマネーを受け入れ、これを運用する純粋の金融仲介機関である。また、銀行においては、その特別な性格からペイメント・サービスが重要な業務となってくるのにたいして、これらの純粋金融仲介機関はペイメント・サービスを十全に提供するには至らないのである。事実、イギリスにおいてはペイメント・サーキットを大手の商業銀行が独占し、それらはクリアリング・バンク（手形交換所加盟銀行）と呼ばれていた。

　しかしリテール・バンキングにおける競争圧力の増加は、住宅金融組合におけるペイメント・サービスへの取り組みを積極化させた。1980年代には、ATMの設置であるとか、一部の住宅金融組合では商業銀行との提携関係を

基礎に小切手振り出し可能な口座の提供まで行っていたのである。1980年代はペイメント・サービスへの関心が高まっていた時期であり、一部の大手銀行によるペイメント・サーキットの独占は、消費者団体や外国銀行からも非難を浴びることとなった。結局、クリアリング・バンクの側は、ペイメント・クリアリング・システムの全面的な再検討を表明せざるをえなくなり、1985年に新組織として支払決済サービス協会（APACS）が設立された。そしてAPACSの傘下に手形交換等を行う複数の子会社を置き、それぞれのメンバーには一定の資格を満たしていればなりうるとされ、子会社が設立された1986年には外国銀行2行が、翌1987年にはハリファックスとアビーナショナルの2住宅金融組合が加盟した。ここにイギリスにおけるペイメント・サーキットの大手銀行による独占は解消し、大手行のことをクリアリング・バンクと呼ぶのは不適当となったことから、以後通常はこの言葉は使用されなくなった。

ところで大手の住宅金融組合にとってのAPACS加盟の意味は、これによりペイメント・サービスを十全に提供できるということであり、コリガン的な意味で銀行にかなり近づいたということができる。すなわち自らの債務の設定により貸出が行えるということであり、この意味で大手の住宅金融組合と銀行との機能上の差異は消滅しつつあったのである。

しかしながらアビーナショナルの銀行転換後、これに続いて転換を志向する住宅金融組合はしばらくの間見当たらなかった。事実、先に発言を紹介したボレー氏は1992年時点において「アビーナショナルが住宅金融組合から商業銀行に転換すると決定したのはかなり早い段階のことで、これは理念的・哲学的な決定であった。背景には住宅金融組合と呼ばれたくなかったということがある。（中略）他に商業銀行へ転換しようという住宅金融組合が存在する兆しもない。」（住宅金融普及協会［1992］41頁）と述べていた。

この状況が変わったのが1995年である。チェルトナム・アンド・グロースターが銀行に転換しかつビッグフォーのひとつのロイズ銀行グループの一員となったのである。1986年住宅金融組合法による転換第1号のアビーナショナルの場合、営業譲渡のために特別に設立された会社（アビーナショナル自

第 8 章　住宅金融組合とその相互組織性

身により設立された）にたいする譲渡の規定によるものであったのにたいし、チェルトナム・アンド・グロースターの場合は、既存の会社にたいして営業が譲渡される場合の規定、すなわち買収される規定が利用された初めてのケースであった。ロイズ銀行は1990年代に入りいちはやくリテール重視の姿勢を打ち出し、チェルトナム・アンド・グロースターに続いては貯蓄銀行が前身のTSBも傘下に収めるなどの積極方針で高収益を上げることに成功した。このロイズ銀行の成功は、住宅金融組合の側からは買収の恐怖となった。

　これを境に住宅金融組合には転換ムードが高まることとなった。そのひとつの理由としては1986年住宅金融組合法に、住宅金融組合から転換した場合には、転換後5年間は乗っ取り（敵対的TOB）の対象としてはいけないという規定があったことが挙げられる。これに加えて住宅金融組合の転換に際してメンバーに株式が交付されることが知れわたり、既存メンバーがこれを望んだばかりでなく、これを目当てとして新規の出資者が殺到したこともあり、転換へのムードが高まることとなったのであった。しかし、現在の相互組織において出資者は会社を構成するメンバーであるという意識をもつことは、わが国の生命保険会社と同様に稀なことである。しかしこれが株式交付という現実的な利益を前にして急速にその意識が高まることとなったのであった。相互組織であることにより金利マージンが株式会社より現実に小さいかどうかは確かではなく、仮にそのようなものがあったとしても少額の出資者や出資者となってからの期間が短いものにとっては、それはどうでもよい類のものであったのかもしれない。

　結局、1997年には大手の住宅金融組合の転換ラッシュが発生し、4月にアライアンス・アンド・レスターが転換したのを皮切りに、6月に最大手のハリファックス（リーズ・パーマネントと合併）、7月にウールウィッチおよびブリストル・アンド・ウェスト、10月にノーザンロックと続くこととなった。

　これらの旧住宅金融組合のメンバーは、1～2,000ポンド平均の収入となりうる株式の交付等があり、各銀行（旧組合）は株式売却を望む株主のために子会社による特別のブローキング・サービス等を提供した。なお、この株式の売却益は全額がキャピタルゲインと認識されるが、1997年度のキャピタ

**図表 8 − 2　金利比較（1997年 8 月時点）**

(単位　％)

|  | 預金（インスタント・アクセス・アカウント：段階金利）住宅ローン ||||| 
|---|---|---|---|---|---|
|  | £500 | £2,500 | £5,000 | £10,000 | (変動) |
| 銀行転換 | | | | | |
| アビーナショナル | 3.00 | 3.25 | 3.55 | 3.80 | 8.45 |
| アライアンス・アンド・レスター | 2.70 | 2.75 | 2.80 | 2.85 | 8.45 |
| ブリストル・アンドウェスト | 2.50 | 3.00 | 3.40 | 3.80 | 8.45 |
| チェルトナム・アンド・グロースター | 2.00 | 2.00 | 2.00 | 3.15 | 8.45 |
| ハリファックス | 0.50 | 0.50 | 0.50 | 0.50 | 8.45 |
| ウールウィッチ | 3.00 | 3.15 | 3.50 | 3.85 | 8.45 |
| 相互組織 | | | | | |
| ブラッドフォード・アンド・ビングレー | n/a | 3.10 | 3.60 | 3.90 | 7.99 |
| ブリタニア | 3.50 | 3.50 | 3.50 | 3.50 | 6.99 |
| コベントリー | n/a | 1.60 | 3.35 | 3.35 | 8.45 |
| ネーションワイド | n/a | n/a | 4.50 | 4.50 | 8.10 |
| ポートマン | n/a | 5.25 | 5.25 | 5.25 | 8.20 |
| スキプトン | n/a | 4.20 | 5.50 | 5.50 | 8.20 |

［出所］Investors Chronicle [1997b] p.30.

ルゲインの非課税限度額は6,000ポンドであり、それのみでは課税対象とはならなかった。

　図表 8 − 2 は、1997年 8 月時点における銀行に転換した旧住宅金融組合と相互組織に残ることを選択した住宅金融組合の金利比較の表であるが、相互組織の方が若干住宅ローン金利が低く、預金（出資金）金利も高いが、臨時ボーナスに比べて魅力的なものとも思われない。これはとくに少額の出資者において認められるであろう。また、図表 8 − 3 は1990年代の大手金融機関の金利マージンを比較したものであるが、ビッグフォーに比べて旧住宅金融組合の金利マージンは小さいということが確認できる一方、金融情勢等があり単純な比較は注意しなければならないものの1997年の前後で旧住宅金融組

第8章　住宅金融組合とその相互組織性

**図表8-3　金利マージン**

(単位　％)

| | | 1994 | 1995 | 1996 | 1997 | 1998 | 1999 |
|---|---|---|---|---|---|---|---|
| アビーナショナル | | 1.7 | 1.7 | 1.8 | 1.7 | 1.7 | 1.8 |
| アライアンス・アンド・レスター | | ‥ | 2.6 | 2.8 | 3.0 | 3.0 | 2.7 |
| バンク・オブ・スコットランド | | 2.6 | 2.8 | 2.6 | 2.7 | 2.8 | 2.9 |
| バークレイズ | 国内 | 4.1 | 4.2 | 4.3 | 4.5 | 4.4 | 4.5 |
| | 国際 | 1.9 | 2.0 | 1.6 | 1.3 | 1.6 | 1.5 |
| | グループ | 3.2 | 3.3 | 3.3 | 3.4 | 3.4 | 3.4 |
| ハリファックス | | 2.1 | 2.2 | 2.2 | 2.2 | 2.1 | 1.9 |
| HSBC | 国内 | 2.9 | 3.0 | 2.8 | 2.7 | 2.5 | 2.7 |
| | 国際 | 2.7 | 1.7 | 1.7 | 1.8 | 1.9 | 2.3 |
| | グループ | 2.9 | 2.8 | 2.7 | 2.6 | 2.5 | 2.7 |
| ロイズTSB | 国内 | 4.1 | 3.6 | 3.5 | 3.7 | 3.8 | 4.0 |
| | 国際 | 2.1 | 2.0 | 2.1 | 3.8 | 3.7 | 3.2 |
| | グループ | 3.6 | 3.3 | 3.3 | 3.7 | 3.8 | 3.9 |
| ナショナル・ウェストミンスター | 国内 | 3.6 | 4.4 | 4.3 | 4.4 | 4.3 | 4.0 |
| | 国際 | 1.7 | 2.0 | 2.0 | 1.4 | 1.6 | 2.1 |
| | グループ | 2.6 | 3.1 | 3.2 | 3.3 | 3.3 | 3.2 |
| ノーザンロック | | 1.9 | 2.0 | 2.0 | 1.9 | 1.6 | 1.4 |
| ロイヤル・バンク・オブ・スコットランド | 国内 | 2.6 | 2.4 | 2.3 | 2.2 | 2.3 | 2.2 |
| | 国際 | 3.3 | 3.1 | 3.0 | 3.5 | 3.5 | 3.4 |
| | グループ | 2.7 | 2.6 | 2.5 | 2.5 | 2.5 | 2.5 |
| ウールウィッチ | 国内 | ‥ | ‥ | 2.3 | 2.2 | 2.2 | 2.1 |
| | 国際 | ‥ | ‥ | 2.8 | 2.7 | 2.2 | 1.9 |
| | グループ | ‥ | ‥ | 2.2 | 2.1 | 2.2 | 2.1 |

[出所] British Bankers' Association [2000] p.35.

図表 8 − 4　ROEおよびROA

(単位　%)

|  | 1994 | 1995 | 1996 | 1997 | 1998 | 1999 |
|---|---|---|---|---|---|---|
| (ROE) |  |  |  |  |  |  |
| アビーナショナル | 25.2 | 26.0 | 26.6 | 26.2 | 28.1 | 29.3 |
| アライアンス・アンド・レスター | ‥ | 20.4 | 19.6 | 23.5 | 24.6 | 28.6 |
| バンク・オブ・スコットランド | 20.5 | 29.8 | 29.0 | 30.5 | 28.0 | 32.6 |
| バークレイズ | 28.2 | 27.4 | 30.4 | 21.6 | 23.2 | 27.8 |
| ハリファックス | ‥ | ‥ | 14.1 | 22.6 | 23.8 | 23.3 |
| HSBC | 29.6 | 29.2 | 30.9 | 36.6 | 31.8 | 35.1 |
| ロイズTSB | 28.8 | 34.1 | 49.0 | 50.2 | 40.1 | 41.5 |
| ナショナル・ウェストミンスター | 23.7 | 23.0 | 17.3 | 11.9 | 24.8 | 24.0 |
| ノーザンロック | ‥ | ‥ | ‥ | 20.4 | 27.0 | 24.3 |
| ロイヤル・バンク・オブ・スコットランド | 27.8 | 27.6 | 26.1 | 23.5 | 32.9 | 27.9 |
| ウールウィッチ | 20.7 | 19.8 | 19.7 | 21.2 | 28.3 | 29.0 |
| (ROA) |  |  |  |  |  |  |
| アビーナショナル | 1.0 | 1.1 | 1.0 | 0.9 | 1.0 | 1.1 |
| アライアンス・アンド・レスター | ‥ | 1.3 | 1.3 | 1.6 | 1.7 | 1.7 |
| バンク・オブ・スコットランド | 0.9 | 1.3 | 1.2 | 1.4 | 1.4 | 1.7 |
| バークレイズ | 1.1 | 1.2 | 1.3 | 0.8 | 0.9 | 1.0 |
| ハリファックス | ‥ | ‥ | 0.9 | 1.4 | 1.4 | 1.2 |
| HSBC | 1.1 | 1.1 | 1.3 | 1.6 | 1.5 | 1.7 |
| ロイズTSB | 1.8 | 1.3 | 1.9 | 2.3 | 2.1 | 2.4 |
| ナショナル・ウェストミンスター | 1.0 | 1.0 | 0.7 | 0.5 | 1.2 | 1.3 |
| ノーザンロック | ‥ | ‥ | ‥ | 0.9 | 1.2 | 1.1 |
| ロイヤル・バンク・オブ・スコットランド | 1.2 | 1.2 | 1.2 | 1.1 | 1.3 | 1.4 |
| ウールウィッチ | 1.1 | 1.2 | 1.2 | 1.3 | 1.5 | 1.6 |

(注) ROEおよびROAは税引前利益ベース。
[出所] British Bankers' Association [2000] p.33.

合の金利マージンが拡大したということはないのである。
　さらに図表 8 − 4 は、1990年代の大手金融機関のROEおよびROA（税引前利益ベース）をみたものであるが、旧住宅金融組合の多くは収益性を強化しており、他の大手銀行に比べて劣っているということもない。

第 8 章　住宅金融組合とその相互組織性

**図表 8 － 5　株式保有構造（年末時点調査）**

(単位 %)

|  | 1963 | 1969 | 1975 | 1981 | 1989 | 1990 | 1991 | 1992 | 1993 | 1994 | 1997 |
|---|---|---|---|---|---|---|---|---|---|---|---|
| 海外 | 7.0 | 6.6 | 5.6 | 3.6 | 12.8 | 11.8 | 12.8 | 13.1 | 16.3 | 16.3 | 24.0 |
| 保険会社 | 10.0 | 12.2 | 15.9 | 20.5 | 18.6 | 20.4 | 20.8 | 19.5 | 20.0 | 21.9 | 23.5 |
| 年金基金 | 6.4 | 9.0 | 16.8 | 26.7 | 30.6 | 31.7 | 31.3 | 32.4 | 31.3 | 27.8 | 22.1 |
| 個人 | 54.0 | 47.4 | 37.5 | 28.2 | 20.6 | 20.3 | 19.9 | 20.4 | 17.7 | 20.3 | 16.5 |
| ユニット・トラスト | 1.3 | 2.9 | 4.1 | 3.6 | 5.9 | 6.1 | 5.7 | 6.2 | 6.6 | 6.8 | 6.7 |
| インベストメント・トラスト |  |  |  |  | 1.6 | 1.6 | 1.5 | 2.1 | 2.5 | 2.0 | 1.9 |
| その他金融機関 | 11.3 | 10.1 | 10.5 | 6.8 | 1.1 | 0.7 | 0.8 | 0.4 | 0.6 | 1.3 | 2.0 |
| 慈善団体等 | 2.1 | 2.1 | 2.3 | 2.2 | 2.3 | 1.9 | 2.4 | 1.8 | 1.6 | 1.3 | 1.9 |
| 非金融民間会社 | 5.1 | 5.4 | 3.0 | 5.1 | 3.8 | 2.8 | 3.3 | 1.8 | 1.5 | 1.1 | 1.2 |
| 公共セクター | 1.5 | 2.6 | 3.6 | 3.0 | 2.0 | 2.0 | 1.3 | 1.8 | 1.3 | 0.8 | 0.1 |
| 銀行 | 1.3 | 1.7 | 0.7 | 0.3 | 0.7 | 0.7 | 0.2 | 0.5 | 0.6 | 0.4 | 0.1 |
| 総計 | 100.0 | 100.0 | 100.0 | 100.0 | 100.0 | 100.0 | 100.0 | 100.0 | 100.0 | 100.0 | 100.0 |

［出所］Office for National Statistics [1999] p.8.

　ところで、1997年に株式会社化した住宅金融組合の新規の株主数は1,600万人にのぼり、これはサッチャー政権が推進した国営企業の民営化により新たに株主となった人数800万人よりもはるかに多い。しかしながら、住宅金融組合の株式会社転換は必ずしもイギリスの株式保有構造全体に影響を与えるまでのものにはならなかった。図表 8 － 5 は、株式保有構造の推移をみたものであるが、これをみるならばイギリスにおいて株式の機関投資家保有が進展してきた一方で、個人持株比率が低下してきたことがわかるであろう。1997年末時点調査では統計の取り方の変更等の影響もあるが個人持株比率は1994年末時点調査より低下しているのである。ただしこれは株式交付を受けた旧メンバーがすぐにこれを売却したということを意味しない。アライアンス・アンド・レスター、ハリファックス、ウールウィッチに相互組織から株式会社に転換した保険会社のノーリッチ・ユニオンの株式保有構造をみたのが図表 8 － 6 であるが、これらの個人持株比率は60％を超しているのである。これらの会社は、株式会社といっても小規模零細の株主を多く抱えるという、過去において相互組織であったことによる特質を示しているのである。

図表8-6　相互組織から転換した会社の株式保有構造
(1997年末)（全会社との比較)

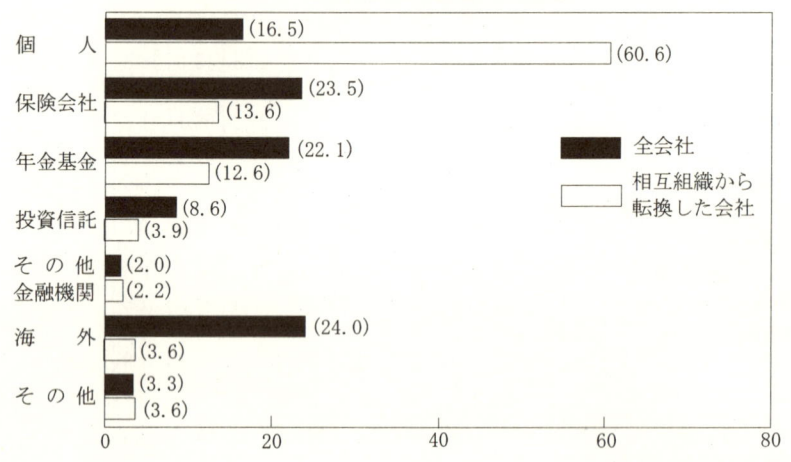

| | 全会社 | 相互組織から転換した会社 |
|---|---|---|
| 個人 | 16.5 | 60.6 |
| 保険会社 | 23.5 | 13.6 |
| 年金基金 | 22.1 | 12.6 |
| 投資信託 | 8.6 | 3.9 |
| その他金融機関 | 2.0 | 2.2 |
| 海外 | 24.0 | 3.6 |
| その他 | 3.3 | 3.6 |

注）　相互組織から転換した会社は、アライアンス・アンド・レスター、ハリファックス、ウールウィッチの3旧住宅金融組合およびノーリッチ・ユニオン（保険会社）の計4社。

[出所] Office for National Statistics [1999] p.16.

　しかし、1997年末時点においてこれらの会社の機関投資家の保有割合がすでに30％を超えているという点にも着目すべきであろう。これらの会社の株式は、1997年中にイギリスの代表的な株価指数であるFT100の構成銘柄となった。イギリス機関投資家の典型的な運用パターンはインデックス運用であり、この面からもこれらの会社の株式への投資は必然的に増加することとなった。

## IV. 住宅金融組合と相互組織性

### 1. 相互組織性についての議論

　大手の住宅金融組合の相互組織から株式会社（銀行）への転換表明が相次ぐなかで、住宅金融組合独自の業界団体である住宅金融組合協会（BSA）は、金融論研究で名高いラフバラ大学のバンキングセンターに「相互組織の経済

## 第8章 住宅金融組合とその相互組織性

学および住宅金融組合の未来」という研究を委託した。この委託研究の成果は転換ラッシュの1997年7月に7分冊でBSAより出版された。

そのタイトルを英文のまま示せば以下のとおりである。

No.1 Reflection on Mutuality v. Conversion Debate
No.2 The Mutuality v. Conversion Debate
No.3 The Economics of Mutuality
No.4 Corporate Governance and the Market for Corporate Control
No.5 Trends in British Financial System : The Context for Building Societies
No.6 The Economics of Diversification
No.7 Contract Banking and its Potential for Building Societies

タイトルをみればわかるとおり住宅金融組合をめぐる問題点が広範に検討されている。そのすべてについてここで紹介・検討することは紙幅の関係から困難であるので、総括的な議論が展開されかつ住宅金融組合の相互組織性の問題について検討されている2番目のペーパー（No.2 The Mutuality v. Conversion Debate）の内容を中心に以下で紹介し、検討を加えることとしたい。

まず同ペーパーは、企業の形態として株式会社と相互組織の間に優劣を認めることはできないとしている。すなわち相互組織は企業形態として株式会社に比べて劣っているから住宅金融組合の銀行（株式会社）転換が進んだわけではないとしている。それは相互組織としての制約よりも業務規制そのものが大きいとしているのである。

ここで同ペーパーは、多様な形態の企業が並存することのメリットを強調している。しかしこのメリットは転換の是非を問われている個別の住宅金融組合の出資者には認識することが難しいことから、実際の転換は進展したと分析している。

株式会社以外の形態の金融機関はイギリス以外にも広範に存在する。ある意味では、長期性の金融機関においては相互組織であることが自然でもあるとしている。

つぎに同ペーパーでは、相互組織の株式会社と比較しての特徴を以下のとおり述べている。すなわち、相互組織には外部株主が存在せず、利益はすべて準備金に算入される。また、外部に資本を供給してくれる特別のリスクテイカーが存在しない。相互組織の場合、劣後債務を除けば自己資本の唯一の供給源が利益なのである。このことは企業におけるステークホルダーが、相互組織においては株式会社より１カテゴリーだけ少ないことを意味し、顧客と株主の間に摩擦が生じることはないということを意味する。ここで問題は外部株主の存在が企業の効率性を増加させるかという点であると同ペーパーは指摘している。一般的にいって金融機関における外部株主の存在がエージェンシー問題やアカウンタビリティ問題をより効率的に解決するとはいえず、したがってこのことが多くの国において相互組織の金融仲介機関が存在する理由であり、それが自然でもあると先に述べた理由であるとしている。
　より重要な問題は相互組織としての住宅金融組合が顧客にとって効率的な存在であるか否かである。外部株主が存在せず配当負担のない住宅金融組合は、①金利マージンを縮小させずに高い利益を上げ、それを準備金に算入する、②金利マージンは縮小させないが年度末に何らかのかたちで利益を還元する、③金利マージンを（持続可能なレベルではあるが）縮小させマーケットシェアを拡大する、といった戦略をとることが可能である。このなかで実際に住宅金融組合が採用してきた戦略は第一のものであったと同ペーパーは分析している。住宅金融組合は商業銀行の価格設定をみながら貸出金利、出資金金利を決定し（これによる金利マージンは必要とされるものより大きい）準備金を積み上げてきたというのである。
　このように蓄積されてきた準備金（資本）は、メンバーに所属するものであるが、相互組織のメンバーの場合、株式会社の株主と異なり株式を市場で売却することにより現金化することはできない。住宅金融組合の株式会社転換は蓄積された準備金（資本）をその所有者に還元するひとつの方法であり、これがある段階において求められることは考えられると同ペーパーは指摘している。
　先に若干触れたエージェンシー問題およびアカウンタビリティ問題に関連

## 第8章　住宅金融組合とその相互組織性

して、相互組織には、その目的が曖昧であるという批判や所有者があまりに分散していたり株式市場による規律が働かないためコーポレート・ガバナンス上の問題が発生するという批判があることを同ペーパーは紹介している。これにたいして同ペーパーは、コーポレート・ガバナンスの問題は結局のところ効率的な資源配分がなされるか否かの問題に帰着するとしている。したがって、重要なのはある企業が競争的な市場環境のもとで営業しているか否かであり、コーポレート・ガバナンスの問題は二次的な問題にすぎないとしている。すなわち相互組織であることにより経営者の規律に問題が生じる可能性はあるにしても、実際には競争がモラルハザードの可能性を局限しているというのである。

いわゆるエージェンシー・コストについては、住宅金融組合においてそれが大きなものであるという証拠はなく（株式会社と比べても）、その効率性に問題があるという証拠もないとしている。さらに住宅金融組合においては、所有者（出資者）は単純にそれを引き出すことにより部分的な清算をすることが可能であり、このことが経営者の規律を維持させるのに役立つともしている。

また、株主は経営者がリスキーな経営を行いそれがたまたま成功した場合に株価が上昇することによる利益があることからリスキーな経営を時として好むことがある一方、相互組織金融機関の出資者はリスキーな経営からえられるものはほとんどないことからそうした行動は好まないという傾向があるとし、これが金融機関において相互組織形態が一般的な理由であるとしつつ、コーポレート・ガバナンスにおいて相互組織に難点があるという見解を否定している。

結局、同ペーパーは株式市場を通じる市場規律への疑問を提示し、相互組織に問題ありとの議論は特殊アングロ＝サクソン的であると断じている。その一方、相互組織には積極的に評価すべき点も多いとしている。その具体的な内容は以下のとおりである。

①相互組織の住宅金融組合は、金利設定、ROA、全体的な効率性において銀行より常に勝っている。

②資本市場からの資金調達ができないことがリスキーな行動を抑制する点でポジティブに働いている。
③顧客と株主の間の摩擦がないことにより、それに関わるコストが発生しない。
④多くの相互組織の住宅金融組合は地域に基盤をもち地域に密着している。
⑤資本市場からの短期的視点による圧力がかかることがない。

　これらに加えて、強力な相互組織セクターの存在によるメリットもまた以下のように列挙し、これが公共政策上の課題となるとしている。
①金融制度において異なる組織形態の企業が並存することにメリットがあること。
②ある種の事態が発生した場合に、それにたいしてどの企業形態がよく対応できるかは予測不可能であるため、異なる組織形態の企業が並存することが望ましい。
③異なる行動様式により競争が高まること。

　同ペーパーは先にも述べたとおり、このいわばシステミック・インタレストをより強調している。すなわち、同種の組織形態の企業は似たような行動をとりやすいことから、異なる組織形態の企業が並存することは競争的な市場環境の維持のために必要であり、それは公共政策の目的とも合致するというのである。そしてこのことは景気が下降しているときに株式会社組織の金融機関はリスキーな行動をとりやすいことから特に重要であるとしている。

　それでは個別の住宅金融組合はなぜ株式会社に転換したのであろうか。そのひとつの理由は資金調達手段の多様化であろう。しかし、同ペーパーは銀行は往々にして資本市場から調達した資金以上に配当金の形態で株主に資金を分配しているとしている。このことは、銀行は株主が当該資金を銀行外で運用するより内部で運用する方がリターンが低いことを示しているのではないかというのである。

　もうひとつの転換の理由は、業務の多様化であろうが、その他の理由として同ペーパーが挙げているのは以下のものである。
①メンバーによる株式会社転換（これまでに蓄積してきた資本金を分配する）

への要求。
②金融システムの変化に対応するため。
③ホールセール資金の調達の自由度を増すため。
④業務を多様化するため。
⑤相互組織では不適格とされるようなリスキーな業務分野へも進出するため。

　さらにこれに加えて、株式会社転換により株式を手にすることは容易であること、および現在のメンバーが、過去のメンバーが蓄積してきた準備金を放出し確定することができることを理由として挙げている。転換後に当該金融機関の金利マージンが拡大したとするならば、そのことは現在のメンバーが将来の顧客から利益を奪ったことになる。現在のメンバーが過去のメンバーおよび将来の顧客から補助金を受け取ることができるのであれば、転換の是非を問う投票において賛成票を投じるのは当然であるとしている。また、転換を予想して新たにメンバーとなった場合には賛成票を投じるのは当然であるし、小口のメンバーも大口のメンバーも、またメンバーである期間の長短によっても投票権に差異がないのは皮肉であるともしている。これはメンバーが長期的視野から判断しないこともその一因であるとしている。

　この傾向が続くならば相互組織としての住宅金融組合から株式会社（銀行）への転換が相次ぎ、相互組織の金融機関が消えてしまうことにもなりかねない。個別のメンバーが異なる組織形態の金融機関が並存することに利益があると考える必要はないわけであり、その利益を守ることは公共政策的課題となると同ペーパーは指摘している。これについては政府が何らかの防衛策、たとえばメンバー期間が2年以内の場合には、転換の是非を問う投票の権利を与えない等の規制が必要であるとしているのである。

　同ペーパーは、次に住宅金融組合の未来につい簡単に触れている。このテーマはより本格的にはシリーズの第5分冊において考究されているものであるが、住宅金融組合業界は今後さらなる変革の時期を迎えざるをえないとしている。従来的な業務制限の枠、量的拡大志向、個別組合の行動パターンに個性はみられないといった特徴は、1997年法による業務制限の自由化や合理化圧力の増加により変化せざるをえないとしているのである。その結果、同

ペーパーは住宅金融組合における同質性というのは薄れていくと予想している。

　情報化の進展はリテール金融サービス業を大きく変化させることになる。とりわけ参入障壁の低下を大きな問題として同ペーパーはとらえている。その際に強調されるのは競争の非対称性である。スーパーマーケットや石油会社が金融サービス業に進出可能なのにたいして、住宅金融組合が当該分野に進出するのは不可能に近いというのである。また、新規参入の容易さに比べて、現在の市場参加者が退出するのは困難であるとし、結果としてリテール金融サービスにおける過剰供給が発生しているとしている。また、新規参入者は、特定の狭い分野に資源を集中的に供給することにより急成長が可能であるとしている。

　環境変化のなかで住宅金融組合がとる戦略のうえで考慮されなければならないのが業務の多様化および規模の拡大戦略である。この点はシリーズの第6分冊において本格的に考究されている点であるが、同ペーパー（第2分冊）においてもその概略が述べられている。

　まず業務の多角化についてであるが、一般的にはそれは①新規分野への進出、②広範囲の業務展開により顧客にワン・ストップ・サービスが提供できる、③顧客のロイヤリティを向上させる、④狭い範囲の業務に特化することによるリスクを軽減できるといった積極的な側面があると同ペーパーは指摘している。しかし、同ペーパーの結論は、業務の多様化は個別の金融機関にとって普遍的な戦略とはいえず、特化戦略もまた成功の可能性のある戦略であるというものである。

　将来のリテール金融システムの姿として同ペーパーが示しているのは図表8-7であるが、住宅金融組合としては種々の特化戦略により生き残っていくことは可能であるとしている。当然、ある種の銀行および住宅金融組合は多様化戦略を追求するであろうが、ニッチ分野を志向する金融機関も含めて特化戦略はそれなりの魅力ある戦略であるとしているのである。

　また、金融機関における規模の経済に関しては、一定程度は認めつつも、規模そのものよりも組織のあり方の方が重要であるとしている。ここで問題

第8章　住宅金融組合とその相互組織性

**図表8－7　将来予想されるリテール金融システム**

---
1．少数の金融コングロマリット
　・ホールセール・リテールのフルサービスを提供する金融機関

2．リテール金融コングロマリット
　・パーソナルセクターへ広範囲の金融サービスを提供する金融機関

3．コア・クラスター金融機関
　・コアビジネス周辺の狭い範囲の金融サービスを提供する金融機関

4．専門特化金融機関
　・コアビジネスに特化する金融機関

5．ニッチ分野金融機関
　・特定のニッチ分野に特化した金融機関

6．ジョイント・ベンチャー
　・他の金融機関等と共同で設立
---

[出所] Llewellyn [1997b] p.30.

は垂直的に統合された組織が今後とも要請されるかということであるが、ここで同ペーパーは主として小規模住宅金融組合のための戦略としてコントラクト・バンキングという概念を提示している（この概念について本格的にはシリーズの第7分冊で考究されている）。

　この概念は提携、ジョイント・ベンチャー、アウトソーシング等の活用ということであり、住宅金融組合（および銀行も）が環境変化のなかで競争力を維持し効率性を上昇させるための手段として提示されている。住宅金融組合としては広範なサービスを顧客に提供する一方で、その本体による提供にはこだわらないということであろう。このことは情報技術革新により実行が容易となるであろうし、それによりコストおよびリスクの削減が可能となるとしている。

　以上、ペーパーの内容を紹介してきたわけであるが、そこには各種の興味

深い論点が提示されている。また、アメリカのコミュニティバンク関連の議論やわが国における協同組織金融機関関連の議論によくあるように、地域密着性を必要以上に強調したり株式会社との行動様式の違いを必要以上に強調していない点は納得のできるものである。これは、企業の組織形態の優劣を論じることにそれほど意味はないという基本的発想によるものであろう。その意味で、同ペーパーは住宅金融組合の生成の歴史へのこだわりをほとんどみせてはいない。

一方、強調しているのは異なる企業形態の金融機関が並存することのメリットであるが、これについては必ずしも論証に成功しているとは思われない。企業形態が単一であることによりデメリットが生じた実例が示されたわけではないし、同一の企業形態の金融機関が同じ行動パターンをとるといってよいかについても疑問が残る。むしろペーパーが強調しているのは、今後各金融機関の戦略が多様化するであろうということであるように思われるからである。結局、同ペーパーから導き出される結論は、今後においてもその戦略如何によっては小規模の相互組織の住宅金融組合が生き残っていくことは十分可能であるということなのかもしれない。

## 2．住宅信用の原理

イギリスの住宅金融組合の相互組織性についての議論はそれなりに興味深い論点を提示してくれてはいるが、その結論については種々の留保が必要となってくるように思われる。以下では、住宅金融組合と相互組織性についての議論を参考にして、相互組織の是非、多様な企業形態の金融機関の並存の是非といった観点から離れて、一般的になぜ住宅信用が可能なのか、可能となったのかという点について考察してみることとしたい。そのなかで相互組織金融機関である住宅金融組合が住宅信用の主体であった理由もまた明らかになるかもしれないからである。

イギリスの住宅金融組合は1775年に誕生しているが、世界各国において住宅信用が一般化し、資本主義の中核的な金融機構である商業銀行が住宅信用業務に本格的に参入するのはそれほど昔からのことではない。住宅信用は消

費者信用と同様に現代資本主義における新たな信用形態として位置づけるのが適当なのである。

　この住宅信用の一般化という事態が発生したのは、需要があり供給があったからというだけでは不十分であろう。

　住宅信用にたいする需要は、個人所得の上昇傾向等から持家志向が高まる一方、自己資金だけで住宅を購入ないし建設することは通常は難しいことから発生すると考えてよいであろう。このような住宅信用の受信需要にたいして金融機関の側が資金供給（与信）を行えるのはなぜかというのはかなり難しいことであるように思われる。こうした問題意識から、以下では住宅信用の原理についての試論を提出することとしたい。

　住宅信用の信用形態としての特質は、消費者信用と同様に個人の消費支出にたいする貸出であるという点に求められる。それらは商工業貸付と異なり、生産・流通活動に従事し収益をあげることにより返済するものではない。その返済の根拠が利潤の獲得ではなく、個人の将来の所得であり、返済の根拠が不確定な貸出であるといってよい。

　このような個人の将来の所得を返済の根拠とするような貸出は、本来的には資本主義社会の信用機構の中核たる典型的な商業銀行の対象業務の埒外であるといってよい。19世紀のイギリスの商業銀行業務とは、短期の優良手形の割引がその典型的な業務であり、こうした真正手形主義、自己決済性こそが商業銀行に求められたものなのである。

　しかしながら現代の商業銀行は消費者信用業務に進出している。アメリカでは1930年代以降、イギリスでは1950年代後半以降、日本においては1960年代以降、制度的な消費者信用を商業銀行は取り扱ってきているのである。この現代資本主義における新たな信用形態としての消費者信用の登場には歴史的な条件が必要とされる。それは銀行（金融機関）の側に余剰資金があふれるようになったためではない。まずひとつには産業構造の変化により、自動車および電化製品といった耐久消費財産業が中心的な位置につき、その販売への要請から消費者信用への要請があったことが挙げられる。

　もちろん要請があったからといって金融機関の側でこれに応じられる条件

がなければ信用関係は成立しない。それが成立するには受信側の変化もまた重要な要因としてあげられる。20世紀に入って以降、大企業化の進展等を背景として就業構造が徐々に変化することとなった。ここにおいてマスとして登場してくるのが新中間層としてのホワイトカラー労働者である。主として都市部に居住するホワイトカラー労働者（サラリーマン）は、ブルーカラー労働者より一般的にいって所得水準は高く、雇用面でもより安定しているという特徴を有している。このような存在がマスとして登場してきた時点において、金融機関はこの層を与信可能な層と認識するに至ったのであった。[3]

　ところで、超長期（通常）の住宅信用には、中期（通常）の消費者信用よりも大きな困難性が存在する。これは超長期にわたる経済情勢、顧客の信用状態等の予測がきわめて困難であるということである。もちろん、産業構造の変化により、住宅産業の重要度が高まり、その面から住宅信用への要請が強まるということはある。しかしながらそれにより住宅信用の困難性が解決されるわけではないのである。

　消費者信用における自動車ローン等においては与信期間中の所有権が留保されディーラー等にあるわけであるが、住宅信用における住宅・土地にたいする抵当権の設定は同様に与信の困難性を部分的に解除する機構となっている。ただし不動産の場合は、金融機関にとって抵当権の実行、すなわち不動産担保の処分には通常大きな困難が伴うこともまた事実である。

　それでは現代資本主義社会において、金融の原理からは提供困難な住宅信用を資本主義的な信用機構の中核をなす商業銀行までもが提供しうる追加的な条件とはどのようなものであろうか。これには種々のものが考えられるが、まずは持続的なインフレーションすなわち一般物価水準の上昇傾向とこれにともなう名目所得の上昇傾向をあげることができるであろう。さらには不動産価格等の資産価格の持続的な上昇傾向、就業・所得の安定性および持続的所得上昇への期待もまた住宅信用の困難性を解除する機構として働くものと思われる。金融機関としては、不動産価格の上昇は担保価値の上昇につながるわけであり信用リスクが軽減されることとなる。

　また、ホワイトカラー労働者（サラリーマン）の所得年齢曲線には、一般

第 8 章　住宅金融組合とその相互組織性

的にいってブルーカラー労働者と比べて住宅信用に適応しやすい条件が整っている。ブルーカラー労働者の所得・年齢曲線は、比較的若年で上限に達し、以後は横ばいになるのにたいし、ホワイトカラー労働者のそれはほぼ年齢比例的であり、引退直前にピークに達する傾向にある。これはホワイトカラー労働者の将来予測を楽観的にし、住宅信用への需要を発生させる一方、金融機関の側でも信用リスクの判断においてそれを低いものとする条件となってくると思われる。

　しかしながら、住宅信用においては以上のような条件があったとしてもやはり与信の困難性というのは完全には解消されたとはいえない点にその特徴を求めることができる。1990年代の先進諸国におけるディスインフレ傾向や、バブルの崩壊後のわが国の不動産価格の低落等は、あらためて住宅信用の困難性を認識させることとなった。また、わが国においてはホワイトカラー労働者の雇用・所得が不安定化してきており、そこには二極分化傾向が存在する。かつての農民層分解ならぬ新中間層分解とでもいうべき事態まで発生してきているのであり、このような環境下において住宅信用の延滞の問題もまた発生し、直近ではアメリカのサブプライムローン問題に端を発する金融危機まで発生しているのである。

　それはともかくとして、住宅信用にはその困難性という問題が抜きがたく存在するといってよいであろう。というよりは、その困難性が完全に解消されないことこそが住宅信用の原理ではないかという試論（仮説）をここでは提示したいと考える。そうであるからこそ、世界各国において、その困難性を解除するための種々の方策が必要とされたと考えられるのである。世界各国において個性的な住宅金融市場が形成されている理由のひとつもそこにあると考えられはしないであろうか。

　住宅信用の困難性を解除するひとつの方策が公的介入である。これは、住宅政策において住宅信用関連だけでなく持家にたいする種々の税制優遇策もあるが、さらには住宅信用に公的金融機関が関与するという方策がある。日本におけるかつての住宅金融公庫というのはその典型例であるし、ドイツの貯蓄銀行のほとんどは公法上の金融機関であり、各自治体からの出資を受け

入れているほか、預金については各自治体等が無限連帯責任を負っている。また、ドイツにおいては公営の抵当銀行もあり個人向けの住宅ローンの取扱いも行っている。フランスにおいては公的金融機関であるフランス不動産銀行が、個人向けの住宅ローンの取扱いを行っていた。

　住宅信用にたいする公的介入は公的金融機関による信用供与という方策だけではない。アメリカにおいては住宅ローンのオリジネーションは民間住宅金融機関が行うが、連邦政府では連邦住宅庁等がこれら債権について保険または保証を行っている。また、この住宅ローン債権をとりまとめて売却したり、住宅ローン担保証券（MBS）として流通させる第二次市場においては、政府機関の連邦政府抵当金庫や種々の政府支援機関がモーゲージ担保証券の発行・保証等に重要な役割を担っている。

　ところがイギリスにおいては、地方公共団体が住宅ローンの供与をごく部分的に行っていたが、基本的には住宅ローンは民間金融機関が提供してきており、上記の諸国のように住宅信用やその保証、証券化等に関わる公的金融機関は存在しない。イギリスにおいては住宅信用の困難性は、部分的には住宅政策を含む福祉国家政策により支えられてきた面はあろうが、それだけでは十分なものにはなりえない。また、住宅ローンは変動金利制が基本であり、金利リスクは顧客の側が負担してきたという点も困難性の解除には部分的に寄与してきたと思われる。

　ただこれらのことは、日本、ドイツ、フランス、アメリカ等と比べるならば困難性の解除機構としてはかなり弱いものであるといわざるをえない。それがイギリス的な特質であるといってしまえばそれまでであるが、これには住宅金融組合の相互組織としての歴史も部分的には関与しているように思われる。かつての住宅金融組合の融資においては、それが相互組織であることに基づく信頼感があったと想像される。メンバー間に個人的信頼関係があることが融資を可能とし、地域密着性というのはこのような面から必要とされたのではないだろうか。歴史的には、相互組織のもつこのような特色で住宅信用の困難性を一部解除してきたと想像されるのである。

　もちろん、現代の住宅金融組合においてメンバー同士が顔見知りであるな

第 8 章　住宅金融組合とその相互組織性

どといったことは通常は考えられない。しかし、イギリスにおける住宅信用への公的介入の弱さは、歴史的にこれを供給してきた住宅信用組合の相互組織性がごく部分的ではあるかもしれないが影響しているように思われるのである。そのような組織が住宅信用に関するノウハウを長期にわたり蓄積してきたことが、公的加入の弱さの部分的な説明になりうるのではないだろうか。また、ついでにいえば、このような観点から超長期的性格をもつ金融機関（住宅金融組合的な貯蓄金融機関および生命保険会社）に相互組織形態のものが多いのも説明できるのではないかと思われるのである。

　近年においては、業務のノウハウの蓄積、与信管理技術の進歩、個人信用情報の共同利用、証券化の進展（流動化機構の整備）等から住宅信用の困難性はそれほど意識されなくもなってきていた。むしろ金融機関においては、その収益性が注目されていたのである。しかしながら、住宅信用においてはその本来的な困難性とその解除機構の形成という観点での分析は、有効であると思われる。それは、近年の種々の発展もまた困難性の解除を目指したものと分析できるからなのであり、世界金融危機の分析にも有効な視点であると思われるのである。

## V．おわりに

　以上、イギリス住宅金融組合の法制の推移および住宅金融組合業界の実態について検討し、さらにその相互組織性についての議論を紹介、検討した。さらにそこから住宅信用の原理についての試論、そしてイギリスにおける住宅信用への公的介入の弱さと住宅金融組合の相互組織性の関わりについても論じた。

　この相互組織としての住宅金融組合はもうすでにイギリス金融システムにおける位置づけを大きく後退させてしまった。1997年以後、株式会社へと転換する住宅金融組合はしばらく途絶えていたが、1999年4月にハリファックスがバーミンガム・ミッドシャーズを吸収合併したのに続き、2000年7月になりブラッドフォード・アンド・ビングレーが株式会社（銀行）に転換することを決定した。転換については出資者の94.5％（投票参加は70％）、借入人

の89.5％（同53.5％）が賛成票を投じており、圧倒的な支持により転換は決定された。この転換決定を受けて住宅金融組合協会は、当該決定については驚くにはあたらないが、今後、ブラッドフォード・アンド・ビングレーの顧客はボーナスの代償として、低い預金金利、高い住宅ローン金利、支店閉鎖、地域におけるサービスの低下を享受することになろうとの声明を発表した。

　このうちの最後の2項目は、当時イギリスで問題となっていたいわゆる金融排除問題と関連している。イギリスにおいては、大手商業銀行等が支店数を急速に削減してきており、それが貧困層居住地域や過疎地域に集中していることが問題となっている。それが問題とされるのは、貧困層の人々がしばしばコストの高いサービスを享受することを余儀なくされているからである。これらの層は情報技術の進展からは取り残されており、インターネット・バンキングであるとかテレフォン・バンキングの利用は限られたものとなろう。したがって金融機関としては代替的なデリバリー・チャネルの提供が求められることになるかもしれない。

　この金融排除問題にたいして住宅金融組合協会（BSA）は積極的な対応を行ってきている。BSAは金融排除問題についての住宅金融組合の貢献についてのニューキャッスル大学の研究者グループの調査を1999年末に刊行した（Marshall, J.N. et al. [1999]）。この調査は、住宅金融組合は近年急速に支店数を減少させてきている銀行（住宅金融組合から転換したものも含む）に比べて支店数の維持に努めており、貧困層居住地域においても支店の維持に留意しているというものである。また、住宅金融組合から転換した銀行については、貧困層居住地域の支店を閉鎖する傾向が顕著であり、当該地域に新規支店を開設することに最も不熱心であるとしている。

　これは第4章でみた住宅金融組合から転換したノーザンロックの支店数の少なさをみれば納得できる。また住宅金融組合法の規定による資金調達の規制（リテール預金）はサウンド・バンキングの観点からは評価できるものである。2007年以降の金融危機は、資金調達を市場性資金にあまりに頼りすぎた場合の金融機関の流動性リスクの問題をクローズアップさせた。リテール預金という調達手段を持たない金融機関の存立基盤を否定するわけではない

## 第8章　住宅金融組合とその相互組織性

ものの、自己資本比率だけをみていれば金融機関のリスクが把握できるわけではないことが明らかとはなったのである。

注）
1 ）1986年法および1997年法については、法律そのものの他に Building Societies Association［1986］および［1997］を参考にした。
2 ）コリガンは2000年時点で書いた文章（Corrigan［2000］）においても、この見解は基本的に変更する必要はないとしている。
3 ）現代資本主義における新たな信用形態としての消費者信用の位置づけについて詳しくは、斉藤［1994］を参照されたい。

# 参考文献

Bank of England [2004] "*The financial stability conjuncture and outlook*", *Financial Stability Review*, December 2004.

Bank of England [2007a] *Financial Stability Report*, No.22.

Bank of England [2007b] "*Markets and operations*", *Bank of England Quarterly Bulletin* 2007Q4.

Bank of England [2008a] *Financial Stability Report*, No.23.

Bank of England [2008b] "*Markets and operations*", *Bank of England Quarterly Bulletin* 2008Q1.

Bank of England [2009] *Bank of England Quarterly Bulletin*. Volume 49 No.1.

Banks, E. [1999] *The Rise and Fall of the Merchant Banks*, Kogan Page.

Barclays plc. [2008] *Annual Report and Review 2007*.

Barker, K. [2003] *Review of Housing Supply : Securing our Future Housing Needs, Interim Report-Analysis*, HM Treasury.

Barker, K. [2004] *Review of Housing Supply, Delivering Stability : Securing our Future Housing Needs, Final Report-Recommendations*, HM Treasury.

Barker, K. [2005] *The Housing Market and the Wider Economy*, Bank of England.

Boléat, M. [1980] *New lenders and the secondary mortgage market*, The Building Society Association.

Boléat, M. [1986] *The building Society Industry*, Second Edition, Allen & Unwin.

Boléat, M. [1989] *Housing in Britain*, Second Edition, Building Societies Association.

British Bankers' Association [1996] *Annual Abstract of Banking Statistics*, Volume 13.

British Bankers' Association [1998] *Annual Abstract of Banking Statistics*, Volume 15.

British Bankers' Association [2000] *An Abstract of Banking Statistics*, Volume 17.

参考文献

Bucknall, B. [1985] *Housing finance*, Chartered Institute of Public Finance and Accountancy.

Building Societies Association [1980] *A Compendium of Building Society Statistics*, Eighth Edition.

Building Societies Association [1986] *Guide to the Building Societies Act 1986*.

Building Societies Association [1990] *A Compendium of Building Society Statistics*, Eighth Edition.

Building Societies Association [1997] *The Building Societies Act 1997-A BSA Summary*.

Building Societies Association and Council of Mortgage Lenders [1996] *Compendium of Housing finance Statistics 1996*.

Canls, J. [1997] *Universal Banking*, Clarendon Press.

Central Statistic Office [1996] *Social Trends* 26, 1996 Edition, HMSO.

Coles, A. [1990] *Recent Developments in Building Societies and the Saving and Mortgage Markets*, Building Societies Association.

Coopers & Lybrand [1996] *Savings: The Inequality of Taxation*, Building Societies Association.

Council of Mortgage Lenders [2007a] *CML News & Views*, No.13/2007.

Council of Mortgage Lenders [2007b] *CML Market Commentary*, November 2007.

Corrigan. E. J. [1982] *"Are Banks Special?" Federal Reserve Bank of Minneapolis Annual Report 1982*.

Corrigan. E. J. [2000] *"Are Banks Special? A revisitation"*, The Region, Vol.14 No.1.

Cunningham, J. and Samter, P. [2007] *Housing and mortgage market forecasts: 2007-2008*, Council of Mortgage Lenders.

Cutler, J. [1995] *"The housing market and the economy"*, Bank of England Quarterly Bulletin, volume35 Number3.

Datamonitor [2005] *Mortgage Funding and Securitization in the UK—The last battle line in the mortgage market*.

Department of the Environment and the Welsh Office [1995] *Our Future*

*Homes*, June 2005.

Dijik, R. and Garga, S. [2006] *UK mortgage underwriting*, Council of Mortgage Lenders.

Drake, L. [1997] *The Economics of Mutuality*, Building Societies Association.

Earley, F. [2005] "*What influences mortgage products?*", *CML Housing Finance*, March 2005.

Finance & Leasing Association [2008] *A consumer guide to payment protection insurance*, Finance & Leasing Association.

Financial Services Authority [2004] *Mortgages: Conduct of Business*.

Gardiner, K. and Paterson, R. [2000] *The potential for mortgage securitisation in the UK and Europe*, Housing Finance NO 45, Council of Mortgage Lenders.

Gieve, J. [2008] *The impact of the financial market disruption on the UK economy*. (http://www.bankofengland.co.uk/publications/speeches/2008/speech332.pdf)

Hanson, D.G. [1982] *Service Banking: The Arrival of the All-Purpose Bank*, Second Edition, Institute of Bankers.

HM Treasury, FSA and BOE [2007] *Banking reform-protecting depositors: a discussion paper*.

Holmans, A. and Karley, K. and Whitehead, C. [2003] *The Mortgage Backed Securities Market in the UK: overview and prospects*, Council of Mortgage Lenders.

Holmans, A. [1987] *Housing Policy in Britain*, Croom Helm.

Holmes, A.R. and Green, E. [1986] *Midland*, Battsford.

HSBC plc. [2008] *Annual Report and Accounts 2007*.

International Monetary Fund [2008a] *Global Financial Stability Report*, October 2008.

International Monetary Fund [2008b] *World Economic Outlook*, April 2008.

International Monetary Fund [2008c] *World Economic Outlook*, October 2008.

International Monetary Fund [2009] *World Economic Outlook Update*, February 2009.

Investors Chronicle [1997a] "Savers Set for a Share of the Action", *Investors*

*Chronicle*, 18 April.
Investors Chronicle [1997b] "Long wait for Building Societies to Deliver", *Investors Chronicle*, 12 September.
Johnson, P. [1994] "*Introduction : Britain,1900-1990*", *20th Century Britain : Economic, Social and Cultural Change*, Longman.
Jones, J. [1995] "*British Multinational Banking*", Oxford University Press. (坂本恒夫・正田繁監訳 [2007年]『イギリス多国籍銀行史』日本経済評論社)
Kemp, P and Pryce, G. [2002] *Evaluating the Mortgage Safety Net*, Council of Mortgage Lenders.
Llewellyn, D.T. [1997a] *Reflections on the Mutuality v Conversion Devate*, Building Societies Association.
Llewellyn, D.T. [1997b] *The Mutuality v Conversion Devate*, Building Societies Association.
Llewellyn, D.T. [1997c] *Trends in the British Financial System : The Context for Building Societies*, Building Societies Association.
Llewellyn, D.T. [1997d] *The Economics of Diversification*, Building Societies Association.
Llewellyn, D.T. [1997e] *Contract Banking and its Potential for Building Societies*, Building Societies Association.
Llewellyn, D.T. and Holms, M. [1997] *Corporate Governance and the Market for Corporate Control : Mutual and PLCs*, Building Societies Association.
LloydsTSB plc. [2008] *Annual Report and Accounts 2007*.
LloydsTSB plc. [2009] *Annual Report and Accounts 2008*.
Lorenz, A. [1996] *BZW : The First Ten Years*, BZW house press.
Marshall, J.N. et al. [1999] *The Contribution of Building Societies to Financial Inclusion*, Building Societies Association.
Miles, D. [2003] *The UK Mortgage Market : Taking a Longer-Term View- Interim Report*, HM Treasury.
Miles, D. [2004] *The UK Mortgage Market : Taking a Longer-Term View- Final Report and Recomendations*, HM Treasury.
Nationwide Building Society [2007] *Annual Report and Accounts 2006*.
Northern Rock plc. [2007] *Annual Report and Accounts 2006* .

Northern Rock plc. [2008] *Annual Report and Accounts 2007.*
Office for National Statistics [1999] *Share Ownership: A Report on the Ownership of Shares at 31st of December 1997*, Stationery Office Books.
Pannell, B. [1996] "Recent Developments in the Housing and Savings Markets", *Housing Finance*, No.31.
Reed, R. [1989] *National Westminster Bank. A Short History*, National Westminster Bank.
Rogers, D. [1999] *The Big Four British Banks: Organisation, Strategy and the Future*, Palgrave Macmillan.
Royal Bank of Scotland plc. [2008] *Annual Report and Accounts 2007.*
Ryan, K. [1996] "Building Society Conversions", *Financial Stability Review*, Issue One, Bank of England.
Sayers, R. [1957] *Lloyds Bank in the History of English Banking*, Oxford University Press.
Scott, G., Taylor, M. and Birry, A. [2007] *UK Mortgage Lenders Northern Rock PLC-An Update*, Fitch Ratings.
Smith, J. and Vass, J. [2004] "Mortgage equity withdrawal and remortgaging activity", *Housing Finance* 63, Council of Mortgage Lenders.
Stephens, M. and Quilgars, D. [2007] "Managing arrears and possessions", *CML Housing Finance*, May 2007, Council of Mortgage Lenders.
Tatch, J. and Vass, J. [2004] "Mortgage lending in 2003: analysis from the SML", *Housing Finance* 62, Council of Mortgage Lenders.
The Economist [1999a] "Marrying money",*The Economist*, 26 June.
The Economist [1999b] "Legal robbery",*The Economist*, 11 September.
The Economist [1999c] "The Scottish play",*The Economist*, 2 October.
The Economist [1999d] "Scotched",*The Economist*, 4 December.
The Economist [2000] "HSBC treads softly",*The Economist*, 8 April.
Twinn, C.I. [1994] *"Asset-backed securitisation in the United Kingdom" Bank of England Quarterly Bulletin*, Volume34 Number2.
Walsh, P. and Freeman, T. [1995] *The UK Secondary Mortgage Market— securitisation and Portfolio Sales*, Council of Mortgage Lenders.
Winston, J. [1982] *Lloyds Bank*, Oxford University Press.

参考文献

イギリス資本市場研究会 [2006]『イギリスの金融規制』(財)日本証券経済研究所。
岩田健治 [2009]「なぜヨーロッパで危機が顕在化したのか?」『世界経済評論』2009年3月号。
海外住宅金融研究会[2000]『欧米の住宅政策と住宅金融』(新版)(財)住宅金融普及協会。
倉橋透 [2007]「イギリス、オーストラリアにおける住宅金融市場の証券化の歴史と現状(上)」『季報 住宅金融』2007年度秋号。
倉橋透 [2008]「イギリス、オーストラリアにおける住宅金融市場の証券化の歴史と現状(下)」『季報 住宅金融』2007年度冬号。
斉藤美彦 [1990]「1980年代における英国住宅金融組合の動向」『金融』第524号。
斉藤美彦 [1994]『リーテイル・バンキング―イギリスの経験―』時潮社。
斉藤美彦 [1996a]「イギリスの貯蓄金融機関」相沢幸悦・平川本雄編『世界の貯蓄金融機関-国民生活に不可欠な金融機関の役割』日本評論社,第2章。
斉藤美彦 [1996b]「イギリスにおける株式保有構造」『証券レビュー』第36巻 第10号。
斉藤美彦 [1997a]「イギリス投資信託の発展とその性格変化」ロンドン資本市場研究会編『機関投資家と証券市場』(財)日本証券経済研究所,第4章。
斉藤美彦 [1997b]「近年の英国住宅金融組合の動向」『証券経済研究』第6号。
斉藤美彦 [1997c]「貯蓄金融機関の生成・発展とその性格変化」『証券経済研究』第7号。
斉藤美彦 [1997d]「ヨーロッパにおけるバンカシュアランス」『証券経済研究』第10号。
斉藤美彦 [1998]「イギリスにおける住宅政策と住宅金融」『住宅問題研究』Vol.14, No.1。
斉藤美彦 [1999a]『イギリスの貯蓄金融機関と機関投資家』日本経済評論社。
斉藤美彦 [1999b]「イギリスの金融サービス法制について」『地銀協月報』第472号。
斉藤美彦 [1999c]「英国リテールバンキングの現状」①〜⑤『月刊消費者信用』第17巻第3〜7号。
斉藤美彦 [1999d]「イギリスの金融サービス法制について―金融サービス市場法案を中心に」『地銀協月報』第472号。
斉藤美彦 [2000a]「英国金融サービス・市場法について」『金融』第644号。
斉藤美彦 [2000b]「1990年代のイギリス四大銀行」『証券経済研究』第28号。

斉藤美彦 [2000c] 「イギリス住宅金融組合とその相互組織性―住宅信用の原理を求めて―」『住宅問題研究』Vol.16 No.3．

斉藤美彦 [2001] 「イギリスにおける住宅金融と公的介入の特質」『住宅金融月報』第599号．

斉藤美彦 [2001] 「英国リテール金融機関の再編（上）・（下）」『月刊消費者信用』第19巻第10・11号．

斉藤美彦 [2002] 「英国の金融サービス補償機構について―預金補償制度を中心に―」『金融』第667号．

斉藤美彦 [2003] 「イギリスにおける金融サービス補償制度の統合について」『証券経済研究』第42号．

斉藤美彦 [2005a] 「イギリスにおける住宅金融市場の動向」『住宅金融月報』第639号．

斉藤美彦 [2005b] 「イギリス住宅金融とマイルズ・レポート」『証券経済研究』第50号．

斉藤美彦 [2006] 「FSA体制下の補償制度とオンブズマン制度」イギリス資本市場研究会編『イギリスの金融規制』（財）日本証券経済研究所,第6章．

斉藤美彦 [2007a] 「イギリスにおける住宅金融業務のアンバンドリング傾向について―モーゲージ・ブローカーを中心に―」『住宅金融月報』第662号．

斉藤美彦 [2007b] 「イングランド銀行の金融調節方式の変更（2006年）について」『証券経済研究』第58号．

斉藤美彦 [2007c] 「イギリスの住宅金融市場の動向と金融機関」『季刊 個人金融』2007年冬号．

斉藤美彦・簗田優 [2008] 「ノーザンロック危機と監督機関の対応」『証券経済研究』第62号．

重頭ユカリ [2000] 「欧州における異業種の銀行参入と銀行の総合金融戦略」『農林金融』2000年8月号．

自治体国際化協会 [2008] 「停滞する住宅市場活性化の施策が発表に」2008年9月．

島田良一 [1987] 「イギリスの住宅政策について―とくにエジンバラ公委員会報告の紹介―」『住宅問題研究』Vol.3 No.3．

住宅金融普及協会 [1992] 『イギリスの住宅金融―中小住宅金融機関の生き残り戦略を探る―』．

高橋正彦 [1998] 「英国における証券化と規制・監督―金融サービス法とイングラ

ンド銀行―」『証券経済研究』第13号。
内閣府 [2008]「世界経済の潮流 2008年Ⅰ」2008年6月。
中井検裕・村木美貴 [2000]「イギリスにおける都市計画を通じた新規住宅供給のコントロール」『住宅問題研究』Vol.16 No.3．
中島明子 [1990]「イギリスにおける住宅協会の役割と住居管理」『住宅問題研究』Vol.6 No.1．
中村正嗣 [2008]『みずほ欧州経済情報』2008年5月号。
中村正嗣 [2009]『みずほ欧州経済情報』2009年2月号。
西田洋二 [1991]「サッチャー政権下の住宅政策と財政」『住宅問題研究』Vol.7 No.1．
日本証券経済研究所 [2005]『図説イギリスの証券市場』(財) 日本証券経済研究所。
日本証券経済研究所 [2008]『図説 イギリスの証券市場（2009年度版）』(財) 日本証券経済研究所。
日本貿易振興機構 [2009]「米国発金融危機の経済・ビジネスへの影響」2009年2月。
福田泰雄 [1994],「イギリスの住宅政策―その成果と教訓―」『住宅問題研究』Vol.10．No.3．
松浦一悦 [2003]「イギリスにおける銀行規制と監督―1987年イングランド銀行（BOE）法と1998年BOE法の考察を中心にして―」『社会科学』第71号。
簗田優 [2008]「イギリスにおける住宅ローン担保証券（MBS）市場の展開」『証券経済研究』第64号。
簗田優 [2009]「イギリスにおける住宅ローン返済問題と住宅ローン利子所得補助制度（ISMI）・住宅ローン返済保証保険（MPPI）」『獨協経済研究年報』第17号。
簗田優 [2009]「世界金融危機とイギリス住宅金融市場」『獨協経済研究年報』第18号。
山下えつ子 [1998]「英国のスーパーはなぜ金融業務に参入したのか」①～⑤『週刊エコノミスト』6月9日、6月16日、6月23日、6月30日、7月7日号。

# 初出一覧

〈第Ⅰ部　イギリス住宅金融の展開過程〉
　［第1章］（斉藤執筆）
　「イギリスにおける住宅政策と住宅金融」1998年2月『住宅問題研究』Vol., 4 No. 1
　［第2章］（斉藤執筆）
　「1990年代のイギリス四大銀行」2000年11月『証券経済研究』第28号
　「近年の英国住宅金融組合の動向」1997年3月『証券経済研究』第6号
　［第3章］（簗田執筆）
　「世界金融危機とイギリス住宅金融市場」2009年11月『獨協経済研究年報』第18号
〈第Ⅱ部　住宅金融の諸問題〉
　［第4章］（斉藤・簗田執筆）
　「ノーザンロック危機と監督機関の対応」2008年6月『証券経済研究』第62号
　［第5章］（斉藤執筆）
　「イギリス住宅金融とマイルズ・レポート」2005年6月『証券経済研究』第50号
　「イギリスにおける住宅金融市場の動向」2005年4月『住宅金融月報』第639号
　［第6章］（簗田執筆）
　「イギリスにおける住宅ローン担保証券市場の展開」2008年12月『証券経済研究』第64号
　［第7章］（簗田執筆）
　「イギリスにおける住宅ローン返済問題と住宅ローン利子所得補助制度（ISMI）・住宅ローン返済保証保険（MPPI）」2009年3月『獨協経済研究年報』第17号
　［第8章］（斉藤執筆）
　「イギリス住宅金融組合とその相互組織性―住宅信用の原理を求めて―」2000年10月『住宅問題研究』Vol.16 No. 3

# 索 引

〈欧文等〉
BNPパリバ　80,102,164
Buy-to-Letローン　79,89
Granite　168
HSBC（香港上海銀行）　37,52,65,92
TSB　46

〈ア行〉
アカウンタビリティ問題　214
アビーナショナル　31,150,160,204
アライアンス・アンド・レスター
　87,163,168
アンバンドリング化　75,120,152,153
イングランド銀行（BOE）　83,102
インターネット・バンキング　39
インフレーション・ターゲティング
　129
インベストメント・バンキング
　52,60
ウィルソン委員会報告　24,204
ウールウィッチ　52
永続組合　23,199
エージェンシー問題　214

〈カ行〉
開発規制　78
カウンター・パーティー・リスク　88
影の銀行制度（シャドウ・バンク・システム）　81,81
カバードボンド　86,145,167

株式会社化　211
為替スワップ協定　88
元利均等返済方式　27
機関投資家　212
期限前償還手数料　144,145
規模の経済　218
逆資産効果　83,89
業務多角化　218
金融サービス機構（FSA）
　88,102,154,163
金融サービス・市場法（2000年）　154
金融サービス法（1986年）　163
金融サービス補償機構（FSCS）
　105,121,154,155
金融排除　40,226
金融リテラシー　137,153
金利リスク　135,158
クレジット・デフォルト・スワップ
　80,170
公営住宅　16
公営住宅払下げ　21,184
公正家賃　18
公的介入　129,223
公的金融機関　223
コーポレート・ガバナンス　215
個人貯蓄口座（ISA）　70
個人持株計画（PEP）　70
固定金利住宅ローン　27,125,142

237

コルセット規制　25
コンデュイット（Conduit）　81,94
コントラクト・バンキング　219
〈サ行〉
サブプライムローン　75,80,82,83,84,
　　101,113,180,163,164,170
サンタンデール　87,163
参入障壁　218
仕組債　81,82,164
時限組合　23,198
自己資本比率規制　171
資産買取ファシリティ（APF）　88
資産担保証券（ABS）　81,163
資産保護スキーム（APS）　89
市場性資金　30,56,111,115
支払サービス決済協会（APACS）　206
住居・都市計画法（1919年）　15
住宅改善地域制度　20
住宅協会　18,21
住宅金融組合　23,68,146,150,170,197
住宅金融組合委員会　30
住宅金融組合協会（BSA）　197,212,226
住宅金融組合法（1986年）　30,151,
　　158,200
住宅金融組合法（1997年）　201
住宅組合（HA）　91
住宅公社　18
住宅所有者支援パッケージ（HSP）
　　90,91
住宅信用の原理　220
住宅信用の困難性　222

住宅バブル　77
住宅法（1923年）　15
住宅法（1964年）　18
住宅法（1988年）　21
住宅補助金法（1956年）　16
住宅ローン借入者支援スキーム（HMSS）
　　92
住宅ローン業務行為規約（MCOB）
　　147
住宅ローン担保証券（MBS）　77,79,
　　86,149,155,157,160,164
住宅ローン返済支援スキーム（RMS）
　　90,91
住宅ローン返済保証保険（MPPI）
　　177,182,186,188,189
住宅ローン利子所得補助制度（ISMI）
　　90,91,177,182,183,189,193
出資者保護制度　31
準備預金残高　108
商業用不動産担保証券（CMBS）　85
証券化商品　118
消費者信用　221
所得補助制度　182
新中間層　222
新中間層分解　223
ストラクチュアード・インベストメント・
　　ヴィークル（SIV）　81,94
スラムクリアランス　16
税制優遇　223
政府資本支援増強スキーム　88
相互組織　197,213,224

# 索引

相互扶助機構　198

〈タ行〉

第一次MBSブーム　155,156,159,160,170,171,172
第二次MBSブーム　159,160,170,171
タックスヘイブン　81,163
単一税率制度　24,29,204
担保割れ（ネガティブ・エクイティ）　83,89,179
地域開発公社（RDA）　90
チェルトナム・アンド・グロースター　45
定期出資金　27
ディスカウント・モーゲージ　139
抵当貸付業協議会（CML）　32,146,154,205
デビットカード　53
デフォルトリスク　79,159
テレフォン・バンキング　39,53,72,152
倒産隔離　163
特別非課税貯蓄口座（TESSA）　70
特別目的会社（SPC）　94,162
特別流動性スキーム（SLS）　85

〈ナ行〉

ナショナル・ウェストミンスター銀行　37,47,61
ナショナル・ホーム・ローンズ・コーポレーション（NHLC）　155,156
ネーションワイド　89,165,167
ノーザンロック　83,101,102,160,163,100

〈ハ行〉

バークレイズ銀行　50,63,92
パリバ・ショック　80,94
ハリファックス　76,150,160
ハリファックス・バンク・オブ・スコットランド（HBOS）　87,150,163
バンカシュアランス　45,48,52
バンク・オブ・スコットランド（BOS）　49
ビッグフォー　35,45,60,88,93
ブラックホース　45
ブラッドフォード・アンド・ビングレー　87,163,168
ペイスルー型　163
ペイメント・サービス　206
返済保証保険（PPI）　188
変動金利住宅ローン　27,131,178
ホーム・バイ・ダイレクト　90
保険金付満期一括償還方式　26
ホワイトカラー労働者　222

〈マ行〉

マイルズ・レポート　134,141
ミッドランド銀行　37,52,64,151
モーゲージカンパニー　57,121,150,155,158
モーゲージ金利源泉税控除方式（MIRAS）　26,186,187
モーゲージコード　120,154
モーゲージブローカー　75,120,153,154
持家比率　14,68,119,131

239

〈ヤ行〉

家賃および抵当貸出金利制限法　14
家賃査定委員会　18
預金補償制度　126

〈ラ行〉

ラフバラ大学　212
リーマンショック　80,87,88,89,90,92
リザーブ・ターゲット　107
リテール・バンキング　93
リテール預金　93,115,158,167
流動性支援ファシリティ　103
レバレッジ・レシオ　94
連邦住宅金融抵当金庫（フレディーマック）　162
連邦住宅抵当公庫（ファニーメイ）　162
連邦準備制度理事会（FRB）　87,88
連邦政府抵当金庫（ジニーメイ）　162,224
ロイズTSB　45,46,87163168
ロイヤル・バンク・オブ・スコットランド（RBS）　37,49,88,89,151
ロンドン手形交換所　150

### 著者略歴

斉藤　美彦（さいとう・よしひこ）
1955年生まれ。東京大学経済学部卒、ロンドン大学（LSE）大学院研究生、武蔵大学博士（経済学）。1992年　ロンドン大学（SOAS）客員研究員、1995－96年　オックスフォード大学（セント・アントニーズ・カレッジ）スワイヤ・キャセイパシフィック・フェロー、2007－08年　中国社会科学院日本研究所客員研究員。
現在　獨協大学経済学部教授。
日本証券経済研究所客員研究員、中央大学経済研究所客員研究員を兼務。
主な業績
『リーテイル・バンキング―イギリスの経験―』時潮社、1994年。
『イギリスの貯蓄金融機関と機関投資家』日本経済評論社、1999年。
『金融自由化と金融政策・銀行行動』日本経済評論社、2006年。
『国債累積時代の金融政策』（須藤時仁との共著）日本経済評論社、2009年。

簗田　優（やなだ・すぐる）
1978年生まれ。獨協大学外国語学部卒、同大学大学院経済学研究科博士前期課程修了。
現在　獨協大学大学院経済学研究科博士後期課程在学中。
神奈川大学経済学部講師（2009年度）。

---

## イギリス住宅金融の新潮流

2010年6月15日　第1版第1刷　　定　価＝3200円＋税

著　者　斉藤美彦・簗田　優 ©
発行人　相　良　景　行
発行所　㈲　時　潮　社

〒174-0063　東京都板橋区前野町4-62-15
電　話　03-5915-9046
ＦＡＸ　03-5970-4030
郵便振替　00190-7-741179　時潮社
ＵＲＬ　http://www.jichosha.jp

印刷・相良整版印刷　製本・仲佐製本

乱丁本・落丁本はお取り替えします。
ISBN978－4－7888－0647－4

## 時潮社の本

### イギリス・オポジションの研究
#### 政権交代のあり方とオポジション力
渡辺容一郎 著
Ａ５判・並製・184頁・定価2800円（税別）

日本にイギリス型政権交代は定着するか？ イギリス民主主義の根幹たるオポジションの研究を通して、政権交代や与野党のあり方を考察した。オポジションとは、反対党、野党のこと。本書では、一歩踏み込んで「責任野党」と規定した。

### 『資本論』で読む金融・経済危機
#### オバマ版ニューディールのゆくえ
鎌倉孝夫 著
Ａ５判・並製・242頁・定価2500円（税別）

期待いっぱいのオバマ・グリーンディールは、危機克服の決め手となるか？ 各国のなりふり構わぬ大恐慌回避策は、逆に資本主義の危機を増幅させないか？ 『資本論』研究の泰斗が金融・経済危機の推移を子細に分析し、世界経済の今後を明示する。『労働運動研究』『長周新聞』等書評多数。

### 世界経済危機をどう見るか
相沢幸悦 著
四六判・並製・240頁・定価2800円（税別）

危機からの脱出の道、日本は？ 世界経済・金融危機を、資本主義に大転換を迫る「100年に一度の大不況」ととらえ、その原因と本質を明らかにし、これからの経済システムのあり方について考察する。今後の日本経済の核心は、アメリカ型経済・金融モデルからの脱却、地球環境保全とアジア共同体へのシフトにある、と著者は言う。

### アメリカ 理念と現実
#### 分かっているようで分からないこの国を読み解く
瀬戸岡紘 著
Ａ５判・並製・282頁・定価2500円（税別）

「超大国アメリカとはどんな国か」──もっと知りたいあなたに、全米50州をまわった著者が説く16章。目からうろこ、初めて知る等身大の実像。この著者だからこその新鮮なアメリカ像。『読売新聞』（06.2.14夕刊）紹介。〈重版出来〉